图表诗说投融资系列丛书

张玮斌 等著

U0681211

融资魔方

——图表诗说金融产业链融资

编写人员

张玮斌　吴桂峰　叶　菁

石凤娟　刘　刚　赵良华

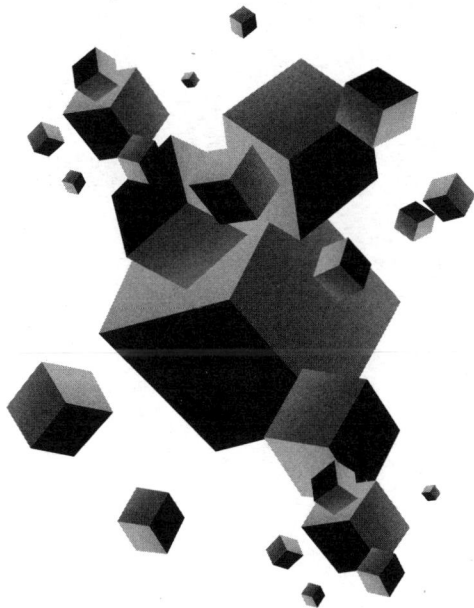

经济管理出版社

ECONOMY & MANAGEMENT PUBLISHING HOUSE

前　言

一、本书的背景

（1）政策在放开。中共十八届三中全会确立了以市场配置资源起决定性作用的地位，各行政主管部门顺天而为、顺意而做，简政放权，开闸放水，搞活经济。

（2）管制在放松。我国金融业经历了 20 世纪 90 年代的从混业监管转向分业监管的政策，金融业的活力、内生动力受到抑制。金融需要自由度，2012 年起，银监会、证监会、保监会的金融管制放松。在融资方面，银监会准许银行理财资金直投银行资管；证监会提出首发新股由审核制向注册制转变；保监会许可保险资金投向保险资管，一系列的管制在放行中。

（3）市场在放活。经过宏观政策的放开、部门监管的放松，市场明显在放活。2014 年全国银证保基期的资产管理余额达 57.5 万亿元，和 2013 年的 40 万亿元相比，增幅达 42%。

（4）企业要放水。金融市场政策在放开，但不是很开；管制在放松，但不是很松；市场在放活，但不是很活。企业融资难、融资贵的问题没有根本得到解决。据统计，企业发展过程中每年资金缺口达 3 万~5 万亿元。同时，企业对融资需求，需要"一揽子"融资解决方案，而不是各自分离，耗费大量时间成本的单一方案。要解决发展中的问题，需要用发展的思维、思路、方法去解决问题。这样，金融产业链通过金融业内的子行业跨界的方式，通过产品的组合，通过金融的创新，突破分业监管的约制，突破还放不开的政策限制，冲破还放不松的规定管制。

二、本书的目的

（1）填补金融产业链书籍的国内空白，成为金融产业链第一书。

（2）解决融资跨界。跨越银保证基信期等领域，实现混业经营，解决产品问题。

（3）解决融资实用性问题。具有可操作性，直接解决单个企业融资问题。

三、本书的特点

全面性：几乎覆盖银行、证券、保险、基金、期货、债券、财务公司、资产管理公司等金融业主打融资基础产品。

时代性：有当前最热的 PPP、资产证券化等内容。

操作性：看着就明白，拿起来就会做。

基础性：金融产业链具有的基础知识。

案例化：最大限度使用案例，以案例说事，约有 80 个案例。

图表化：尽最大可能用图表表示。

积木化：在基础产品的基础上，进行产品组合、搭成积木。

诗歌化：每章内容提要，创新式地用格律诗表述。

四、本书的读者群

企业高管及财务人员：看图识品。

金融行业高管及客户经理：拓展思路。

大学老师及学生：接轨社会。

行政官员：服务企业。

五、书籍的框架

宏观概念。中国金融市场。

理论源头。金融产业链论述。

基础产品。金融产业链相关融资产品。

积木组合。金融产业链融资产品组合（方法论+案例）。

目　录

第一章 中国金融市场图述

内容提要：

市场金融产品多，原生衍生组合活。融资企业依需挑，图表诗说简便过。

第一节 中国金融市场体系

一、金融市场概念和特征

表 1-1 概念和特征

概念		金融市场体系是指金融市场中子市场的构成形式，包括货币市场、资本市场、外汇市场、黄金市场、金融衍生品市场等
特征	风险性	即不确定性
	基础性	价格是以价值为基础，受供求关系的影响
	波动性	价格的波动既受宏观经济的影响，也受微观经济的影响

二、中国金融市场体系

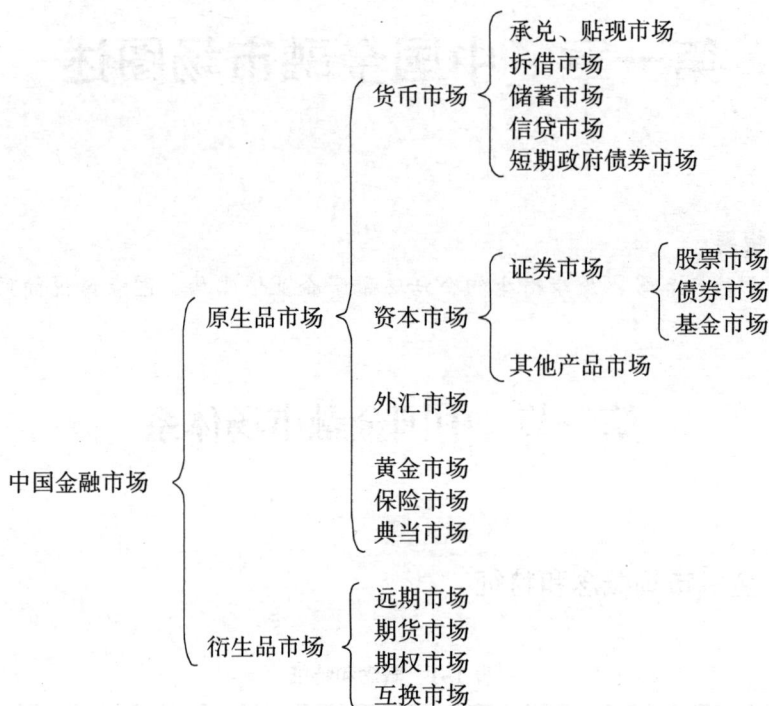

图 1-1 中国金融市场体系

中国金融市场
- 原生品市场
  - 货币市场
    - 承兑、贴现市场
    - 拆借市场
    - 储蓄市场
    - 信贷市场
    - 短期政府债券市场
  - 资本市场
    - 证券市场
      - 股票市场
      - 债券市场
      - 基金市场
    - 其他产品市场
  - 外汇市场
  - 黄金市场
  - 保险市场
  - 典当市场
- 衍生品市场
  - 远期市场
  - 期货市场
  - 期权市场
  - 互换市场

图 1-1 中国金融市场体系

第二节 中国金融市场导向

一、金融交易品市场分类

（一）原生交易品市场

1. 原生交易品市场一

```
资本市场
   │
   ▼
交易场所：
证券交易
所、银行
   │
   ▼
主管部门：
证监会、
银监会
   ├──▶ 交易产品：
   │    股票
   ├──▶ 交易产品：
   │    债券
   └──▶ 交易产品：
        投资基金
```

交易产品：股票 →

参与者：
①证券发行人：为筹措资金而发行股票
金融机构，公司和企业。证券发行人是
证券发行的主体
②证券投资者：资金供给者，也是金融
工具的购买者。主要分为个人投资者和
机构投资者
③证券市场中介机构：交易所、证券承
销商和证券经纪商；律师事务所；会计
师事务所或审计事务所；资产证券评级
机构；证券投资的咨询与服务机构
④自律性组织：在我国证券自律性组织
包括证券交易所和证券业协会
⑤证券监管机构：证监会

交易产品：债券 →

参与者：
发行者：政府债券（中央政府，政府
机构，地方政府）；公司债券（企
业）；金融债券（金融机构）
投资者：个人、企业、政府及其机构

交易产品：投资基金 →

参与者：
发起人：证券公司，信托投资
公司、基金公司、政府及其机构
投资者：个
人、企业、政府及其机构

产品特点：
相对于货币市场，融
资期限长、流动性相
对较差、风险大收益
高、价格变动大

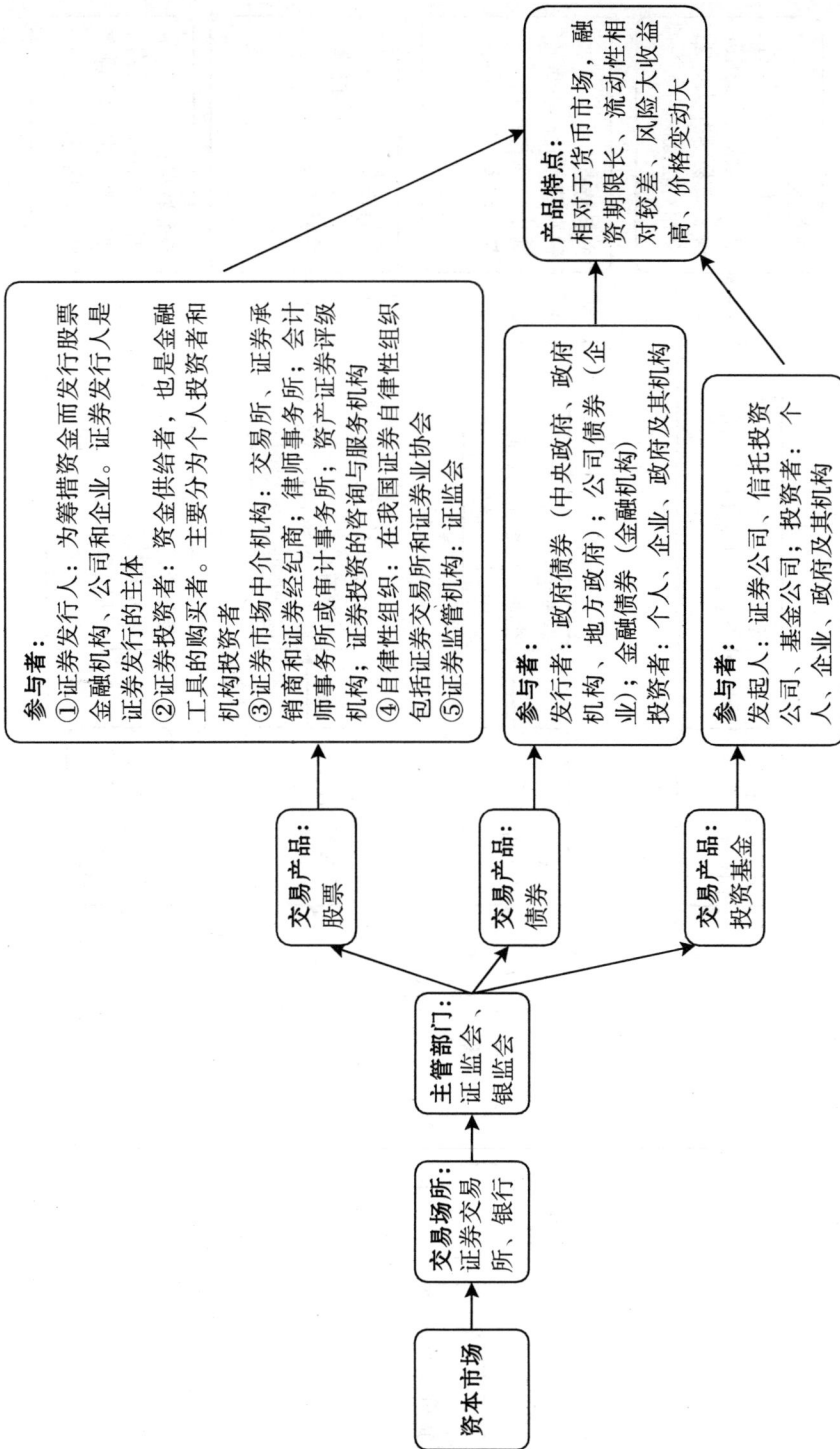

图 1-2　原生交易品市场

2. 原生交易品市场二

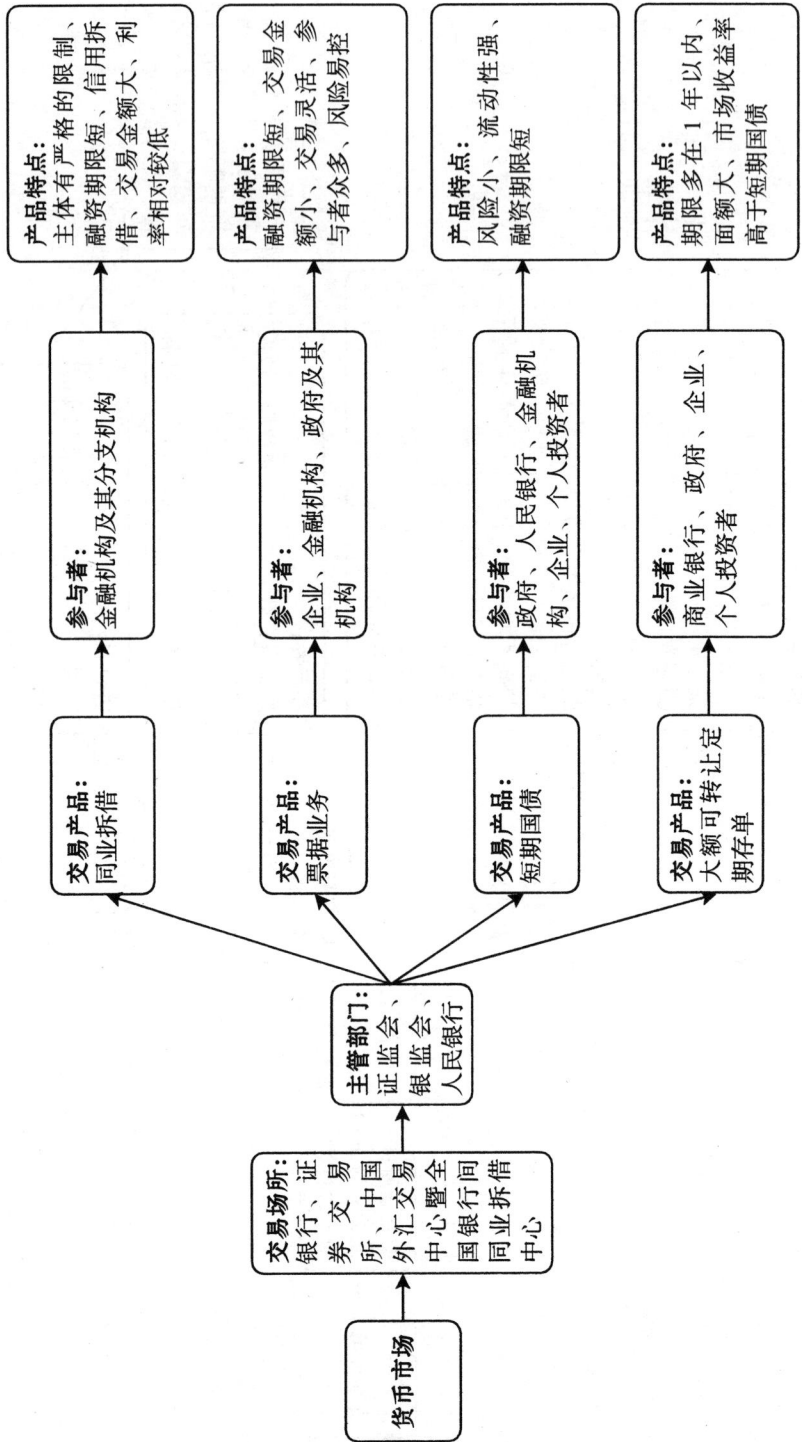

货币市场 → 交易场所：银行、证券交易所、中国外汇交易中心暨全国银行间同业拆借中心

主管部门：证监会、银监会、人民银行

交易产品：同业拆借 → 参与者：金融机构及其分支机构 → 产品特点：主体有严格的限制、融资期限短、信用拆借、交易金额大、利率相对较低

交易产品：票据业务 → 参与者：企业、金融机构、政府及其机构 → 产品特点：融资期限短、交易灵活、交易金额小、参与者众多、风险易控

交易产品：短期国债 → 参与者：政府、人民银行、金融机构、企业、个人投资者 → 产品特点：风险小、流动性强、融资期限短

交易产品：大额可转让定期存单 → 参与者：商业银行、政府、企业、个人投资者 → 产品特点：期限多在1年以内、面额大、市场收益率高于短期国债

图 1-3　原生交易品市场二

3. 原生交易品市场三

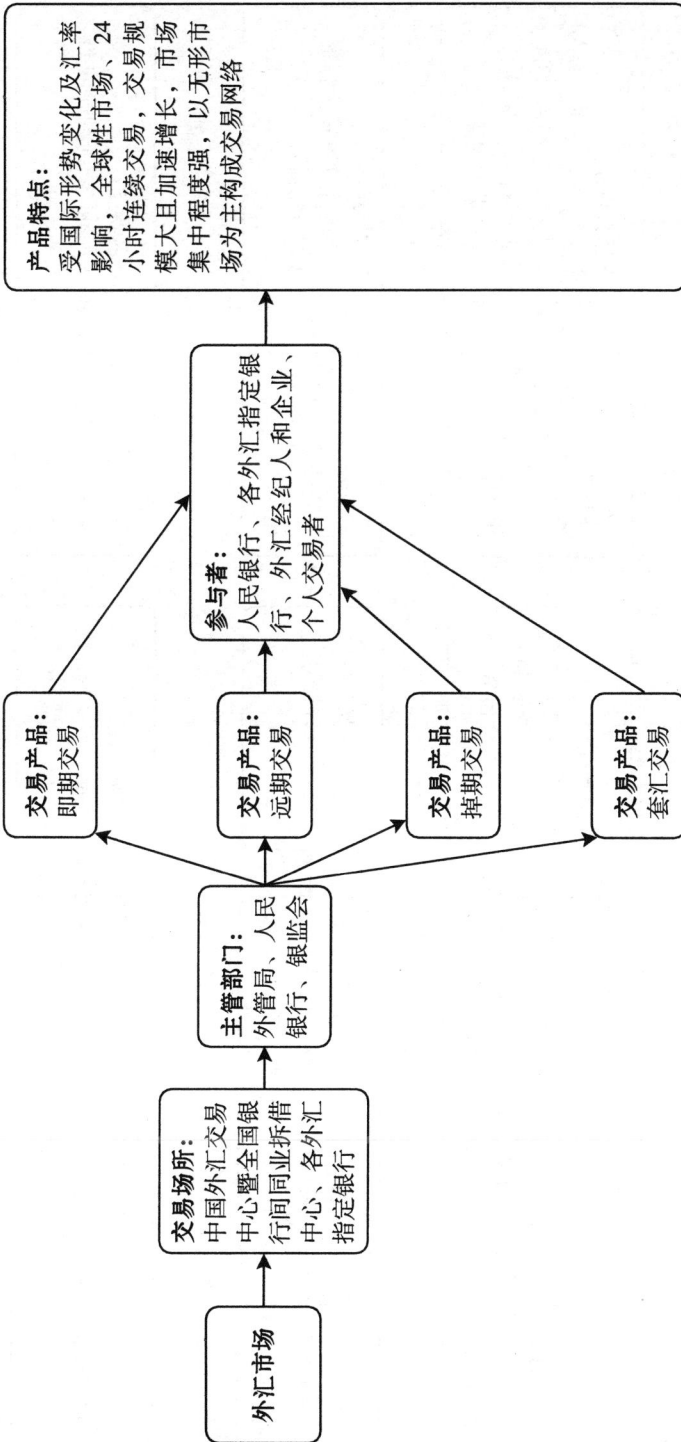

外汇市场 → 交易场所：中国外汇交易中心暨全国银行间同业拆借中心、各外汇指定银行 → 主管部门：外管局、人民银行、银监会

交易产品：即期交易

交易产品：远期交易

交易产品：掉期交易

交易产品：套汇交易

参与者：人民银行、各外汇指定银行、外汇经纪人和企业、个人交易者

产品特点：受国际形势变化及汇率影响，全球性市场，24小时连续交易，交易规模大且加速增长，市场集中程度强，以无形市场为主构成交易网络

图 1-4　原生交易品市场三

4. 原生交易品市场四

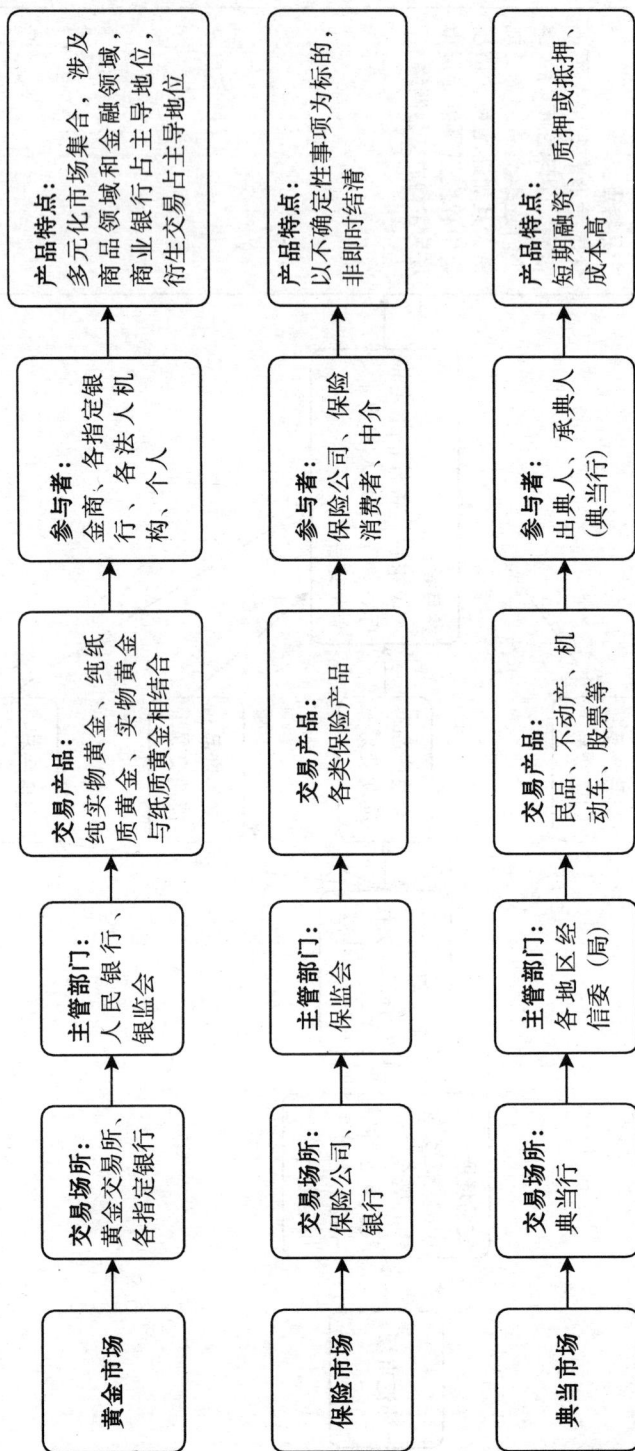

黄金市场 →
交易场所：黄金交易所、各指定银行 →
主管部门：人民银行、银监会 →
交易产品：纯实物黄金、纯纸质黄金、实物黄金与纸质黄金相结合 →
参与者：金商、各指定银行、各法人机构、个人 →
产品特点：多元化市场集合，涉及商品领域和金融领域，商业银行占主导地位，衍生交易占主导地位

保险市场 →
交易场所：保险公司、银行 →
主管部门：保监会 →
交易产品：各类保险产品 →
参与者：保险公司、保险消费者、中介 →
产品特点：以不确定性事项为标的，非即时时结清

典当市场 →
交易场所：典当行 →
主管部门：各地区经信委（局）→
交易产品：民品、不动产、机动车、股票等 →
参与者：出典人、承典人（典当行）→
产品特点：短期融资、质押或抵押、成本高

图 1-5　原生交易品市场四

6

（二）衍生品交易市场

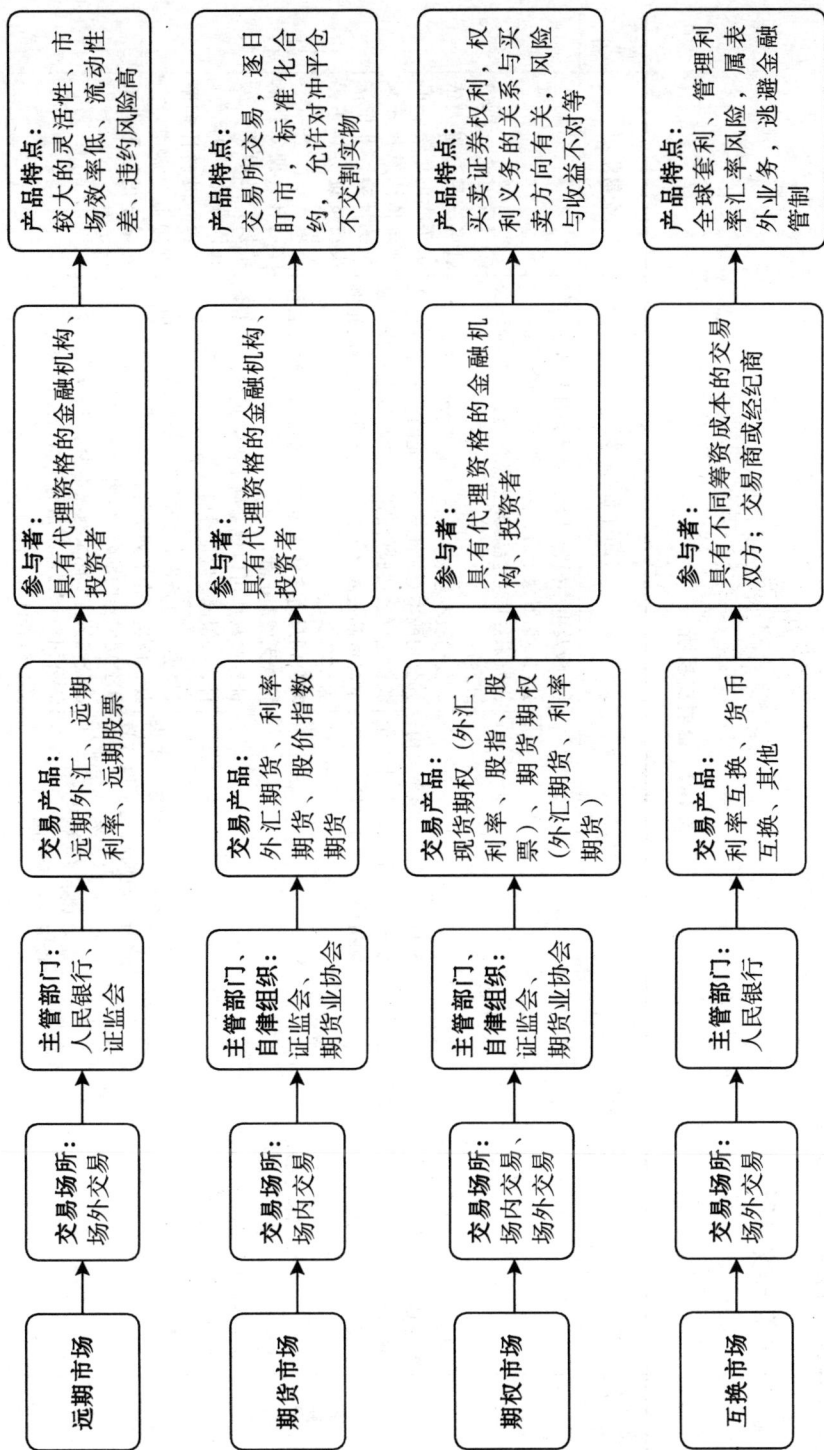

图 1-6 衍生品交易市场

远期市场

交易场所：场外交易

主管部门：人民银行、证监会

交易产品：远期外汇、远期利率、远期股票

参与者：具有代理资格的金融机构、投资者

产品特点：较大的灵活性，市场效率较低、流动性差，违约风险高

期货市场

交易场所：场内交易

主管部门、自律组织：证监会、期货业协会

交易产品：外汇期货，利率期货、股价指数期货

参与者：具有代理资格的金融机构、投资者

产品特点：交易所交易，逐日盯市，标准化合约，允许对冲平仓不交割实物

期权市场

交易场所：场内交易、场外交易

主管部门、自律组织：证监会、期货业协会

交易产品：现货期权（外汇、利率、股指，期货期权（外汇期货、利率期货）

参与者：具有代理资格的金融机构、投资者

产品特点：买卖证券权利，权利义务的关系与买卖方向有关，风险与收益不对等

互换市场

交易场所：场外交易

主管部门：人民银行

交易产品：利率互换，货币互换、其他

参与者：具有不同筹资成本的交易双方；交易商或经纪商

产品特点：全球套利，管理利率套汇风险，属表外业务，逃避金融管制

二、中国金融交易场所

（一）证券交易所

表 1-2　证券交易所

交易所类别	职责	交易所名称	交易品种	常见交易品种	产品特点	参与者	品种准入政策	交易规定	监管部门
证券交易所	①提供股票交易的场所和设施　②制定证券交易所的业务规则	上海证券交易所、深圳证券交易所	股票		不可偿还性、参与性、收益性、流通性、价格波动性和风险性	发行者：企业、金融机构、金融机构；投资者：个人、企业、金融机构	【主板及中小板股票上市，应当符合下列条件】公司申请股票上市，应当符合下列条件：①股票经国务院证券监督管理机构核准已公开发行②公司股本总额不少于人民币 3000 万元③公司股本总额超过 4 亿元的，公开发行股份达到公司股份总数的 25% 以上；公司股本总额超过 4 亿元的，公开发行股份的比例为 10% 以上④公司最近 3 年无重大违法行为，财务会计报告无虚假记载证券交易所可以规定高于前款规定的上市条件，并报国务院证券监督管理机构批准	①【依法买卖证券】证券交易当事人依法买卖的证券，必须是依法发行并交付的证券。非依法发行交付的证券，不得买卖　②【转让期限】依法发行的股票、公司债券及其他证券，法律对其转让期限有限制性规定的，在限定的期限内不得买卖	中国证监会
			债券		偿还性、收益性、流通性、安全性	发行者：政府债券（中央政府、政府机构、地方政府）；公司债券（企业）；金融债券（金融机构）投资者：无限制	【债券上市条件】公司申请公司债券上市交易，应当符合下列条件：①公司债券的期限为 1 年以上②公司债券实际发行额不少于 5000 万元③公司申请债券上市时仍符合法定的公司债券发行条件		

续表

交易所类别	职责	交易所名称	交易品种	产品特点	参与者	品种准入政策	交易规定	监管部门
证券交易所	③审核批准股票的上市申请 ④组织、监督股票交易活动 ⑤提供和管理证券交易所的股票市场的信息	上海证券交易所、深圳证券交易所	投资基金	利益共享、风险共担；集合证券投资方式	发起人：基金公司，信托投资公司，证券公司；投资者：个人、工商企业、金融机构	[基金份额上市交易] 基金份额上市交易，应当符合下列条件：①基金的募集符合法律法规规定②基金合同期限为5年以上③基金募集金额不低于2亿元④基金份额持有人不少于一千人⑤基金份额上市交易规则规定的其他条件	③【上市交易方式】证券在证券交易所上市交易，应当采用公开的集中交易方式或者国务院证券监督管理机构批准的其他方式 ④【买卖形式】证券买卖当事人买卖的证券可以采用纸面形式或者国务院证券监督管理机构规定的其他形式 ⑤【交易方式】证券交易以现货和国务院规定的其他方式进行交易	中国证监会
			证券公司代办股份转让（仅深交所） 其他交易品种		机构投资者，包括法人、信托、合伙企业等；公司挂牌前的自然人股东；通过定向增资或股权激励取得公司股份的自然人股东；因继承或公司法裁决等原因持有公司股份的自然人股东；协会认定的其他自然人股东。挂牌公司只能买卖其持有的股份	[非上市公司代办系统挂牌] 非上市公司申请股份在代办系统挂牌，须具备以下条件：①存续满两年。有限责任公司按原公司整体变更为股份有限公司的，存续期间可以从原有限责任公司成立之日起计算②业务明确，具有持续经营能力③公司治理结构健全，运作规范④股份发行和转让行为合法合规⑤主办券商推荐并持续督导⑥全国股份转让系统挂牌公司要求的其他条件		

(二) 银行间市场

表1-3　银行间市场

交易所类别	职责	交易所名称	交易品种	产品特点	参与者	交易规定	监管部门
银行间市场	提供银行间外汇交易、人民币同业拆借、债券交易系统并组织外汇交易、人民币同业拆借及债券交易的清算、交割，提供外汇市场的资金清算、交割，提供人民币同业拆借、债券市场及票据报价服务；提供网上票据报价系统；提供外汇市场、债券市场和货币市场的信息服务；开展经人民银行批准的其他业务	中国外汇交易中心暨全国银行间同业拆借中心（简称交易中心）	债券交易	安全性、流动性强	商业银行、非银行金融机构	由交易双方根据成交通知单，按规定的日期全额办理结算。债券托管结算通过中央国债登记结算有限公司，资金清算通过中国人民银行支付系统进行。实行"见券付款"、"见款对付"和"券款对付"三种结算方式	中国证监会
			外汇交易	受国际形势变化及汇率、宏观经济变量对外汇市场的影响作用显著		1.人民币/外币即期交易：竞价交易系统采用自主报价的基础上按照"价格优先、时间优先"的原则撮合成交，"双边授信，双边清算"的原则基础上直接进行成交。询价交易系统在会员根据交易要素磋商成交。2.外币/外币即期交易：做市商报价驱动的交易模式，由做市商报出各货币对的实时报价，在市场实时发布，同时将最优的做市商报价与会员进行匹配，并将成交信息实时反馈给会员。3.人民币/外币远期交易：交易双方的外币币种、金额、期限、汇率、交割安排和交易等由交易双方协商议定。为明确远期交易双方的权利和义务，交易双方签订银行间远期外汇交易主协议	人民银行、银监会
			常见交易品种　人民币同业拆借	主体有严格的限制，时间短、信用拆借、利率相对较低，拆借风险小		一般通过各商业银行在中央银行的存款准备金账户，银行之间用电话或电传通过以下列三种方式进行：1.要求拆入的银行直接与另一家商业银行接触并进行交易。2.通过经纪人从中媒介，促成借贷双方达成交易。3.通过代理银行沟通成交，即拆出行和拆入行都用电话通知代理行进行，由代理行代办交易，其大致过程是由拆出行将出借款项从其准备金账户划到拆入银行的账户，中央银行据此记拆出银行借出账户，贷方记拆入银行存款账户，由此完成拆借过程	

（三）金融期货交易所

表 1-4 金融期货交易所

交易所类别	职责	交易所名称		交易品种	产品特点	参与者	品种准入政策	交易规定	监管部门
金融期货交易所	组织安排金融期货等金融衍生品上市交易、结算和交割；制订业务管理规则；实施自律管理；发布市场交易信息；提供技术、场所、设施服务；中国证监会许可的其他职能	中国金融期货交易所	常见交易品种	股指期货是指以股票价格指数为标的物的标准化期货	交易双方约定在未来某一时间按照一定条件进行交易；支付一定比例的保证金；与股票指数的变动联系紧密；存在着特定的市场风险、操作风险、现金流风险等	具有代理资格的金融机构、投资者	《中国金融期货交易所交易细则》第三条规定：交易品种为股票指数以及经中国证券监督管理委员会（以下简称中国证监会）批准的其他期货品种	股指期货合约要款包括合约标的、合约乘数、最小变动价位、报价单位、每日价格最大波动限制、最低交易保证金、最后交易日、交割日期、交割方式、交易代码等，上市交易所，详参《中国金融期货交易所交易细则》	中国证监会
				利率期货是指以债券类证券为标的物的期货合约	价格与实际利率呈反方向变动；主要采取现金交割方式		中国证监会（证监函[2013]178号）已正式批准中国金融期货交易所上市5年期国债期货合约	国债期货交割，必须使用申请授投资提供的期货账户（有开通中金所账号）；采用中金所统一的标准化合同；遵循每日结算制度	
			其他交易品种	货币期货是指在最终交易日按照当时的汇率将一种货币兑换成另外一种货币的期货合约	标的为以外汇作为交割内容的标准化期货合同；每一份期货合约都有交易所规定标准交易单位		暂未准入。（依据：仅中国香港有人民币期货，人民币国际化尚在推进中，尚未推出国内的货币期货）	—	

读书笔记

第二章　金融产业链简述

内容提要：

产业链来二百年，九州研讨领前沿。金融监管严牵制，银企携同永向前。

第一节　产业链

一、产业链的历史

产业链是产业经济学中的一个重要组成部分，其发端于国外，兴起、研究、推崇、发展于国内。

表 2-1　产业链的历史

时间	学派	代表人物	主要内容
18 世纪中后期	古典经济学派	亚当·斯密	分工理论，把"毛纺业"和"制针业"作为例子，粗线条、形象地讲述了产业链，但是主要囿限于企业内部分工
19 世纪末20 世纪初	新古典理论和新古典学派	阿尔弗雷德·马歇尔	将企业内部分工发散到企业与企业之间，强调企业间分工协作的重要性，进而对产业链进行研究，可以认定为产业链理论的真正起源
20 世纪 80 年代	国内		从分工、价值链、生产工艺流程、战略联盟、产业关联关系、产业区域等维度进行了不同的阐述

二、产业链的概念

本书是一本务实型的操作书籍，对产业链的理解偏向微观层和战略联盟层。

表 2-2　产业链的概念

产业链的概念	具体内容
产业链的概念	国民经济活动过程中，由于社会化大分工的不同，有着上下游关系的企业与企业之间，围绕某个产业形成的货物端、信息端、资金端、价值端，按照一定的逻辑关系和空间布局而产生的链式活动

三、产业链的构成

表 2-3　产业链的构成

产业链的构成	内容
四个维度：价值链、企业链、供需链、空间链	以价值链为主导，以企业链为载体，通过企业链在空间的分布，实现供需链的相互链接和价值链的实现

第二节　金融产业链及形成

一、金融产业链形成图

图 2-1　金融产业链

二、金融产业链的简介及概念

金融，通俗地讲，就是货币资金的流通与融通。

金融产业链实践先于其理论研究，国内不少金融机构有意或无意开展金融产业链的构架工作。中信集团、平安集团、光大集团等金控集团发展了银行、证券、期货、保险、基金、信托、租赁七大牌照，四大国有商业银行在其名下也拥有了银行、证券、保险、租赁等多家金融机构。从链条角度看，已是金融产业链雏形。从监管角度看，已在有形或无形中突破分业监管，从集团层面形成混业经营。它们以多元化经营、经济协同、成本协同、管理协同等方式，按照自成体系的金融产业链点、线、面结合满足客户的多样化需要和自身业务发展的多元化需求。

　　金融产业链的理论研究尚处空白，没有诸多依据。作为产业链的一个分支——金融产业链，可依据其金融属性与产业链特性，给其一个定义。

表 2-4　金融产业链

金融产业链的概念	范围
金融产业链定义指金融服务活动中，金融及金融中介机构以客户需求为主脉，以金融子行业间关联为主导，以金融产品间互联为主线，以一定的逻辑关系和空间布局为主轴，以追求协同效益、降低金融综合服务成本为目的，为客户提供全方位解决方案的链式服务组织或组织体系。广义定义金融产业链指金融机构、金融中介机构与泛融资体等融资关联机构的合作形成的链式经济活动组织	金融机构指包含银行、证券、保险期货、租赁、资产管理、基金、PE、VC、小贷、典当等能直接提供融资产品的单位。金融中介机构指包括能为融资产品评级、增信、授信提供服务的会计、评估、审计、律师事务所、担保公司等。泛融资体是指财政、税务、民间借贷体及个体能提供融资的组织（或个体）等

三、金融产业链构成

表 2-5　金融产业链构成

构成	内容
金融企业链	金融企业的生命体通过产品、资金、技术等流动和相互作用形成的，按照一定的次序运转的链条
金融供需链	有着上下游关系（工作要素次序、资金运转顺序）的产品而组成的链条
金融空间链	一种金融产品在本专业内跨地区或者在跨专业、跨地区流动而组成的链条。如：银行、信托、证券是跨专业，上海与广东、国内与境外是跨地区
金融价值链	金融产品从研发设计到销售，从行业内或行业间运转，从主体维系到中介辅助等经营活动中，构成一个创造价值的动态过程

　　注：在金融产业链的四个维度中，价值链、供需链和空间链都是以企业链为载体的。

四、金融产业链的类型

表 2-6　金融产业链的类型

类型	内容
接通产业链	把一定空间领域的金融机构（银证保期基等）借助某种产品的合作串联在一起，解决产业链过程中的断环或弧环，促进整个金融产业链的发展
延伸产业链	把一条既有的产业链尽可能地向上下游延伸拓展，使金融机构单个行业内产品或行业间产品得到延伸，实现目标

五、金融产业链模式

表 2-7　金融产业链模式

模式	内容	举例
金控集团模式	依托产权关系，通过控股、参股方式而对关联行业（机构）形成的一种金融产业链	平安集团、中信集团、光大集团
战略合作模式	依靠签订战略合作协议，明确合作方向和内容而形成的一种金融产业链	民生银行与12家证券公司、广发银行与阳光保险集团、澳新银行与中国进出口银行、上期所与光大银行、南粤基金与20家金融机构签订战略合作协议
市场契约模式	依照业务发展内在需求，针对某个事项、某个产品，通过合同协议方式约定而组成的一种金融产业链	券商发行一个资管计划，银行提供资金，委托信托公司投放，最终形成的一个产品的产业链

六、金融产业链运行方式

表 2-8　金融产业链运行方式

方式	内容
子行业内链	产品链：相关产品叠加而实现目的的链条
	资金链：从上端流向终端而形成的链条
	要素链：从研发、设计、配资、通道、管理、销售等形成的链条
子行业间链	行业链：为实现一个目标，行业间形成的链条
	产品链：行业间相关产品叠加而实现目的的链条
	资金链：行业间从上端流向终端而形成的链条
	要素链：行业间从研发、设计、配资、通道、管理、销售等形成的链条

七、金融产业链与实体经济产业链比较

金融行业本质是经营货币的行业，其提供的服务和产品基本都是货币使用权的优化分配。在金融行业主导下进行的各种融资活动或设计的产品，基本都是基于让渡货币使用权和获取预期收益而形成的组合。

一项物品具有所有权、占有权、使用权、收益权，融资活动即资金融出方将货币的所有权与使用权分离，向资金融入方让渡货币使用权从而获得融资收益。一般是所有权或债权（股权融资类则为所有权、债权融资类则为债权）、收益权一组，占有权、使用权一组。实体经济经营的商品一般是所有权、占有权、使用权、收益权一体化，一般未分离，商品流通中使用权转移，则所有权也随之转移；但金融行业是通过全方位的融资产品覆盖，让客户在金融产业链体系内，完

成生命周期里，不同时期的金融产品采购、使用、偿还，使资金实现体系内的封闭循环。这些特点决定了实体经济产业链是开放结构，金融产业链是闭环结构。

表 2-9 比较一

项目 产业链	流动核心	结构	运行价值	价格	坏账原因
实体经济 产业链	货物	开放	利润	成本加成	质量
金融产业链	资金	闭环	利润+风险可控	成本+社会平均利润	风险

八、金融产业链与实体经济产业链运行比较

(一) 金融产业链是闭环运行

1. 贷款融资

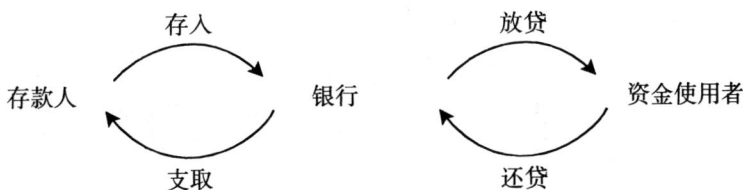

图 2-2 贷款融资

2. 信贷资产证券化

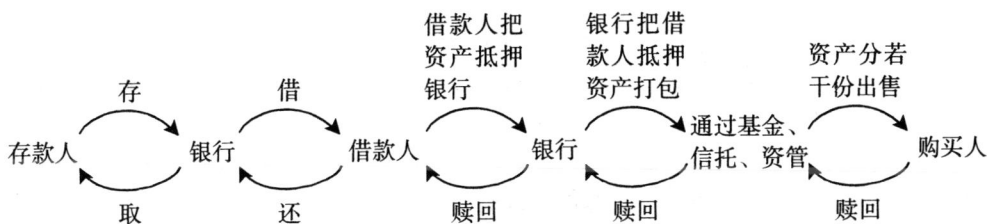

图 2-3 信贷资产证券化

3. 企业资产证券化

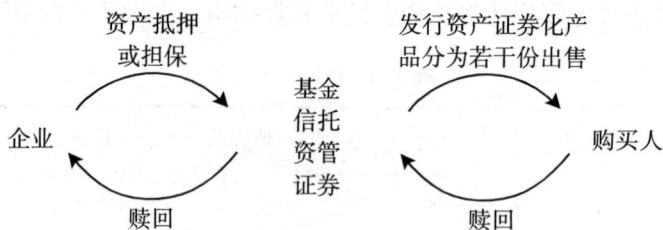

图 2-4　企业资产证券化

（二）实体经济产业链是直线运行

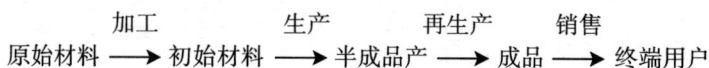

图 2-5　实体经济产业链

第三节　金融产业链融资相关介绍

一、概念

表 2-10　概念

金融产业链融资的概念	内容
	指金融机构和金融中介机构充分发挥其在金融产业链中的作用，采取点对点、线对点、面对点的方式，满足企业的业务发展中的资金需求

二、金融产业链融资"三层次论"

表 2-11　"三层次论"

金融产业链融资"三层次论"	具体内容
	低层：满足部分资金需求
	中层：基本满足资金需求
	高层：整合智力资源、资本资源、创新资源，采取点对点、线对点、面对点的方式，能"五最"、"三融"（见表 2-12）地满足企业资金需求

三、金融产业链融资追求的目的 ——"五最"、"三融"

表 2–12　目的

金融产业链融资追求的目的	"五最"	①融资金额最大
		②融资价格最佳
		③融资耗费时间最短
		④融资手续最便捷
		⑤融资附加条件最少
	"三融"	①融资，资金相助
		②融智，智力相扶
		③融心，心心相印

四、金融产业链融资分类

表 2–13　分类

	划分标准	具体类别
金融产业链融资分类	是否跨界	本行业产业链融资产品线
		跨行业产业链融资产品线
	是否需要通道	有通道产业链融资产品线
		无通道产业链融资产品线
	是否需要中介机构	有中介产业链融资产品线
		无中介产业链融资产品线
	是否是债务	债务产业链融资产品线
		股权产业链融资产品线
	是否为原生产品	原生产品产业链融资产品线
		衍生产业链融资产品线

五、金融产业链融资最佳方式——"六变"

表 2–14　"六变"

	"六变"
金融产业链融资最佳方式	①把未来的钱变成现在的钱
	②把别人的钱变成自己的钱
	③把外国的钱变成中国的钱
	④把小钱变成大钱
	⑤把死钱变成活钱
	⑥把短期的钱变成长期的钱

六、金融产业链融资服务方式

表 2–15　方式

金融产业链融资服务方式	概念	举例
点对点	一家金融机构或一家金融机构的一项产品为有融资需求的企业提供服务。类似产业链中的一个节点	工商银行为有融资需求的联想控股提供服务，或工商银行的流动资金贷款为有融资需求的联想控股提供服务。服务均为基础产品，类似为原生产品
线对点	一家金融机构的产品线或若干金融机构组成一个产品线为有融资需求的企业提供服务	中国银行为联想控股武汉电脑城提供融资服务，在其建设厂房、购买设备时提供固定资产贷款；在其生产时提供流动资金贷款；在其发生应收账款时提供应收账款融资贷款。即为：固贷+流贷+账贷组成的产品线
面对点	一家金融机构的多条产品线或若干金融机构组成多条产品线为有融资需求的企业提供服务	如上例中，联想控股武汉电脑城需收购一家外国芯片企业，中国银行为其提供并购贷款，中银香港提供美元贷款，这样就形成并购贷+美元贷组成的产品线，与上例的产品线就构成了产品面

七、金融产业链融资与产业链金融融资的比较

表 2–16　比较二

异同		金融产业链融资	产业链金融融资
相同之处		金融机构对企业进行融资	金融机构对企业进行融资
不同之处	主体不同	金融机构组成金融产业链对企业融资	金融机构对产业链上的企业融资
	对象不同	所有需要融资的企业	产业链上需要融资的企业
	范围不同	金融机构对所有需要融资的企业提供融资	金融机构对产业链上需要融资的企业提供融资
	风控不同	除了具有产业链的风控外，还有其他风控方法	主要通过产业链的关联性控制风险

第四节　金融产业链融资产品创新

一、创新的动机

表 2-17　动机

资源短缺性的动机	企业日益增长对资金需求的需要
金融竞争性的动机	金融机构依靠产品争夺市场的需要
金融发展性的动机	金融机构自身业务发展的需要
金融服务性的动机	金融机构作为服务机构为企业服务的需要

二、创新的类型

表 2-18　类型

监管突破型	自金融诞生以来，金融监管与被监管之间一直存在博弈。金融机构寻找政策的空隙地、边界地，不断地进行突破。如：同业代付突破贷款规模，借用通道突破贷款用途等
需求满足型	企业运行有其特点，金融机构依其实际设计产品满足企业需求。如：供应链融资联上达下，使得需求得到满足
业务发展型	金融机构在竞争中要不断地壮大自己，不断完成上级考核目标，实现其价值，展现其地位。如：买入返售、内部银团等实现业务发展

三、创新的渠道

表 2-19　渠道

首创主义	全新产品，以前在一定的范围内从未出现过，符合创新"鼻祖"约瑟夫·熊彼特提出的"五新"构想
嫁接主义	将别人已创新的产品，结合自身实际，进行结构、功能、用途等方面的改造，形成自身的产品
拿来主义	产品已经在国外、沿海等发达区域使用，本地尚未出现，不加修改，完全照搬拿来即用

四、创新的途径

表2-20　途径

从金融机构上寻找	"吃透"金融机构的特点，银、证、保、基、信等有着各自不同的经营范围、运行规律，进行机构整合联结，形成新的产品、做法
从金融监管政策上寻找	中国的银监会、证监会、保监会以及地方政府的金融办在金融监管上存在空白地、边界地现象，应对其政策最大限度地运用好。可从六个方面挖掘：非限制性政策、中间性政策、选择性政策、伸缩性政策、不明确性政策、矛盾性政策
从已有产品上寻找	"吃透"已有融资产品的概念、适用范围、要求、边界，对可用产品进行组合、形成产品线，对接需求
从客户需求上寻找	"吃透"客户的行业特征、企业特性、项目特点，做到整合金融机构形成链条，契合金融监管政策形成空间，组合金融产品形成产品线

五、创新的方法（规避金融监管的手法）

表2-21　方法

分类	表现形式
行业	系统内。如甲单位与乙单位之间的交易
	系统内向系统外。如甲国有银行与乙股份制银行间的交易
	行业内向行业外。如甲国有银行与信托公司间的交易
区域	区域内
	区域内向区域外
	国内向国外
报表	表内向表外
品种	原生品向原生+衍生品
	融资业务向支付结算业务
	贷款业务向同业业务

读书笔记

第三章　金融产业链基础融资产品

内容提要：

主打名称基本功，琢磨仔细不轻松。积木构建金融链，跨界融资呈慧聪。

第一节　银行类融资产品

一、银行类基础融资产品

表 3-1　银行类基础融资产品

分　类	概　念
固定资产贷款	商业银行向企（事）业法人或国家规定可以作为借款人的其他组织发放的，用于借款人固定资产项目的建设、购置、改造及其相应配套设施建设的本外币融资
商品房开发贷款	商业银行向房地产开发企业发放的，用于商品房及其配套设施建设的贷款
城市土地开发贷款	商业银行向政府授权或委托、合法的城市土地开发主体发放的，用于对城市规划区内的城市国有土地、农村集体土地进行统一的征地、拆迁、安置、补偿及相应市政配套设施建设的贷款
城镇化建设贷款	商业银行向承担城镇化建设的企、事业法人发放的用于城镇化建设的土地综合整治、安置房建设、新城区建设，旧城镇和旧厂房改造、产业园区建设、城镇基础设施建设的贷款
经营性物业贷款	商业银行向具有合法承贷主体资格的经营性物业所有权人发放的，以其所拥有的物业作为贷款抵押物，以该物业的经营收入作为主要还款来源的贷款
流动资金贷款	商业银行向企（事）业法人或国家规定可以作为借款人的其他组织发放的用于借款人日常生产经营周转的本外币贷款
商业汇票银行承兑	商业银行作为承兑人，根据出票人（即承兑申请人）的申请，承诺在商业汇票到期日对收款人或持票人无条件支付汇票金额的一种票据行为。由银行承兑的商业汇票称为银行承兑汇票
银行承兑汇票贴现	银行承兑汇票的合法持有人在银行承兑汇票到期之前，为取得资金而将票据转让给商业银行的一种融资行为
国内信用证	开证行依照申请人的申请向受益人开出的有一定金额，在一定期限内凭符合信用证条款的单据支付的付款书面承诺

续表

分　类	概　念
国内保理	银行为国内贸易中以赊销的信用销售方式销售货物或提供服务而提供的一项综合性金融服务
打包贷款	出口企业凭符合条件的正本信用证、出口合同/订单等，向商业银行申请用于出口货物备料、生产和装运等履约活动的短期贸易融资
福费廷业务	商业银行的包买银行无追索权地买入或卖出因真实贸易背景而产生的远期票据和应收账款的单证贸易融资业务
出口押汇业务	出口商将全套出口单据提交商业银行，由商业银行按照票面金额的一定比例扣除押汇利息和费用，将净额预先付给出口商的一种短期贸易融资业务
进口押汇	进口押汇指进口地银行接受包括货运单据在内的全套进口单据作为抵押，向进口商提供的用于支付该单据项下进口货物或服务款项的融资
进口外汇票据买断	按国内进口商要求开出远期信用证，国外银行来单经过国内银行承兑后，国内银行对国外出口商办理的无追索权的即期付款
出口贴现	远期信用证项下汇票经开证银行承兑或跟单托收项下汇票由银行加具保付签字后，在到期日前，由银行从票面金额中扣减贴现利息及有关手续费用后，将余款支付给持票人的一种融资方式
未来货权质押开证	进口商在进口时，采用信用证结算，以未来货权作为质押，免除银行授信担保抵押的限制，从而向银行申请开立国际信用证一种短期融资业务
保函	银行应申请人的要求，向第三方开立的一种书面信用担保凭证
动产质押贷款	债务人或者第三人将其动产移交债权人（商业银行）占有，商业银行将该动产作为债权担保而发放的贷款
仓单质押贷款	银行与借款人（出质人）、保管人（仓储公司）签订合作协议，以保管人签发的借款人自有或第三方持有的存货仓单作为质押物向借款人办理贷款的信贷业务
应收账款质押贷款	企业将其合法拥有的应收账款收款权向银行作还款保证，但银行不承担企业在该应收款项下的任何债务的短期融资
买方信贷	出口方银行直接向买方（进口商、进口国政府机构或银行）提供贷款，使国外进口商得以即期支付本国出口商货款的一种融资方式
卖方信贷	出口商银行向本国出口商提供的商业贷款，使其能够给予进口商延期付款的优惠条件来支付货款，从而达到支持出口目的融资方式
委托贷款	委托贷款是指由政府部门、企事业单位及个人等作为委托人提供合法来源的资金，委托银行根据委托人确定的贷款对象、用途、金额、期限、利率、还款方式等代为发放、监督使用并协助收回的贷款

二、银行类基础融资方式

(一) 固定资产贷款

表 3-2　固定资产贷款

适用对象	产品分类	准入条件
因固定资产项目的建设、购置、改造及其相应配套设施建设等有资金需求的经工商行政管理机关（或主管机关）核准登记，独立核算的企（事）业法人和其他经济组织	根据项目运作方式和还款来源不同分为项目融资和一般固定资产贷款；按用途分为基本建设贷款、更新改造贷款、房地产开发贷款、其他固定资产贷款等；按期限分为短期固定资产贷款、中期固定资产贷款和长期固定资产贷款。短期固定资产贷款指贷款期限在1年以内（含1年）的固定资产贷款；中期固定资产贷款指贷款期限在1年以上（不含1年）5年以下（含5年）的固定资产贷款；长期固定资产贷款指贷款期限在5年以上（不含5年）的固定资产贷款	(1)一般固定资产贷款准入条件 ①符合国家的产业、土地、环保等相关政策和银行信贷政策，并按规定履行了固定资产投资项目的合法管理程序 ②符合国家对项目投资主体资格和经营资质要求 ③符合商业银行关于营业执照、账户管理等要求 ④借款人信用等级满足银行规定要求 ⑤借款人及控股股东、主要股东无重大不良信用记录 ⑥项目资金来源明确并有保证，项目资本金比例及来源符合规定 ⑦能够提供合法、有效、足值的担保，有特别规定的除外 ⑧商业银行信贷管理基本制度规定的其他条件 (2)项目融资准入条件 项目融资借款人应符合《固定资产贷款管理办法》贷款准入条件，控股股东或主要股东应具有较高的行业地位，或具备与项目建设和管理相适应的能力、经验和实力

(二) 商品房开发贷款

表 3-3　商品房开发贷款

适用对象	产品分类	准入条件	相关规定
注册的有房地产开发、经营权的国有、集体、外资和股份制企业	商品房开发贷款按照贷款种类分为住房开发贷款、商业用房开发贷款、综合用房开发贷款和其他商品房开发贷款（保障性住房开发贷款除外）	①符合商业银行房地产行业信贷政策和商品房开发贷款支持类客户标准 ②取得项目《国有土地使用证》、《建设用地规划许可证》、《建设工程规划许可证》、《建筑工程施工许可证》 ③资本金比例一般不低于30%，优质可不低于20%	①期限。商品房开发贷款期限根据项目开发建设情况和预期收入情况合理确定。以出售为主的商品房开发项目，贷款期限一般为3年，最长不超过5年；以出租、自营为主的商品房开发项目，贷款期限一般为5年，最长不超过8年 ②用信方式。商品房开发贷款原则上应采用抵（质）押担保方式，并符合商业银行相关规定

（三）城市土地开发贷款

表3-4　城市土地开发

适用对象	产品分类	准入条件	相关规定
政府授权或委托、合法的城市土地开发企业	按贷款对象划分，城市土地开发贷款可分为政府土地储备贷款、园区土地开发贷款和企业土地一级开发贷款；按贷款管理方式划分，城市土地开发贷款可分为项目贷款和周转贷款	①城市土地开发贷款的借款人须符合商业银行房地产行业信贷政策和城市土地开发贷款支持类客户标准 ②城市土地开发贷款项目应符合土地利用总体规划、城乡规划和相关行业规划。应取得有权部门批准的规划、房屋拆迁、配套基础设施建设等方面的开发合法批件。对于政府土地储备贷款项目，还应符合有关政府部门共同编制、经同级人民政府批准，并报上级国土资源管理部门备案的年度土地储备计划，并持有同级人民政府批准的项目实施方案 ③对政府土地储备机构、园区土地开发企业（机构）申请贷款，自有资金不低于30%，并先于商业银行贷款到位；对土地一级开发企业申请贷款，项目资本金不低于35%，并先于商业银行贷款到位	①期限。对政府土地储备机构发放的项目贷款期限原则上不超过2年；对园区土地开发企业（机构）发放的项目贷款期限最长不超过5年；对土地一级开发企业发放的项目贷款期限原则上不超过3年，最长不超过5年 ②用信方式。对政府土地储备机构的贷款应以政府储备土地设定抵押权；向园区土地开发企业（机构）发放的贷款采取担保方式；企业土地一级开发贷款应以担保方式发放，其中优先选择采用有效资产抵押

（四）城镇化建设贷款

表3-5　城镇化建设贷款

适用对象	产品分类	准入条件	相关规定
依法成立、承担城镇化建设职能的企（事）业法人和其他经济组织	第一类：土地综合整治（整理）贷款 第二类：城镇和农村基础设施建设贷款 第三类：旧城镇和旧厂房的改造贷款 第四类：产业园区建设贷款 第五类：新城区（新农村）建设贷款	①基本条件：符合国家规划、土地、环保等政策，符合土地利用总体规划、城乡规划、土地利用年度计划等规定；履行了关于城镇化建设项目的管理程序，取得相关批准文件；取得合法的用地批准文件；明确的还款来源；项目资本金根据客户实际需求、项目风险状况、还款资金来源等因素设置不同的资本金比例 ②产业园区建设项目除满足基本条件外，还应满足：重点支持产业布局合理、特色鲜明、土地集约高效、节能环保水平高、经营期达到2年（含）以上，成熟型国家级和省级产业园区建设；产业园区发展定位准确，与当地产业基础、资源禀赋和区域特色结合紧密；入园企业符合国家产业政策导向，经营实力强，资源消耗低，创新能力强，品牌形象优，具有较强的市场优势 ③旧城镇和旧厂房改造项目应同时具备以下条件：符合政府相关政策要求，并已取得相关规划审批文件；项目区位优势明显，周边配套齐全，交通便捷；涉及房屋拆迁的，能提供房屋拆迁许可文件，并签订拆迁补偿相关协议，拆迁面积达到要求；涉及商品房、经营性物业开发的，预计销（预）售、经营前景较好，盈利能力较强，还款来源充足	①城镇化建设贷款必须指定明确的贷款用途，不得以打包贷款方式发放、不得用于缴纳土地出让金，不得用于国家明令禁止的投资领域和用途 ②城镇化建设贷款必须确保项目自身现金流及项目之外的补贴收入、其他合法收入能全额覆盖贷款本息

（五）经营性物业贷款

表3-6　经营性物业贷款

适用对象	准入条件	相关规定
拥有的经营性物业已建成且投入商业运营，并具有独立处置权，经有权部门批准成立，实行独立核算的法人客户	①经营性物业应符合各地城市商业网点规划或产业规划要求，经竣工综合验收合格并办妥房产证，已投入商业运营 ②地理位置优越，物业应位于城市中央商务区、中心商业区或开发区等城市经济中心地段。物业所在区域交通便捷，人流、物流、车流充裕，商业、商务氛围浓厚或工业资源密集 ③宾馆酒店类物业应为四星级（含）以上或虽未取得星级认证但按四星级（含）以上标准建设，年均入住率不低于所在城市或所在区域平均入住率；经济型酒店和酒店式公寓应由国内外知名酒店管理公司管理，且年均入住率不低于银行规定的比例；写字楼物业应为甲级（含）写字楼以上，年均出租率不低于所在城市或所在区域平均出租率；商业营业用房类物业的面积（可供商业银行抵押面积）原则上应不小于规定面积，年均出租率不低于所在城市或所在区域平均出租率；混合业态的物业至少满足以上一个条件 ④工业和仓储用房类物业的用地性质应为工业用地，土地使用权类型为出让，物业建设形式为标准工业厂房、研发基地用房、仓储用房及相关配套设施等，物业面积不小于规定面积 ⑤经营性物业定位准确，经营情况稳定，出租市场前景良好；市场价值和租金价格稳定或有上涨趋势；具有较强的变现能力，有利于整体处置	①贷款额度。经营性物业贷款的额度根据物业可用于还贷的现金流确定，贷款额度最高不超过抵押物评估价值的70% ②期限。经营性物业贷款期限原则上最长不超过10年，在满足特别规定的条件的前提下，最长可放宽至15年。贷款期限最长不超过借款人法定经营期限，也不得超过物业产权证的剩余使用年限 ③用信方式。经营性物业贷款以竣工验收合格、取得房产证的经营性物业抵押担保，必要时还应提供商业银行认可的其他财产抵（质）押或第三方以及借款人法定代表人或其实际控制人连带责任保证担保。非工业和仓储用房类经营性物业贷款的抵押担保额度、工业和仓储用房类经营性物业贷款的抵押担保额度不得超过抵押物评估价值的60%规定比例

（六）流动资金贷款

表 3-7　流动资金贷款

适用对象	产品分类	准入条件	相关规定
在生产经营过程中有中短期需求的经工商行政管理机关（或主管机关）核准登记的企（事）业法人、其他经济组织	流动资金贷款按期限分为短期流动资金贷款和中期流动资金贷款。短期流动资金贷款是指贷款期限不超过1年（含1年）的流动资金贷款；中期流动资金贷款是指贷款期限在1年以上（不含1年）3年以下（含3年）的流动资金贷款。流动资金贷款按照贷款使用方式分为一般流动资金贷款和可循环流动资金贷款	①依法设立持有有效的营业执照或事业单位登记证，组织机构代码证 ②生产经营合法合规，符合营业执照范围，符合国家产业、环保等相关政策和商业银行的信贷政策 ③在商业银行开立基本账户或一般账户 ④信用等级达到规定要求 ⑤管理、财务制度健全，生产经营情况正常，财务状况良好，具有持续经营能力，有合法的还款来源，具备到期还本付息的能力 ⑥借款人及控股股东、主要股东无不良信用记录 ⑦贷款用途明确，符合国家法律、法规及有关政策规定 ⑧不符合信用贷款条件的，要提供合法、足值、有效的担保 ⑨商业银行要求的其他条件	①用途。流动资金贷款不得用于固定资产、股权等投资及国家禁止生产、经营的领域和用途 ②额度。流动资金贷款额度根据借款人生产经营的实际资金需求和现有流动资金的差额 ③期限。流动资金贷款期限应根据客户生产经营周期、预期现金流、信用资信状况等因素合理确定。可循环流动资金贷款额度有效期原则上不超过1年，行业重点客户最长不超过2年；单笔贷款期限不超过1年，且到期日不超过额度有效期满后的6个月 ④还款方式。流动资金贷款可采用一次性还本付息，或一次还本、分期付息，或分期还本付息等还款方式。中期流动资金贷款应优先选择分期还本付息的还款方式

（七）商业汇票银行承兑业务

表 3-8　商业汇票银行承兑业务

适用对象	产品分类	准入条件	相关规定
适用于具有真实贸易背景的、有延期付款需求的各类国有企业、民营企业、医疗卫生、机关学校等单位	商业汇票银行承兑业务包括非低信用风险承兑业务（单位、个人比例保证金）、低信用风险承兑业务（100%个人、单位定期存单质押、100%理财产品质押、100%保证金）、代城市信用社或农村信用社客户办理银行承兑汇票业务	①在商业银行开立基本存款账户或一般存款账户，办理低信用风险信用品种的承兑业务出票人也可只开立临时账户 ②依法从事经营活动，具有真实合法的商品或劳务交易背景 ③信用等级满足规定要求 ④个体工商户只能申请办理属于商业银行认定的低信用风险承兑业务	①银行承兑汇票自出票日至到期日最长不得超过6个月 ②每张承兑汇票票面金额原则上不超过1000万元（有特殊规定的除外）

（八）银行承兑汇票贴现

表3-9　银行承兑汇票贴现

适用对象	准入条件	相关规定
急需资金，拥有未到期银行承兑汇票的依法登记注册并有效的企（事）业法人、其他经济组织	①在商业银行开立基本账户或一般账户或临时账户，经工商行政管理机关（或主管机关）核准登记的企（事）业法人、其他经济组织、个体工商户，并依法从事经营活动 ②与出票人（或直接前手）之间具有真实合法的商品或劳务交易关系 ③持有尚未到期且要式完整的银行承兑汇票	①银行承兑汇票贴现期限自贴现之日起至汇票到期日止，最长期限不超过6个月 ②办理银行承兑汇票贴现业务应按规定收取贴现利息，贴现利率执行人民银行的相关规定

（九）国内信用证

表3-10　国内信用证

适用对象	产品分类	准入条件	相关规定
在进行货物购销活动中有结算服务和经营周转性融资需求的国内商品交易企业	包括开立国内信用证以及国内信用证项下买方押汇、卖方押汇、打包贷款、议付、福费廷、买方代付等	①客户信用等级达到规定要求。办理低信用风险国内信用证业务的客户可不受信用等级限制 ②依法从事经营活动，具有真实合法的贸易背景 ③在商业银行开立人民币基本存款账户或一般存款账户，办理低信用风险国内信用证业务的客户也可只开立临时账户 ④企业成立时间满足银行规定年限	①授信管理。国内信用证业务纳入授信管理 ②担保。国内信用证项下的开证申请人需缴纳不低于开证金额一定比例的保证金，并需对保证金以外部分进行合法、足值、有效的担保（有特殊规定的除外）

（十）国内保理

表3-11　保理

适用对象	产品分类	准入条件	相关规定
主要适用于进行赊销结算方式的国内贸易企业。企业要求具有良好信用记录，且具备完善的应收账款管理体系，财务状况良好，所经营的产品质量稳定，标准化程度高，易于保管	商业银行国内保理分为有追索权保理、无追索权保理、第三方担保保理	应收账款必须符合以下条件： ①应收账款基于正常、真实、合法的基础交易产生 ②应收账款权属清楚，没有瑕疵，卖方未将其转让给任何第三人，也未在其上为任何第三人设定任何质权和其他优先受偿权 ③卖方与买方在合同中未约定应收账款不得转让的条款	①额度。对有追索权保理、无追索权双保理及第三方担保保理业务，单笔保理融资金额原则上不超过应收账款发票实有金额的90%（有特殊规定的除外）；对无追索权单保理业务，单笔保理融资金额原则上不超过应收账款发票实有金额的80%（有特殊规定的除外） ②期限。保理融资期限应根据应收账款还款期限、合理在途时间等因素合理确定，一般应在180天以内（有特殊规定的除外）。保理融资到期日不得晚于融资宽限期最后1日。保理融资到期后不得办理展期和再融资

（十一）打包贷款

表 3-12　打包贷款

适用对象	产品分类	准入条件	相关规定
有符合条件的正本信用证、出口合同/订单，并具有进出口经营权和短期融资需求的企业	打包贷款的业务范围包括信用证、跟单托收以及汇款方式项下的打包贷款。跟单托收或汇款项下打包贷款亦可称为订单融资。汇款结算方式下，有的商业银行只办理货到付款项下的订单融资业务。如出口合同、订单为部分预付、部分货到付款，有的商业银行只可对货到付款部分提供订单融资	①企业具有出口业务经营权 ②企业具有良好的贸易履约能力 ③企业信誉良好，有按期偿付贷款本息的能力 ④企业能及时、准确地向银行提供相关贸易背景资料和财务报告，主动配合银行的调查、审查和检查 ⑤贷款用途符合国家法律、法规及有关政策规定 ⑥银行要求的其他条件	①融资比例。信用证项下打包贷款金额不超过信用证金额的80%；订单融资金额不得超过出口合同/订单货到付款部分的80% ②期限。信用证项下打包贷款融资期限从发放之日起至信用证项下货款收妥日或办理出口押汇、贴现、福费廷等业务之日止，最长不超过180天，且需符合以下条件：即期信用证打包贷款期限不超过信用证有效期后21天，远期信用证打包贷款期限不超过信用证有效期加上远期付款期限后21天。订单融资期限从发放之日起至备货完成或办理后续融资业务之日止，最长不超过90天（有特殊规定的除外）

（十二）福费廷业务

表 3-13　福费廷业务

适用对象	准入条件	相关规定
为改善财务报表，需将出口应收账款从资产负债表中剔除；应收账款收回前遇到资金周转困难，且不愿接受带追索权的融资形式或占用宝贵的银行授信额度的，有中长期融资需求，并具有独立法人资格和进出口经营权的企业	①信用证项下远期汇票银行已承兑，延期付款信用证项下银行已承诺付款，托收项下远期票据银行已保付加签 ②汇票或应收账款计价币种应为商业银行可接受的货币 ③福费廷业务项下的基础交易无瑕疵 ④办理福费廷一级市场业务，出口商应具有良好的商业信誉，出口的货物和出口手续符合国家有关法律、法规；出口商须为信用证和托收项下远期票据的善意持票人，延期付款信用证项下应收账款的所有人 ⑤承兑行与商业银行各项业务往来记录良好 ⑥办理进口票据包买业务，信用证应已经商业银行承兑或承诺付款；交单行有明确的贴现要求	货物国内外市场价格应稳定，货物的销售周期、运输在途时间及生产周期与信用证付款期限应匹配

（十三）出口押汇业务

表 3–14　　出口押汇业务

适用对象	产品分类	准入条件	相关规定
在发货后，收款前遇到临时资金周转困难的具有进出口经营权的出口企业	出口押汇业务分为信用证项下押汇和出口托收押汇	①企业应在申请行开立人民币或外币往来账户 ②企业资信良好，具有一定的外贸经验 ③出口的商品应适应市场需求，国内外进销网络畅通，并能取得必要的批文 ④企业应具有健全的财务会计制度，出口押汇款项应用于合理的资金周转需要 ⑤开证行及偿付行所在地政局及经济形势稳定，无特别严格外汇管制，且开证行自身资信可靠，经营作风稳健，没有故意挑剔单据不符点而无理拒付的不良记录 ⑥出口押汇的单据必须严格符合信用证条款，做到单单一致、单证一致	①额度。信用证项下出口押汇金额按出口单据票面金额扣除押汇利息、预计国外扣款、手续费、邮电费等费用计算；跟单托收项下出口押汇金额一般不超过托收索汇金额的80% ②期限。即期信用证和D/P押汇期限不超过60天；D/P远期押汇期限不超过90天；D/A押汇期限不超过180天；远期信用证付款期限不超过180天；押汇期限一般不超过付款期限加10天

（十四）进口押汇

表 3–15　　进口押汇

适用对象	产品分类	准入条件	相关规定
支付信用证、代收或汇款项下进口货物，遇到临时资金周转困难，无法按时付款赎单，具有进出口经营权的进口企业	信用证项下进口押汇，代收项下进口押汇，汇款项下进口押汇	①办理进口押汇的客户信用等级应达到规定要求 ②贸易真实 ③无不良贸易记录	①融资比例。进口押汇金额不得超过对外应付金额（发票或汇票金额） ②融资期限。根据货物销售周期确定融资期限，进口押汇融资期限与不同结算方式下的付款期限相加应在180天以内（含）

（十五）进口外汇票据买断

表 3–16　　进口外汇票据买断

适用对象	产品分类	准入条件	相关规定
为了降低融资成本，不重复占用银行综合授信额度，具有真实的贸易背景，具备独立法人资格并具有进出口经营权的企业	进口外汇票据买断业务分为买方付息票据买断业务和卖方付息买断业务	①在银行开立账户 ②从事国际贸易并满足规定期限 ③信用等级满足银行要求 ④贸易背景真实，基础交易无瑕疵 ⑤汇票或应收账款计价币种应为商业银行可接受的货币	①进口外汇票据买断业务实则为买方付息票据买断业务和卖方付息买断业务，可根据客户要求和信用证条款规定，银行贴现利息向买方或卖方收取 ②货物国内外市场价格应稳定，货物的销售周期、运输在途时间及生产周期与信用证付款期限应匹配

（十六）出口贴现

表 3-17　出口贴现

适用对象	准入条件	相关规定
在承兑信用证项下，远期汇票被银行承兑后，遇到临时资金周转困难而需要短期资金融通的，拥有出口业务经营权的企业	①承兑行或保付加签银行所在地政治经济稳定，有国家授信额度 ②须为票据的善意持票人，无不良结算和信用记录，出口业务贸易背景真实 ③承兑行或保付加签银行必须为办理银行代理行，资信良好，有良好的单证业务往来记录，并有代理行单证额度	①国家政局动荡、经济不稳定等可能影响安全收汇的，不得办理 ②承兑行或保付加签应是办理行的代理行，且资信良好，结算记录良好 ③客户应为信用证的受益人或跟单托收的收款人 ④出口贴现最长期限一般不超过 1 年

（十七）未来货权质押开证

表 3-18　未来货权质押开证

适用对象	准入条件	相关规定
长期从事大宗物资或基础原材料等商品的进口贸易，或为大型企业提供购销服务的专业外贸企业	融资企业应具备的条件： ①成立并办理信用证结算满 1 年以上 ②已开出的信用证无垫款，且无不良资产、不良信用记录 ③企业经营符合我国外贸、外汇管理有关规定，无走私、偷漏税等不良记录 ④主营商品为信用证下进口的商品，货源和内销渠道稳定、通畅，能依靠销售收入进行信用证付款或归还银行授信 ⑤信用证申请人与供货方有稳定的购销关系，供货方为实力较强的大型企业	①客户在办理该业务需交纳保证金，利用银行信用，完成大宗商品的进口采购 ②授信安排上，既可针对长期订单给予开证额度，也可单笔办理

（十八）保函

表 3-19　保函

适用对象	产品分类	准入条件	相关规定
需要向客户出具保证，对某个具体事项进行承诺，经工商行政管理机关（或主管机关）核准登记，实行独立核算的企（事）业法人及其他经济组织	①非融资性保函指银行为申请人履行非融资性义务所做的书面保证。包括：工程项下投标、履约、预付款、预留金保函；贸易履约保函、海关付税保函等 ②融资性保函指银行为申请人从第三方融通资金时，履行本息偿付义务所做出的书面保证。包括债券保函、信托计划保函、借款保函等	申请办理保函业务的客户应具备以下基本条件： ①在银行开立账户 ②信用等级达到银行规定要求 ③无不良信用记录，或虽然有过不良信用记录，但非主观恶意 ④具备履约能力，经营情况、财务状况良好 ⑤能够提供符合银行规定要求的保证金及反担保	①保函金额与保证金的差额部分，应当由客户提供反担保。反担保的担保期限不得短于保函有效期 ②原则上担保函不得转让，不得包含保兑条款、无条件付款或不可撤销条款

(十九) 动产质押贷款

表 3-20　动产质押贷款

适用对象	产品分类	准入条件	相关规定
适用于生产型企业及贸易流通企业	①根据监管要求不同,分为静态质押和滚动质押 ②根据监管场地的不同,分为移库监管和现场监管	①信用等级达到银行要求 ②成立1年以上,且已连续经营一个完整的会计年度,管理规范,经营正常 ③有固定经营场所,生产经营正常 ④小企业客户股东或实际控制人为自然人的,追加股东或实际控制人的连带责任保证	①出质人必须是质押动产的合法所有者。出质的动产是其生产、经营过程中合法拥有的主要原材料、半成品、产品或主要经营的商品,原则上应以大宗、高流动性的原材料为主 ②原则上不接受出质人已经委托给第三人代为保管的动产设定质押 ③相关制度对押品最高质押率有明确规定的,执行相关规定;没有规定的,综合考虑质物种类、实际价值、自然损耗、变现能力等因素,合理确定质押率

(二十) 仓单质押贷款

表 3-21　仓单质押

适用对象	产品分类	准入条件	相关规定
1.标准仓单质押贷款适用于经国家工商行政管理机关核准登记,在境内从事与标准仓单相关商品生产、加工或贸易的企业 2.依法核准登记的企业法人,均可以向银行申请办理非标准仓单质押信贷业务	①标准仓单质押贷款是用信人以其自有的、有效的标准仓单为质押,向银行申请用于生产经营周转的信贷业务 ②非标准仓单质押贷款是银行与出质人、保管人签订监管协议,以保管人填发的出质人的存货仓单为质押,为借款人办理的信贷业务	①标准仓单质押信贷业务的用信人为经国家工商行政管理机关核准登记,在境内从事与标准仓单相关商品生产、加工或贸易的企业 用信人应具备的条件为:是仓单的合法所有人;经营或管理达到规定年限;用信人在承办行开立结算账户、专用资金账户、借款保证金账户 ②非标准仓单质押信贷业务,凡依法核准登记的企业法人,均可以向银行申请 借款人必须具备的条件是:是质押仓单的合法持有人,并具有经营质押仓单项下仓储物的资格和资质;净资产年销售额达到一定要求;年度信用等级达到银行要求;无不良信用记录;拥有稳定的购销渠道,经营或者管理达到规定年限	①仓单质押贷款仅限于办理短期流动资金贷款、票据承兑、商业承兑汇票贴现、期限在1年以内(含)的非融资性保函、即期信用证、半年内远期信用证等信贷业务 ②标准仓单质押贷款信贷资金只能用于正常生产经营周转,资金用途应符合国家及监管机构的有关规定。业务期限最长一般不超过1年(含) ③非标准仓单质押贷款资金只能用于短期流动性经营需求,期限要与质押仓单下仓储物的周转周期相匹配,且不得超过仓储物储存期限和产品有效期,最长不得超过1年

(二十一) 应收账款质押贷款

表 3-22 应收账款质押贷款

适用对象	准入条件	相关规定
流动资金短缺,能够提供合法应收账款质押,进行独立核算的企业法人,其他经济组织	①在办理银行开立账户 ②客户信用评级达到银行要求 ③产品或服务质量有保证,与买方保持良好合作关系,贸易关系正常稳定,买卖双方无不良记录 ④对应收账款的管理能力较强,应收账款账龄结构合理,应收账款周转率达到行业良好值以上 ⑤与买方未发生过商业纠纷	①应为正常交易关系产生的应收账款 ②应收账款权属清楚,没有瑕疵 ③买卖双方未在交易合同中约定应收账款不得转让或不得质押的条款 ④应收账款账龄原则上不超过6个月,最长不超过1年 ⑤应收账款质押可以是对单笔应收账款的质押,也可以是对多期限、多品种的多笔应收账款组合整体设定质押

(二十二) 买方信贷

1. 产品介绍

表 3-23 相关内容

适用对象	产品分类	准入条件	相关规定	产品理解
出口买方信贷业务借款人为境外金融机构、进口国财政部或进口国政府授权的机构,以及中国进出口银行认可的进口商或境外业主及船舶经营人	①政府主权贷款,涉及项目多,批准时间在一年左右,可以在政府框架中拿到两优,如我国与非洲、东盟、安哥拉、吉尔吉斯、叙利亚、阿拉伯、安提瓜和巴布达等建立了优惠贷款框架协议,认可政府担保 ②自主贷款没有进入政府间框架,涉及项目少,批准时间长,对担保方式要求高。如要求所在国的银行提供担保,或其他担保公司,需取得所在国及出口国的项目批准,1亿美元以上的还需国务院批准	①借款人所在国经济、政治状况相对稳定,或其所在国国别风险可控 ②借款人资信状况良好,具备偿还贷款本息能力 ③商务合同金额在200万美元以上,出口项目符合出口买方信贷的支持范围 ④出口产品的中国成分一般不低于合同金额的50%,对外工程承包项目带动中国设备、施工机具、材料、工程施工、技术、管理出口和劳务输出一般不低于合同金额的15% ⑤借款人提供中国进出口银行认可的还款担保 ⑥必要时投保出口信用险 ⑦中国进出口银行认为必要的其他条件	《关于官方支持出口信贷指导原则的协定》	买方信贷中的借款人为进口商,销售者为出口商,提供贷款人为进出口银行,类似于个人住房按揭贷款,借款人为个人,销售者为房地产商,提供贷款人为房地产商合作银行

2. 流程

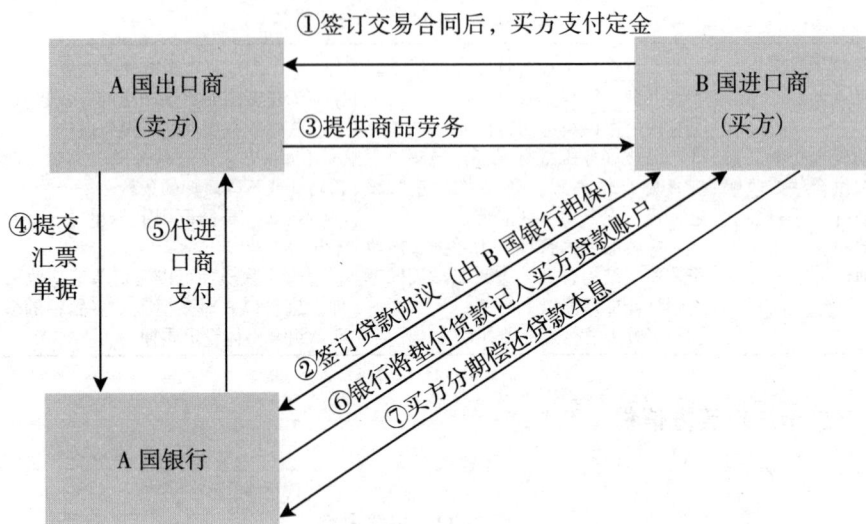

①签订交易合同后，买方支付定金

A国出口商
（卖方）

③提供商品劳务

B国进口商
（买方）

④提交汇票单据

⑤代进口商支付

②签订贷款协议（由B国银行担保）

⑥银行将垫付货款记入买方贷款账户

⑦买方分期偿还贷款本息

A国银行

图 3-1　流程

3. 流程图的列示

表 3-24　流程详解

序号	详细过程
①	出口商和进口商双方签订商务合同，合同金额不少于 200 万美元。进口商支付定金，定金金额不能低于商务合同总金额的 15%
②	中国进出口银行和借款人签订贷款协议，贷款金额不高于商务合同金额的 85%
③	出口商根据合同规定提供商品劳务
④	出口商提交汇票单据给银行
⑤	中国进出口银行依据贷款协议的相关规定发放贷款
⑥	银行将垫付货款记入买方贷款账户
⑦	进口商根据贷款协议分期偿还贷款本息及费用

（二十三）卖方信贷

1. 产品介绍

表3-25 相关内容

适用对象	产品分类	准入条件	相关规定	产品理解
凡在我国工商行政管理部门登记注册，具有独立法人资格（不包含港澳台地区）的境内企业，均可申请出口卖方信贷	出口卖方信贷类型中包含船舶出口卖方信贷、设备出口卖方信贷、高新技术产品出口卖方信贷、一般机电产品出口卖方信贷、对外承包工程贷款、境外投资贷款、农产品出口卖方信贷、文化产品和服务出口卖方信贷	①借款人经营管理、财务和资信状况良好，具备偿还贷款本息的能力②对外承包工程商务合同已签订，必要时需经国家有权审批机关批准③项目具有良好的经济效益、社会效益④项目业主或付款人具有相应经济实力、信誉较好、5年内无不良信用记录⑤项目所在国的政治、经济状况相对稳定⑥必要时投保出口信用保险⑦提供中国进出口银行认可的还款担保（符合免担保条件的除外）⑧中国进出口银行认为必要的其他条件	《关于官方支持出口信贷指导原则的协定》	卖方信贷中的买方为进口商，卖方为出口商，提供贷款人为进出口银行，类似于融资租赁，买方为承租人，卖方为出租人，提供设备人为设备生产商

2. 流程

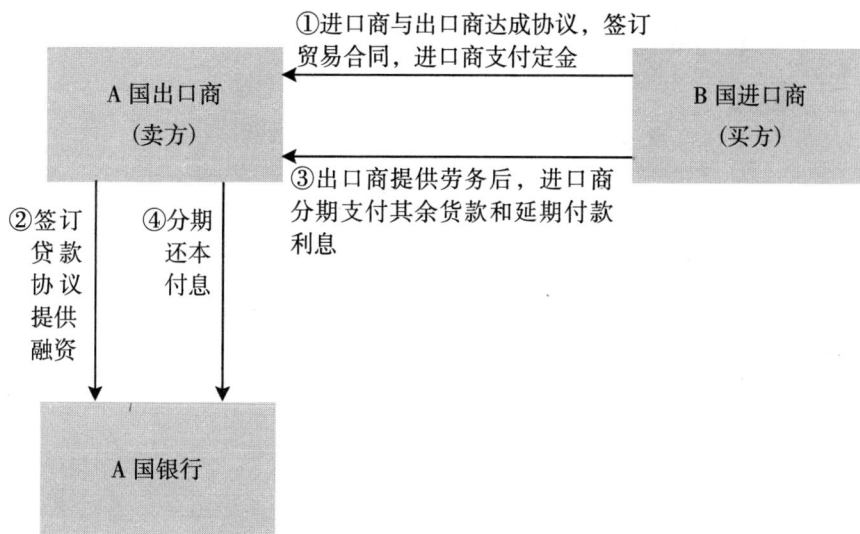

图3-2 流程

3. 流程图的列示

表 3-26　流程详解

序号	详细过程
①	进口商与出口商达成协议，签订贸易合同，进口商支付定金。合同一般要求进口商向出口商在合同生效后支付 10%~15% 的定金，其余 80%~85% 的款项在交货时由进出口国银行签发或承兑若干张不同到期日的本票或汇票，分期偿还
②	出口商向银行申请贷款，签订出口卖方信贷融资协议，取得贷款。出口商凭出口商贸合同向其他所在地的银行申请卖方贷款，双方签订出口卖方信贷融资协议，由银行根据协议向出口商提供信贷
③	出口商提供劳务后，进口商分期支付其余款项和延期付款利息
④	出口商偿还贷款，分期还本付息。在实践中更多的做法是银行直接介入：进口国银行会把其出具或承兑的本票、汇票直接交给贷款银行，贷款银行一般则会要求出口商把进出口合同项下的债权凭证抵押在银行，用到期款项优先偿还贷款本息

（二十四）委托贷款

表 3-27　委托贷款

适用对象	准入条件	相关规定
有资金需求并由资金提供者（委托人）指定的，经工商行政管理机关（或主管机关）核准登记的企（事）业法人、其他经济组织	借款人申请委托贷款应具备以下基本条件 ①经工商行政管理机关（或主管机关）核准登记并通过年检的企（事）业法人、其他经济组织 ②生产经营合法合规，符合营业执照范围，符合国家产业政策。特殊行业或按规定应取得行政许可的，应持有有权部门的相应批准文件 ③管理、财务制度健全，生产经营情况正常，财务状况良好，具备到期还款付息的能力 ④无不良信用记录，或虽有过不良信用记录，但非主观恶意 ⑤贷款用途符合国家法律、法规及有关政策规定 ⑥银行要求的其他条件	①资金来源合规合法，但不得为银行借款、社会募集资金等负债性资金；贷款用途必须符合国家有关政策规定 ②在委托贷款中，所涉及的委托贷款利率是由委托双方自行商定，但是最高不能超过人民银行规定的同期贷款利率和上浮幅度 ③需按照国家地方税务局的有关要求缴纳税款，并配合受托人办理有关代征代缴税款的缴纳工作

第二节　信托类融资产品

一、分类

信托贷款
信托股权投资
信托资产管理计划（见书中相关内容）
委托贷款（见书中相关内容）
信托权益投资

图 3-3　信托类融资产品

二、信托贷款

（一）相关内容

表 3-28　相关内容

概念	适用对象	产品分类	准入条件	相关规定	类似产品
信托贷款是指信托机构在国家规定的范围内，制订信托发行计划，募集资金，对自行审定的单位和项目发放的贷款	有资金需求且用途合理，符合国家产业政策方向和贷款信托对象基本条件的企业	按贷款的用途划分，可分为固定资产信托贷款、流动资金信托贷款和临时周转信托贷款	①借款人设立合法 ②具有独立法人资格 ③拥有一定数量自由资金，具有一定承担经营风险的能力 ④在银行开立结算账户，接受银行结算监管	一法三规： 《信托法》 《信托机构管理办法》 《信托机构集合资金信托计划管理办法》 《信托机构净资本管理办法》	银行贷款、委托贷款

（二）流程

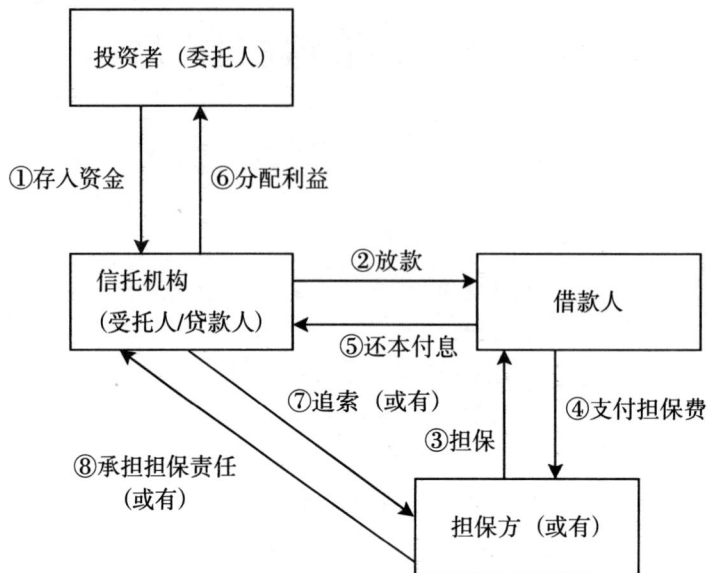

图 3-4　流程

（三）流程图的列示

表 3-29　流程详解

序号	详细过程
①	合格投资者将资金交给信托机构
②	信托机构对借款人进行审核，具体流程：贷款申请、受理与调查、风险评价、贷款审批、签订合同、发放贷款
③	如有第三方担保，办理担保手续
④	借款人支付担保费用（如有）
⑤	借款人按约还本付息
⑥	受托人按约向委托人分配利益
⑦⑧	如有借款人未能按约偿还，向担保方追索，由担保方承担担保责任

三、信托股权投资

（一）相关内容

表 3-30　相关内容

概念	适用对象	产品分类	准入条件	相关规定	类似产品
由信托投资机构投资企业并参与企业管理，并以投资比例作为分取利润或承担亏损责任的依据	有股权融资需求的企业	按不同的模式："股本+溢价回购"模式、"股权转让+溢价回购"模式、"股权收益权转让+溢价回购"模式、"股权"模式	符合国家产业政策，纳入国家行业规划或者地方计划中的项目，发展国民经济急需的产业或者产品项目	一法三规：《信托法》《信托机构管理办法》《信托机构集合资金信托计划管理办法》《信托机构净资本管理办法》	普通股优先股

（二）流程

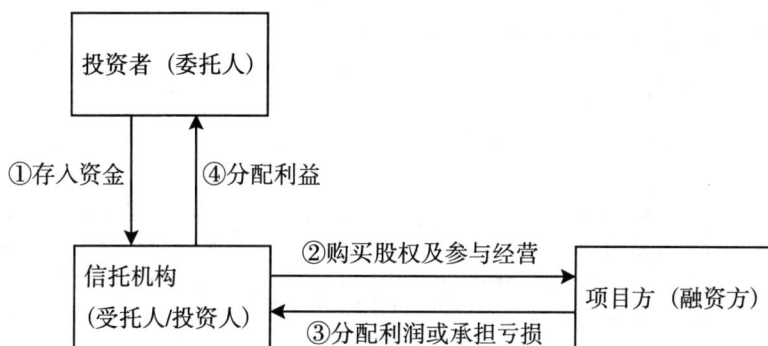

图 3-5　流程

（三）流程图的列示

表 3-31　流程详解

序号	详细过程
①	合格投资者将资金交给信托机构
②	信托机构对项目方进行筛选评估后购买其股权及参与经营
③	信托机构以投资比例为依据分取利润或承担亏损
④	信托机构将信托收益分配给投资者

四、信托权益投资

(一) 相关内容

表3-32 相关内容

概念	适用对象	产品分类	准入条件	相关规定	类似产品
由信托投资机构将信托资金投资于能够带来收益的各类权益的资金信托品种,这些权益包括基础设施收费权、公共交通营运权等	有权益融资需求的企业和机构	按融资出让的对象,分为各类公共产品和准公共产品(投资)融资,如城市基础设施、交通项目、教育项目等	符合国家政策,允许进行权益融资各类公共产品和准公共产品	一法三规:《信托法》《信托机构管理办法》《信托机构集合资金信托计划管理办法》《信托机构净资本管理办法》	收费权质押贷款

(二) 流程

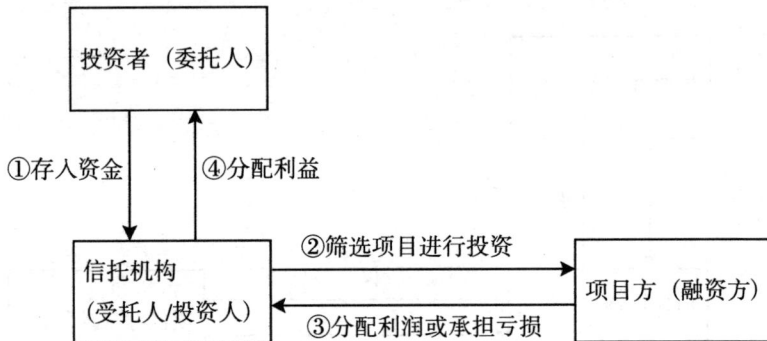

图3-6 流程

(三) 流程图的列示

表3-33 流程详解

序号	详细过程
①	合格投资者将资金交给信托机构
②	信托机构对项目方进行筛选评估,并可以采取权利质押等多种方式保障收益率
③	信托机构按约定取得收益或承担亏损
④	信托机构将信托收益分配给投资者

第三节　证券债券类融资产品

一、分类

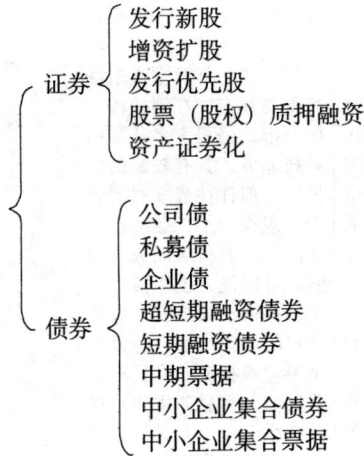

$$\text{证券} \begin{cases} \text{发行新股} \\ \text{增资扩股} \\ \text{发行优先股} \\ \text{股票（股权）质押融资} \\ \text{资产证券化} \end{cases}$$

$$\text{债券} \begin{cases} \text{公司债} \\ \text{私募债} \\ \text{企业债} \\ \text{超短期融资债券} \\ \text{短期融资债券} \\ \text{中期票据} \\ \text{中小企业集合债券} \\ \text{中小企业集合票据} \end{cases}$$

图 3-7　分类

二、证券类融资产品

（一）发行新股

1. 新股发行概述

表 3-34　新股发行

定义	方式	参与要求
首次公开发行股票并上市（IPO）是指股票对公众的初始出售，也就是我们一般所说的上市	公开发行	①具备健全且运行良好的组织机构 ②具有持续盈利能力，财务状况良好 ③最近 3 年财务会计无虚假记载，无其他重大违法行为 ④经国务院批准的国务院证券监督管理机构规定的其他条件

2.发行市场

目前，我国新股发行主要有四个板块：主板、中小板；创业板；新三板；四板。

表3-35　发行市场

项目	主板、中小板	创业板	新三板	四板
定义	也称为一板市场，指传统意义上的证券市场（通常指股票市场），是一个国家或地区证券发行、上市及交易的主要场所。主板市场先于创业板市场产生，两者既相互区别又相互联系，是多层次资本市场的重要组成部分。相对创业板市场而言，主板市场是资本市场中最重要的组成部分，很大程度上能够反映经济发展状况，有"国民经济晴雨表"之称。主板市场对发行人的营业期限、股本大小、盈利水平、最低市值等方面的要求标准较高，上市企业多为大型成熟企业，具有较大的资本规模以及稳定的盈利能力。中国大陆的主板市场包括上交所和深交所两个市场	创业板又称二板市场，即第二股票交易市场。创业板是指专为暂时无法在主板上市的中小企业提供融资途径和成长空间的证券交易市场，是对主板市场的重要补充，在创业板市场上市的公司大多从事高科技业务，具有较高的成长性，但往往成立时间较短、规模较小，业绩也不突出，但有很大的成长空间。可以说，创业板是一个门槛低、风险大、监管严格的股票市场，也是一个孵化科技型、成长型企业摇篮；其目的主要是扶持中小企业，尤其是高成长性企业，为风险投资和创投企业建立正常的退出机制，为自主创新国家战略提供融资平台，为多层次的资本市场体系建设添砖加瓦	新三板市场即全国股份转让系统是经国务院批准、依据证券法设立的全国性证券交易市场，主要为创新型、创业型、成长型、中小微企业发展服务。境内符合条件的股份公司均可通过主办券商申请在全国股份转让系统挂牌，公开转让股份，进行股权融资、债权融资、资产重组等	四板市场就是区域性股权交易市场，是为特定区域内的企业提供股权、债券的转让和融资服务的私募市场，是我国多层次资本市场的重要组成部分，亦是中国多层次资本市场建设中必不可少的部分。对于促进企业特别是中小微企业股权交易和融资，鼓励科技创新和激活民间资本，加强对实体经济薄弱环节的支持，具有积极作用
适用法规	《中华人民共和国公司法》、《中华人民共和国证券法》、《首次公开发行股票并上市管理办法》、《上海证券交易所股票上市规则》、《深圳证券交易所股票上市规则》	《中华人民共和国公司法》、《中华人民共和国证券法》、《首次公开发行股票并上市管理办法》、《深圳证券交易所股票上市规则》	《中华人民共和国公司法》、《中华人民共和国证券法》、《非上市公众公司监督管理办法》、《全国中小企业股份转让系统有限责任公司管理暂行办法》和《全国中小企业股份转让系统业务规则（试行）》	《关于规范证券公司参与区域性股权交易市场的指导意见（试行）》、国发〔2011〕38号文、国办发〔2012〕37号文，各地方政府制定的相关指导性规范
主体资格	依法设立且合法存续的股份有限公司	依法设立且合法存续的股份有限公司	非上市股份公司	非上市股份公司和非上市公众公司
经营年限	持续经营时间在3年以上	持续经营时间在3年以上	存续满2个完整的会计年度	各区域性规定不同

项目	主板、中小板	创业板	新三板	四板
盈利要求	主板： ①最近3个会计年度净利润均为正数且累计超过3000万元，净利润以扣除非经常性损益前后较低者为计算依据 ②最近3个会计年度经营活动产生的现金流量净额累计超过5000万元；或者最近3个会计年度营业收入累计超过3亿元 ③最近一期不存在未弥补亏损 ④无形资产与净资产比例不超过20%，过去3年财务报告中无虚假记载 中小板： ①最近3个会计年度净利润均为正且累计超过3000万元 ②最近3个会计年度经营活动产生的现金流量净额累计超过5000万元；或者最近3个会计年度营业收入累计超过3亿元 ③最近一期末无形资产占净资产的比例不高于20% ④最近一期末不存在未弥补亏损	最近2年连续盈利，最近2年净利润累计不少于1000万元且持续增长。或者最近1年盈利，且净利润不少于500万元，最近1年营业收入不少于5000万元，最近2年营业收入增长率均不低于30%	具有持续经营能力	具有持续经营能力
资产要求	无形资产与净资产比例不超过20%且不存在未弥补亏损	最近一期末净资产不少于2000万元，且不存在未弥补亏损	无限制	区域性规定不同
股本要求	主板：发行前不少于3000万股；上市股份公司股本总额不低于5000万元；公众持股至少为25%；如果发行时股份总数超过4亿股，发行比例可以降低，但不得低于10%；发行人的股权清晰，控股股东和受控股股东、实际控制人支配的股东持有的发行人股份不存在重大权属纠纷 中小板：发行前股本总额不少于3000万元；发行后股本总额不少于5000万元。发行后总股本在4亿股以上的，公开发行比例不低于10%；发行后总股本在4亿股以下的，公开发行比例不低于25%。一般来说，拟在上交所发行上市的，其首次公开发行的股数应不少于1亿股	发行后公司股本总额不少于3000万元；公开发行的股份达到公司股份总数的25%以上；公司股本总额超过4亿元的，公开发行股份的比例为10%以上	挂牌前总股本不低于500万股	区域性规定不同
主营业务	最近3年内没有发生重大变化	最近2年内没有发生重大变化	业务明确	业务明确
实际控制人	最近3年内未发生变更	最近2年内未发生变更	无限制	无限制
董事、监事、高管理层	最近3年内没有发生重大变化	最近2年内没有发生重大变化	无限制	无限制

项目	主板、中小板	创业板	新三板	四板
成长性及创新能力	稳健与持续发展的企业	成长性和创新性企业为主，符合"两高六新"标准，高科技、高增长、新经济、新服务、新能源、新材料、新农业、新模式	不限于高新技术企业	所有依法设立而符合条件的不限于高新技术企业
同业竞争	发行人的业务与控股股东、实际控制人及其控制的其他企业间不得有同业竞争	发行人与控股股东、实际控制人及其控制的其他企业间不存在同业竞争	不存在同业竞争	无限制
股东人数	上市前股东人数不得超过200人	上市前股东人数不得超过200人	股东人数不得超过200人，超过200人的，适用《非上市公众公司监管指引第4号——股东人数超过200人的未上市股份有限公司申请行政许可有关问题的审核指引》	股份有限责任公司为200人
投资者	机构与自然人	所有新开客户经过访谈均可参与创业板股票买卖	机构投资者：注册资本500万元以上的法人机构或实缴出资总额500万元以上的合伙企业个人投资者：本人名下前一交易日日终证券类资产市值超过500万元且具有2年以上证券投资经验或具有会计、金融投资、财经等相关专业背景或培训经历	区域性规定不同
信息披露	年报、半年报和季报	年报、半年报和季报	年报、半年报	年报、半年报，可以披露季报
交易方式	连续竞价	连续竞价	协议转让、做市转让	不得采取集中竞价、做市商等集中交易方式进行交易
券商角色	保荐制	保荐制	推荐并持续督导制	主办报价
证券交易场所	场内交易	场内交易	场外交易	场外交易
审批制度	核准制	核准制	核准制	备案制
发行制度	公开发行	公开发行	定向发行	定向发行加公开转让及储架发行机制
审批机构	证监会	证监会	证监会	各地方的国有资产管理部门或金融办

续表

项目	主板、中小板	创业板	新三板	四板
公司治理	发行人已经依法建立健全股东大会、董事会、监事会、独立董事、董事会秘书制度，相关机构和人员能够依法履行职责；发行人董事、监事和高级管理人员符合法律、行政法规和规章规定的任职资格；发行人的董事、监事和高级管理人员已经了解与股票发行上市有关的法律法规，知悉上市公司及其董事、监事和高级管理人员的法定义务和责任；内部控制制度健全且被有效执行，能够合理保证财务报告的可靠性、生产经营的合法性、营运的效率与效果应具有完整的业务体系和直接面向市场独立经营能力；资产应当完整；人员、财务、机构以及业务必须独立	具有完善的公司治理结构，依法建立健全股东大会、董事会、监事会以及独立董事、董事会秘书、审计委员会制度，相关机构和人员能够依法履行职责	公司治理结构健全，运作规范	治理结构健全，运作规范

3. 股票上市流程

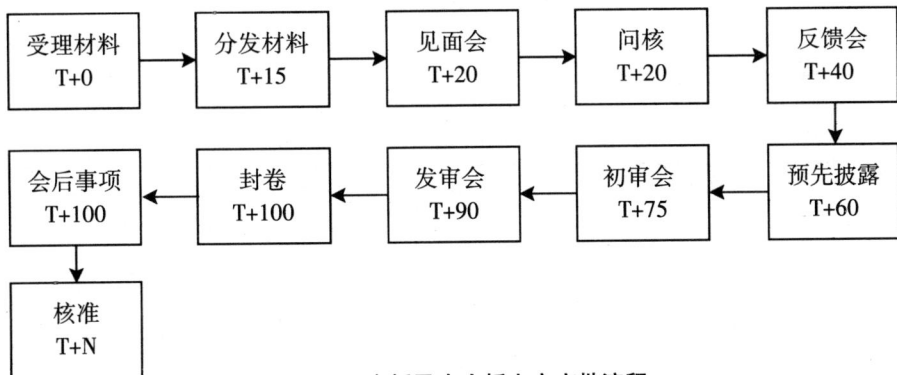

图 3-8 主板及中小板上市审批流程

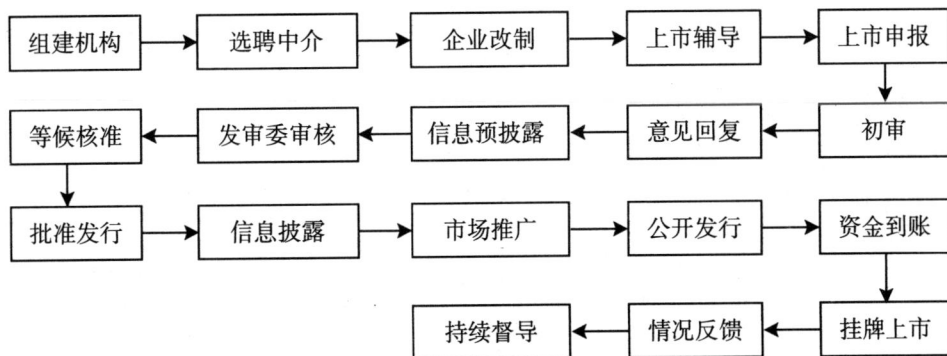

图 3-9 创业板企业上市流程

```
┌──────────┐     ┌──────────┐     ┌──────────┐     ┌──────────┐     ┌──────────┐
│ 中介进场  │ ──▶ │ 完成股份  │ ──▶ │ 完成企业  │ ──▶ │ 完成申   │ ──▶ │  内核    │
│  T+0     │     │ 制改造   │     │ 尽职调查  │     │ 报材料   │     │  T+110  │
│          │     │  T+60    │     │  T+80    │     │  T+100   │     │          │
└──────────┘     └──────────┘     └──────────┘     └──────────┘     └──────────┘
                                                                          │
                                   ┌──────────┐     ┌──────────┐          ▼
                                   │  挂牌    │ ◀── │  备案    │
                                   │  T+160   │     │  T+150   │
                                   └──────────┘     └──────────┘
```

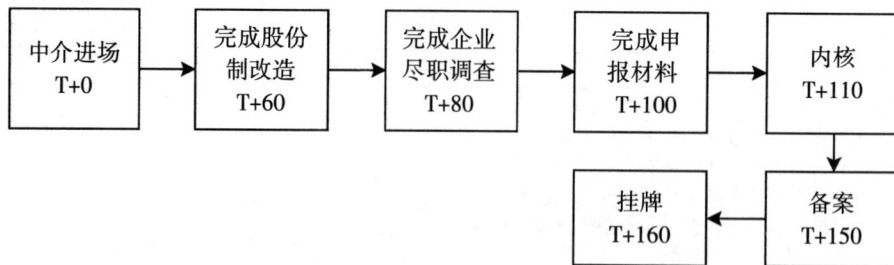

图 3-10　新三板企业上市流程

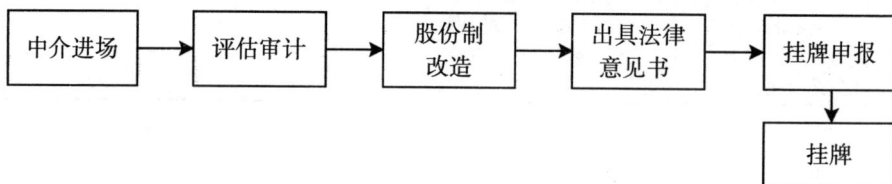

```
┌──────────┐     ┌──────────┐     ┌──────────┐     ┌──────────┐     ┌──────────┐
│ 中介进场  │ ──▶ │ 评估审计  │ ──▶ │ 股份制   │ ──▶ │ 出具法律  │ ──▶ │ 挂牌申报  │
│          │     │          │     │ 改造     │     │ 意见书   │     │          │
└──────────┘     └──────────┘     └──────────┘     └──────────┘     └──────────┘
                                                                          │
                                                                          ▼
                                                                    ┌──────────┐
                                                                    │  挂牌    │
                                                                    └──────────┘
```

图 3-11　四板上市流程

（二）增资扩股

表 3-36　相关内容

定义	优势	类型	释义	发行要求	方式
增资扩股是指企业向社会募集股份、发行股票、新股东投资入股或原股东增加投资扩大股权，从而增加企业的资本金	在所有的融资方式（包括银行贷款、民间借贷、实物抵押、股权质押等）中，增资扩股的融资成本是最低的，而且几乎可以无限期地使用	上市公司增资扩股	上市公司的增资扩股融资是指上市公司向社会公开发行新股，包括向原股东配售股票（配股）和向全体社会公众发售股票（增发）	一般要求	①上市公司发行新股，应当以现金认购方式进行，同股同价 ②上市公司申请发行新股，应当由具有主承销商资格的证券公司担任发行推荐人和主承销商 ③除金融类上市公司外上市公司发行新股所募集的资金，不得投资于商业银行及证券公司等金融机构 ④具有完善的法人治理结构，与对其具有实际控制权的法人或其他组织及其关联企业在人员、资产、财务上分开，保证上市公司的人员、财务独立以及资产完整 ⑤公司章程符合《公司法》和《上市公司章程指引》的规定 ⑥股东大会的通知、召开方式、表决方式和决议内容符合《公司法》及有关规定 ⑦本次新股发行募集资金用途符合国家产业政策的规定 ⑧本次新股发行募集资金数额原则上不超过公司股东大会批准的拟投资项目的资金需要数额 ⑨不存在资金、资产被具有实际控制权的个人、法人或其组织及其关联人占用的情形或其他损害公司利益的重大关联交易 ⑩公司有重大购买或出售资产行为的，应当符合中国证监会有关规定 ⑪中国证监会规定的其他要求	①以公司未分配利润、公积金转增注册资本 ②公司原股东增加出资 ③新股东投资入股

定义	优势	类型	释义	发行要求		方式
增资扩股是指企业向社会募集股份、发行股票、新股东投资入股或原股东增加投资扩大股权，从而增加企业的资本金	在所有的融资方式（包括银行贷款、民间借贷、实物抵押、股权质押等）中，增资扩股的融资成本是最低的，而且几乎可以无限期地使用	上市公司增资扩股	上市公司的增资扩股融资是指上市公司向社会公开发行新股，包括向原股东配售股票（配股）和向全体社会公众发售股票（增发）	配股要求	①经注册会计师核验，公司最近3个会计年度加权平均净资产收益率平均不低于6%；扣除非经常性损益后的净利润与扣除前的净利润相比，以低者作为加权平均净资产收益率的计算依据。设立不满3个会计年度的，按设立后的会计年度计算 ②公司一次配股发行股份总数，原则上不超过前次发行并募足股份后股本总额的30%；如公司具有实际控制权的股东全额认购所配售的股份，可不受上述比例的限制 ③本次配股距前次发行的时间间隔不少于一个会计年度	①以公司未分配利润、公积金转增注册资本 ②公司原股东增加出资 ③新股东投资入股
				增发要求	①最近3个会计年度加权平均净资产收益率平均不低于10%，且最近一个会计年度加权平均净资产收益率不低于10%。扣除非经常性损益后的净利润与扣除前的净利润相比，以低者作为加权平均净资产收益率的计算依据 ②增发新股募集资金量不超过公司上年度末经审计的净资产值 ③发行前最近1年及最近一期财务报表中的资产负债率不低于同行业上市公司的平均水平 ④前次募集资金投资项目的完工进度不低于70% ⑤增发新股的股份数量超过公司股份总数20%的，其增发提案还须获得出席股东大会的流通股（社会公众）股东所持表决权的半数以上通过，股份总数以董事会增发提案的决议公告的股份总数为计算依据 ⑥上市公司及其附属公司最近12个月内不存在资金、资产被具有实际控制权的上市公司的个人、法人或其他组织（以下简称"实际控制人"）及关联人占用的情况 ⑦上市公司及其董事在最近12个月内未受到中国证监会公开批评或者证券交易所公开谴责 ⑧最近1年及最近一期财务报表不存在会计政策不稳健（如资产减值准备计提比例过低等）或有负债数额过大、潜在不良资产比例过高等情形 ⑨上市公司及其附属公司违规为其实际控制人及关联人提供担保的，整改已满12个月 ⑩上市公司在本次增发中计划向原股东配售或原股东优先认购部分占本次拟发行股份50%以上的，则还应符合以下规定：公司一次发行股份总数原则上不超过前次发行并募足股份后股本总额的30%；如公司具有实际控制权的股东全额认购配售的股份，可不受该比例的限制；本次发行距前次发行的时间间隔不少于一个会计年度	

续表

定义	优势	类型	释义	发行要求	方式
		非上市公司增资扩股	非上市公司为扩大经营规模,拓展业务,提高公司的资信程度,依法增加注册资本金的行为	**相关要求** ①公司增资必须经过股东大会(或股东会)特别决议(必须经代表2/3以上表决权的股东通过),增加的注册资本要经过会计师事务所的验资,同时变更公司章程,并办理相应的变更登记手续 ②非上市公司增资扩股后股东人数不得超过200人 ③《公司法》第35条:有限责任公司增资扩股,股东有权优先按照实缴的出资比例认缴出资,有约定的除外。在有新股东投资入股的情况下,老股东还需做出声明放弃全部或部分优先认缴出资权利	货币资金或者实物出资

(三) 发行优先股

表3-37 优先股基本概念

定义	优先股是依照公司法,在一般规定的普通股之外,另行规定的其他种类股份,其股份持有人在利润分配及剩余财产分配的权利方面优先于普通股,但参与公司决策管理等权利受到限制
监管法规	《国务院关于开展优先股试点的指导意见》、《优先股试点管理办法》
发行主体	上市公司公开发行优先股,应当符合以下条件之一:其普通股为上证50指数成份股;以公开发行优先股作为支付手段收购或吸收合并其他上市公司;以减少注册资本为目的回购普通股的,可以公开发行优先股作为支付手段,或者在回购方案实施完毕后,可公开发行不超过回购减资总额的优先股
财务规定	上市公司公开发行优先股,最近3个会计年度应连续盈利,最近3年现金分红情况应符合公司章程及中国证监会的有关监管规定,最近3个会计年度实现的年均可分配利润应不少于优先股一年的股息
股息支付	发行主体应在公司章程中规定以下事项:采取固定股息率;在有可分配税后利润的情况下必须向优先股股东分配股息;未向优先股股东足额派发股息的差额部分应当累积到下一个会计年度;优先股股东按照约定的股息率分配股息后,不再同普通股股东一起参加剩余利润分配
发行方式	优先股采取储架发行制度,即一次核准,多次发行
限制转股	上市公司不得发行可转换为普通股的优先股,但商业银行可根据商业银行资本监管规定,在非公开发行触发事件发生时强制转换为普通股的优先股,并遵守有关规定
特点	股息分派优先
	清偿剩余资产优先
	权利范围小
	固定的股息收益率
	不具税后功能
	流动性不及普通股和债券,因此投资者会要求相对较高的流动性溢价

优先股的类型	累积优先股和非累积优先股
	参与优先股和非参与优先股
	可转换优先股与不可转换优先股
	可赎回优先股与不可赎回优先股
发行规模	上市公司已发行的优先股不得超过公司普通股股份总数的50%，且筹资金额不得超过发行前净资产的50%，已回购、转换的优先股不纳入计算
发行对象	公司非公开发行优先股仅向《试点办法》规定的合格投资者发行，每次发行对象不得超过200人，且相同条款的优先股的发行对象累计不得超过200人
募集资金投向	上市公司发行优先股募集资金应有明确用途，与公司业务范围、经营规模相匹配，募集资金用途符合国家产业政策和有关环境保护、土地管理等法律和行政法规的规定
监管机构	证监会

（四）股票（股权）质押融资

表 3-38　股票（股权）质押融资

定义	监管	相关规定	类似产品	备注
股票质押融资：融资方以股票等有价证券提供质押担保获得资金的一种融资方式。它主要是以取得现金为目的，公司通过股票质押融资取得的资金通常用来弥补流动资金不足，股票质押融资不是一种标准化产品，在本质上更体现了一种民事合同关系，在具体的融资细节上由当事人双方合意约定。这里所讲的股票质押融资也包含融资融券，其融资融券特指企业将股票质押给证券商，向其融入资金买入上市证券的行为	证监会、银监会	《证券公司融资融券业务试点管理办法》、《担保法》及《最高人民法院关于适用〈担保法〉若干问题的解释》、《物权法》 办理证券公司融资融券业务一般要求： ①开设普通证券账户并从事交易满6个月 ②开户手续齐全、资料完备，资金账户与证券账户对应关系清晰，交易结算状态正常 ③信誉良好，无重大违约记录 ④具有符合要求的担保品和较强的还款能力 ⑤投资风格稳健，无重大失误和损失，有一定的风险承受能力 ⑥关联关系：非证券公司股东或关联人 备注：当前证券公司融资业务期限为6个月，且不得展期，但融资方可通过提前卖券还款进行变相展期（较常见方法是在融资到期日前买入后又卖出需要归还本息金额的指数基金，如沪深300或者上证50。指数基金市场价格波动较平稳，且不收取印花税） 其他法律规定： 《担保法》第七十八条：以依法可以转让的股票出质的，出质人与质权人应当订立书面合同，并向证券登记机构办理出质登记。质押合同自登记之日起生效。股票出质后不得转让，但经出质人与质权人协商同意的可以转让。出质人转让股票所得的价款应当向质权人提前清偿所担保的债权或者向与质权人约定的第三人提存。以有限责任公司的股份出质的，适用公司法股份转让的有关规定。质押合同自股份出质记载于股东名册之日起生效 第一百零三条：以股份有限公司的股份出质的，适用《中华人民共和国公司法》有关股份转让的规定。以上市公司的股份出质的，质押合同自股份出质向证券登记机构办理出质登记之日起生效。以非上市公司的股份出质的，质押合同自股份出质记载于股东名册之日起生效 第一百零四条：以依法可以转让的股份、股票出质的，质权的效力及于股份、股票的法定孳息	非上市公司股权质押融资	银行、基金、信托、租赁、期货都可办理类似业务，只是方式、内部规定有细微区别

（五）资产证券化

1. 相关内容

表3-39　资产证券化相关内容

<table>
<tr><td rowspan="7">定义</td><td colspan="3">某一资产或资产组合采取证券资产这一价值形态的资产运营过程和技术方式</td></tr>
<tr><td rowspan="5">广义</td><td rowspan="4">广义下的类型</td><td>实体资产证券化</td><td>即实体资产向证券资产的转换，是以实物资产和无形资产为基础发行证券并上市的过程</td></tr>
<tr><td>信贷资产证券化</td><td>就是将一组流动性较差信贷资产，如银行的贷款、企业的应收账款，经过重组形成资产池，使这组资产所产生的现金流收益比较稳定并且预计今后仍将稳定，再配以相应的信用担保，在此基础上把这组资产所产生的未来现金流的收益权转变为可以在金融市场上流动、信用等级较高的债券型证券进行发行的过程</td></tr>
<tr><td>证券资产证券化</td><td>即证券资产的再证券化过程，就是将证券或证券组合作为基础资产，再以其产生的现金流或与现金流相关的变量为基础发行证券</td></tr>
<tr><td>现金资产证券化</td><td>指现金的持有者通过投资将现金转化成证券的过程</td></tr>
<tr><td rowspan="2">狭义</td><td rowspan="2">信贷资产证券化</td><td>住房抵押贷款支持的证券化（Mortgage-Backed Securitization，MBS）</td></tr>
<tr><td>资产支持的证券化（Asset-Backed Securitization，ABS）</td></tr>
</table>

<table>
<tr><td rowspan="3">分类</td><td>按照基础资产不同</td><td>不动产证券化、应收账款证券化、信贷资产证券化、未来收益证券化（如高速公路收费、电费）、债券组合证券化</td></tr>
<tr><td>按照地域的不同</td><td>境内资产证券化、离岸资产证券化</td></tr>
<tr><td>按照属性的不同</td><td>股权型证券化、债券型资产证券化、混合型资产证券化</td></tr>
<tr><td>流程</td><td colspan="2">发起人将证券化资产出售给一家特殊目的机构（Special Purpose Vehicle, SPV），或者由 SPV 主动购买可证券化的资产，然后 SPV 将这些资产汇集成资产池（Assets Pool），再以该资产池所产生的现金流为支撑在金融市场上发行有价证券融资，最后用资产池产生的现金流来清偿所发行的有价证券</td></tr>
</table>

2. 资产证券化业务

一般的资产证券化业务是指以特定基础资产或资产组合所产生的现金流为偿付支持，通过结构化方式进行信用增级，在此基础上发行资产支持证券的业务活动。

所称基础资产，是指符合法律法规，权属明确，可以产生独立、可预测的现金流的可特定化的财产权利或者财产。基础资产可以是单项财产权利或者财产，也可以是多项财产权利或者财产构成的资产组合。

基础资产可以是企业应收款、租赁债权、信贷资产、信托受益权等财产权利，基础设施、商业物业等不动产财产或不动产收益权，以及中国证监会认可的其他财产或财产权利。

3. 与主流融资方式的优劣比较

表 3-40　比较

	企业债券	短期融资券	银行贷款	发行股票	企业资产证券化
成本	中	较低	较高，一般为基准利率	视市场情况而定	较低
融资额	待偿还金额不超过企业净资产40%	待偿还金额不超过企业净资产40%	授信额度限制	视具体情况而定	具有弹性
审批	国家发改委、中国人民银行	中国银行间交易商协会	银行自行审批	中国证监会	中国证监会
期限	3~15年	不超过365天	大部分不超过1年	无	半年至10年
募集资金用途	计划投资项目	企业生产经营	企业生产经营	计划投资项目	无限制
时间成本	9个月至1年	约2个月	较短	1年以上	2个月至半年
资产关联性	企业全部资产与信用	企业全部资产与信用	企业全部资产与信用	企业全部资产与信用	仅与证券化对应部分的基础资产关联
报表反映情况	表内	表内	表内	表内	表外
资产负债率	提高	提高	提高	降低	降低
缺点	额度限制需要担保审批期长	期限过短规模受控制	利率偏高，期限偏短	摊薄业绩，时间较长	符合条件的公司、资产较少
优点	期限较长	利率较低	时间方便灵活	无利息支出	利率较低期限有弹性

4. 资产证券化交易结构中的关系人

表 3-41　关系人

①发起人	发起人即企业，也称原始权益人，是资产证券化交易中把证券化资产（如不动产、应收款等）转让出去，获得融资的主体。企业要确定将来用于证券化的资产。在信贷资产证券化中，发行人是金融机构，这是企业资产证券化区别于信贷资产证券化的核心
②发行人	为了将资产信用和企业整体信用分开，单独设立一个发行主体，即专门为资产证券化运作设立一个远离破产的特殊目的机构（SPV），由"资产支持专项计划"充任SPV。SPV一般是中介公司或金融公司，但不能是发起人。SPV负责从企业那里购买资产，并将这些资产组合包装后，以此为支持向投资者发行资产支持证券（ABS）。SPV是ABS的发行主体，也是资产证券化融资中的特设机构
③服务人	服务人是企业用于证券化资产的管理者，它主要负责收取证券化资产产生的到期现金流，向受托管人和投资人提供有关出售或者作为抵押物的资产组合的月份或年度报告（包括收入和支出资金来源、应支付费用、纳税情况等必要信息）。服务人通常由发起人或其附属公司担当，在证券化资产出售后继续负责管理资产

④受托人	受托人是现金流的管理者，它是服务人与投资者的桥梁，也是信用增级机构与投资者的中介。受托人的职责包括：代表SPV从发起人处购买资产；将服务人存入信托机构账户中的资产所产生的现金流转给投资者，或进行运营获取收益；确定服务人为投资者提供的各种报告的真实性；当服务人取消或不能履行其职责时，取代服务人担当其职责，在SPV缺位时购买证券化资产并向投资者发行证书。受托人一般由金融机构承担
⑤投资银行	在证券发行中，投资银行一般作为包销人或代理人进行证券的销售。投资银行一般和发行人共同工作来确保发行结构符合法律、规章、财会、税务的要求，还要与信用增级机构、信用评级机构以及受托管理人进行合作
⑥信用增级机构	信用增级是资产证券化的一项重要技术。信用增级的目的是提高证券化资产的信用质量，增强发行定价和上市的能力，减少证券发行的整体风险。信用提高一般由发行人或者第三方提供，保证资产支持证券的信用评级达到投资级以上
⑦信用评级机构	信用评级机构负责信用等级确定和信用质量提高。信用评级是对信用风险的一种评估，评级方法似同公司债券评级。目前主要有惠誉、标准普尔、穆迪等，权威性较高的全球著名评级机构。各国也都有自己的评级机构，中诚信国际、联合资信、大公国际是国内比较有名的三大评级机构
⑧投资者	投资者是SPV发行资产支持证券的购买者，一般分为公众投资者和机构投资者。投资者不是对发起人的资产直接投资，而是对资产所产生的权益即预期现金流进行投资

5. 资产证券化的核心环节

资产证券化交易通常需要经历九个核心环节：确定证券化资产并组建资产池、设立特殊目的机构（SPV）、资产的真实出售、信用增级、信用评级、发售证券、向发起人支付资产购买价款、管理资产池、清偿证券。

表 3-42 核心环节

确定证券化资产并组建资产池	资产证券化的发起人（资产的原始拥有人）经过认真分析测算企业融资，与中介机构商定，通过发起程序确定用来进行证券化的资产 运作资产证券化是以资产所产生的现金流为基础，但并不是所有能产生现金流的资产都可以证券化。从国内资产证券化融资的大量案例中可以发现，具有"七性"的资产比较容易实现证券化： ①企业经营与资产拥有持续性：企业经营具有持续性，企业持有该资产一定时间，有良好的运营效果和优良的信用记录，有利于评级机构掌握企业的信息 ②资产具有同一性：基础资产选择同质、同类，便于制定高标准化、高质量的合同条款，易于把握还款条件与期限，使证券化资产集合可以有效地优化组合、打包、分级、定价并预测现金流 ③现金流预期具有稳定性：基础资产具有明显清晰的商业支付模式，能在未来若干年产生可预见的稳定的可用以支付的现金流；否则，资产支持证券的按期支付将受到影响 ④现金流记录完整性：现金流历史数据记录完整、真实，可以基于统计学原理预测未来资产现金流及风险，以便于合理评级和定价 ⑤资产风险可控性：基础资产的风险要在结构、组合上有效分散，以保证未来现金流的稳定 ⑥资产具有规模性：基础资产要有一定的经济规模，规模过低，融资过低，也不利于摊薄证券化时较高的初期成本 ⑦资产期限接近性：本息偿还分摊于整个资产存续期间，所有基础资产的到期日结构相似，有利于实现合理的期限和收益分配 从失败的案例来看，现金流不稳定、同一性低、信用质量差、风险不可控、期限错配等因素是资产较难证券资产化的原因

设立特殊 目的机构 (SPV)	特殊目的机构是专门为资产证券化设立的一个特殊实体，它是资产证券化运作的核心。组建 SPV 的目的是为了最大限度地降低发行人的破产风险对证券化的影响，即实现被证券化资产 与原始权益人（发起人）其他资产之间的"风险隔离"。SPV 被称为没有破产风险的实体，对 这一点可以从两个方面理解：一是指 SPV 本身的不易破产性；二是指将证券化资产从原始权 益人那里真实销售给 SPV，从而实现了破产隔离 SPV 可以是由证券发起人设立的一个附属性产品（或专项管理计划），也可以是一个长期存在 的专门进行资产证券化的机构。设立的形式可以是信托投资公司或者其他独立法人主体。具 体如何组建 SPV 要考虑一个国家或地区的法律制度和现实需求。从已有的证券化实践来看， 为了逃避法律制度的制约，有很多 SPV 是在有"避税天堂"之称的百慕大群岛、开曼群岛、 英属维尔京群岛等地方注册
资产的真实 出售	证券化资产从原始权益人向 SPV 的转移是证券化运作流程中的重心。这个环节会涉及很多法 律、税收和会计处理问题，其中一个关键问题是：一般都要求这种转移是"真实销售"，其目 的是为了实现证券化资产与原始权益人之间的"破产隔离"——原始权益人的其他债权人在 其破产时对已证券化资产没有追索权 以真实出售的方式转移证券化资产要求做到以下两个方面：一方面，证券化资产必须完全转 移到 SPV 手中，这既保证了原始权益人的债权人对已经转移的证券化资产没有追索权，也保 证了 SPV 的债权人（即投资者）对原始权益人的其他资产没有追索权；另一方面，由于资产 控制权已经由原始权益人转移到了 SPV，因此应当将这些资产从原始权益人的资产负债表上 剔除，使资产证券化成为一种表外融资方式
信用增级	为吸引投资者并降低融资成本，必须对资产证券化产品进行信用增级，以提高发行证券的 信用级别。信用增级可以使证券在信用质量、偿付的时间性与确定性方面更好地满足投资 者的需要，同时满足发行人在会计、监管和融资目标等方面的需求，信用增级可以分为内 部增级和外部增级两类，具体手段有很多种，如内部信用增级的方式有划分优先/次级结构、 建立利差账户、开立信用证、进行超额抵押等。外部信用增级主要通过金融担保来实现
信用评级	在资产证券化交易中，信用评级机构通常要进行两次评级：初评与发行评级。初评的目的是 确定为了达到所需要的信用级别必须进行的信用增级水平 在按评级机构的要求进行完信用增级之后，评级机构将进行正式的发行评级，并向投资者公 布最终评级结果。信用评级机构通过审查各种合同和文件的合法性及有效性，给出评级结果。 信用等级越高，表明证券的风险越低，从而使发行证券筹集资金的成本越低
发售证券	资产证券化融资成功的中心是发售证券的完成。信用评级完成并公布结果后，SPV 将经过信 用评级的证券交给证券承销商去承销，可以采取公开发售或私募的方式来进行。由于这些证 券一般都具有高收益、低风险的特征，所以主要由机构投资者（如保险公司、投资基金和银 行机构等）来购买。这也从一个角度说明，一个健全发达的资产证券化市场必须要有一个成 熟的、达到相当规模的机构投资者队伍
向发起人支 付资产购买 价款	SPV 从证券承销商那里获得发行现金收入，然后按事先约定的价格向发起人支付购买证券化 资产的价款。此时要优先向其聘请的各专业机构支付相关费用
管理资产池	SPV 要聘请专门的服务商来对基础资产池进行管理。服务商的作用主要包括：收取债务人每月 偿还的本息；将收集的现金存入 SPV 在受托人处设立的特定账户；对债务人履行债权债务协议 的情况进行监督；管理相关的税务和保险事宜；在债务人违约的情况下实施有关补救措施 发起人一般会担任服务人，这种安排有很重要的实践意义。因为发起人已经比较熟悉基础资 产的情况，并与每个债务人建立了联系。而且，发起人一般都有管理基础资产的专门技术和 充足人力。当然，服务人也可以是独立于发起人的第三方。这时，发起人必须把与基础资产 相关的全部文件移交给新服务人，以便新服务人掌握资产池的全部资料
清偿证券	按照证券发行时说明书的约定，在证券偿付日，SPV 将委托受托人按时、足额地向投资者偿 付本息。利息通常是定期支付的，而本金的偿还日期及顺序就要视基础资产和所发行证券 的偿还安排的不同而异了。当证券全部被偿付完毕后，如果资产池产生的现金流还有剩余， 那么这些剩余的现金流将被返还给交易发起人，资产证券化交易的全部过程也随即结束

由表 3-41 可知，整个资产证券化的运作流程都是围绕着 SPV 这个核心来展开的。SPV 进行证券化运作的目标是：在风险最小化、利润最大化的约束下，使基础资产所产生的现金流与投资者的需求最恰当地匹配。

要特别说明的是，这里只阐述了资产证券化运作的最一般或者说最规范的流程，实践中每次运作都会不同。尤其是在制度框架不同的国家或地区这种不同会更明显。因此，在设计和运作一个具体的证券化过程时，应以既存的制度框架为基础。

6. 企业资产证券化的基本流程

概括地讲，一次完整的证券化融资的有十二步基本流程（见图 3-10）：发起人将证券化资产出售给一家特殊目的机构（SPV），或者由 SPV 主动购买可证券化的资产，然后将这些资产汇集成资产池，再以该资产池所产生的现金流为支持，在金融市场上发行有价证券融资，最后用资产池产生的现金流来清偿所发行的有价证券。

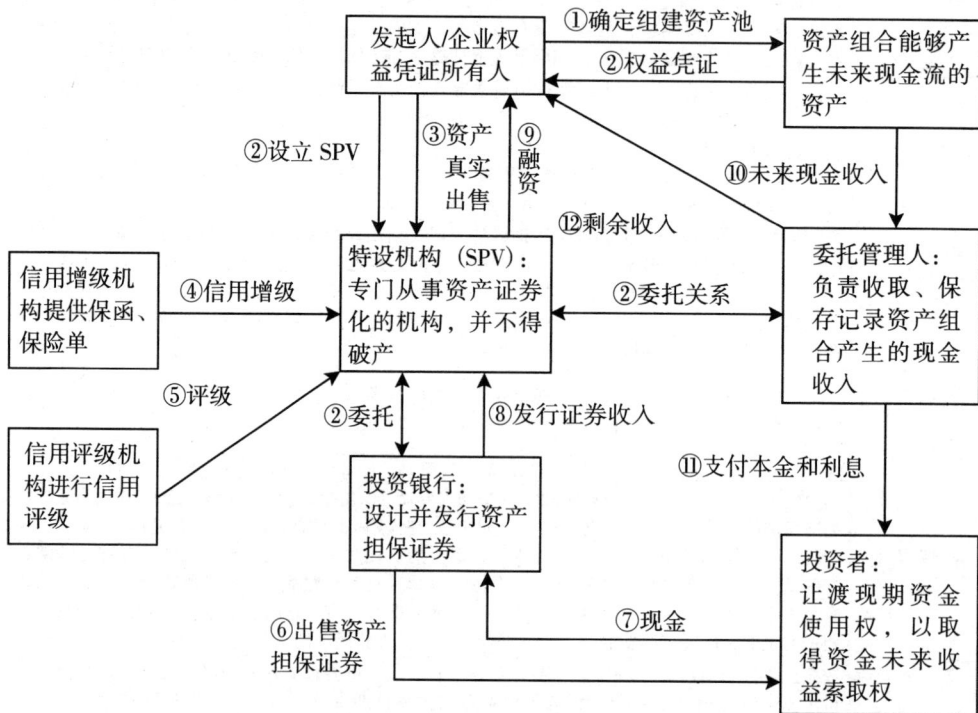

图 3-12　企业资产证券化的基本运作流程图

表 3-43　具体流程

序号	流　程
①	发起人确定组建资产池
②	发起人设立 SPV、权益凭证、SPV 建立与委托管理人的委托关系、SPV 建立与投资银行的委托关系
③	发起人将资产真实出售给 SPV
④	信用增级机构对 SPV 进行信用增级
⑤	信用评级机构对 SPV 进行信用评级
⑥	投资银行对投资者出售资产担保凭证
⑦	投资者购买资产担保凭证
⑧	投资银行将发行证券收入交付 SPV
⑨	SPV 将发行资产证券化剔除相关费用后的资金交付发起人
⑩	将资产池的按期收入支付给委托管理人
⑪	委托管理人按时、足额向投资者支付本息
⑫	委托管理人在资产证券化偿付结束终结时，将支付投资者所有本息后，将剩余部分返给发起人

7. 适宜做资产证券化的基础资产类别

表 3-44　类别

第一类	水电气资产	包括电厂及电网、自来水厂、污水处理厂、燃气公司
第二类	路桥收费和公共基础设施	高速公路、铁路机场、港口、大型公交公司
第三类	政府保障房，非政府、非政府融资平台公司的 BT 项目，PPP 模式	PPP 是政府和社会资本在基础设施及公共服务领域建立的一种长期合作关系的项目
第四类	商业、物业的租赁，但没有或很少有合同的酒店和高档公寓除外	
第五类	企业大型设备租赁、具有大额应收账款的企业、租赁债权等	
第六类	门票收入	

8. 非金融企业泛资产证券化品种比较

表 3-45　比较

	资产证券化 ABS	资产支持票据 ABN	项目收益票据 PRN
	券商、基金子公司：专项资产管理计划 信托公司：资产证券化信托计划 保险公司：项目资产支持计划		
监管机构	证监会、保监会	银行间交易协会	银行间交易协会
发起人	非金融企业	非金融企业	非金融企业
审核方式	证监会：事后备案和基础资产负面清单制 保监会：注册制	注册制	注册制
交易市场	证监会：交易所市场 保监会：目前自理，后期建平台	银行间市场	银行间市场

	资产证券化 ABS	资产支持票据 ABN	项目收益票据 PRN
	券商、基金子公司：专项资产管理计划 信托公司：资产证券化信托计划 保险公司：项目资产支持计划		
托管机构	证监会：中国证券登记结算公司 保监会：目前自理，后期专门公司	上海清算所	上海清算所
基础资产	证监会：已建项目的债权、未来收益权 保监会：收益类、债权类、股权类资产	收益类、债权类	在建、拟建项目未来收益权
募集资金用途	投资建议项目、偿还银行贷款、补充流动资金等	投资建议项目、偿还银行贷款、补充流动资金等	专项用于约定的与城镇化相关的项目
发行期限	证监会：一般为 5 年以下 保监会：项目周期	一般为 5 年左右	可涵盖项目建设、运营与收益的整个生命周期。已发行项目最长 15 年
增信措施	内部或外部增级	非公开发行：不要求评级 外部增信：一般用第三方担保	非公开发行：不要求外部增信：非政府第三方担保

目前，金融行业把国内资产证券化因监管部门不同而分成四类：

（1）银监会、央行监管的信贷资产证券化。

（2）证监会监管的证券公司、基金子公司的资产证券化（专项资产管理计划）。

（3）由中国银行间市场交易商协会注册的资产支持票据和项目收益票据。

（4）由保监会监管的项目资产支持计划。

而非金融企业适用于后三类。若严格按照资产证券化的界定，第三类基础资产（除信托型 ABN 外）没有进行风险隔离，仅能认为是类资产证券化产品。

三、债券类融资产品

表 3-46　债券类融资产品

产品分类	概念	适用对象	相关规定	期限	特点	产品变通
超短期融资债券 (SCP)	是指具有法人资格、信用评级较高的非金融企业在银行间债券市场发行的，期限在 270 天（9 个月）以内的短期融资券	有超短期融资需求或希望借短用长的企业	面向评级较高的非金融企业，不受债务规模低于净资产 40% 的限制，采取先发行后报备的灵活制度	SCP 期限最短为 7 天，也可以此类推为 14 天、21 天，最长期限不超过 9 个月	信息披露简洁、注册效率、发行方式高效、资金使用灵活	
短期融资债券 (CP)	指具有法人资格的非金融企业在银行间债券市场发行的，约定在 1 年内还本付息的债务融资工具	有短期资金需求企业或难以发行中长期债券选择借短用长的企业	①是在中华人民共和国境内依法设立的企业法人 ②具有稳定的偿债资金来源，最近一个会计年度盈利 ③流动性良好，具有较强的到期偿债能力 ④发行融资券募集的资金用于本企业生产经营 ⑤近 3 年没有违法和重大违规行为 ⑥近 3 年发行的融资券没有延迟支付本息的情形 ⑦具有健全的内部管理体系和募集资金的使用偿付管理制度 ⑧中国人民银行规定的其他条件 ⑨待偿还融资券余额不超过企业净资产的 40%	不超过 1 年	①信用担保，无须抵押 ②协助企业偿还到期较高成本贷款 ③补充企业经营性现金流，拓宽企业融资渠道 ④申请发行的门槛较低，发行流程简单	
中期票据	具有法人资格的非金融企业在银行间债券市场按照计划分期发行的，约定在一定期限还本付息的债务融资工具	资金需求时间较长，要求发行时间较短的企业	①发行主体：发行人规定为非金融企业（企业性质、规模、以及是否上市等条件并无规定 ②财务要求：具有稳定的偿债资金来源，拥有连续 3 年的经审计的会计报表，最近 1 个会计年度盈利；中期票据待偿还余额不得超过企业净资产的 40% ③资金使用：募集的资金应用于企业生产经营活动，并在发行文件中明确披露具体资金用途	期限一般 5 年以内，也有 10 年左右，由企业自主确定期限	①与同期贷款利率相比，具有一定的成本优势 ②一次注册可分期发行，发行方式较为灵活 ③通过直接融资的价格发现机制 ④能够彰显发行企业自身良好的信用能力	

类型	定义	适用对象	相关要求	期限	特点	产品变通
企业债券	企业债券，是指企业依照法定程序发行、约定在一定期限内还本付息的有价证券	中华人民共和国境内具有法人资格的企业在境内发行的债券。但是，金融债券和外币债券除外	①发债前连续3年盈利，所筹资金用途符合国家产业政策 ②累计债券余额不超过公司净资产额的40%；最近3年平均可分配利润足以支付公司债券一年的利息 ③发债用于技改项目的，发行总额不得超过其投资总额的30%；用于基建项目的不超过20% ④取得公司董事会或市国资委同意申请发行债券的决定债券期限一般为5年以上，以10年和20年居多；付息方式1年1次；发行规模：（相互占用额度）不超过净资产40%，不超过项目投资总额的60%，不低于10亿元；发行对象：境内机构均可购买（国家法律、法规禁止购买者除外）	长期短期均有	我国的企业债券发债资金的用途主要限制在固定资产投资和技术革新改造方面，并与政府部门审批的项目直接相连，由国家发改委进行审核，发改委每年会定下一定的发行额度。企业债要求由银行或集团进行担保。一般要求在通过审批后一年内发完	

续表

类型	定义	适用对象	相关要求	期限	特点	产品变通
中小企业集合债	中小企业集合债券是指通过牵头人组织，以多个中小企业所构成的集合为发债主体，发行企业各自确定发行额度分别负债，使用统一的债券名称，统收统付，向投资人发行的约定到期还本付息的一种企业债券形式。它是以银行或证券机构作为承销商，由担保机构担保，评级机构、会计师事务所、律师事务所等中介机构参与，并对发债企业进行筛选和辅导以满足发债条件的新型企业债券形式	融资困难的中小企业	①股份有限公司的净资产不低于 3000 万元，有限责任公司和其他类型企业的净资产不低于 6000 万元②累计债券余额不超过企业净资产（不包括少数股东权益）的 40%③最近 3 年可分配利润（净利润）足以支付企业债券 1 年的利息④筹集资金的投向符合国家产业政策和行业发展方向，所需相关手续齐全。用于固定资产投资项目的，应符合固定资产投资项目资本金制度的要求，原则上累计发行额不得超过该项目总投资的 60%。用于收购产权（股权）的，比照该比例执行。用于调整债务结构的，不受该比例限制，但企业应提供银行同意以债还贷的证明；用于补充营运资金的，不超过发债总额的 20%⑤债券的利率由企业根据市场情况确定，但不得超过国务院限定的利率水平⑥已发行的企业债券或者其他债务未处于违约或者延迟支付本息的状态⑦最近 3 年没有重大违法违规行为	目前我国发行的为 1~5 年	①一般是期限为 3~5 年的中期债券②票面利率的确定采取市场化的定价方式③通过担保与再担保，为企业信用增级④由银行或大的国有企业提供再担保⑤地方政府积极参与	

类型	定义	适用对象	相关要求	期限	特点	产品变通
中小企业集合票据	中小企业集合票据，是指2个（含）以上、10个（含）以下具有法人资格的中小非金融企业（简称中小企业、发行企业），在银行间债券市场以统一产品设计、统一券种冠名、统一信用增进、统一发行注册方式共同发行的，约定在一定期限还本付息的债务融资工具	融资困难的中小企业	①企业发行集合票据应依据《银行间债券市场非金融企业债务融资工具注册规则》在交易商协会注册，一次注册、一次发行 ②任一企业集合票据待偿还余额不得超过该企业净资产的40%。任一企业集合票据募集资金额不超过2亿元，单支集合票据注册金额不超过10亿元 ③企业发行集合票据所募集的资金应用于符合国家相关法律法规及政策要求的企业生产经营活动 ④集合票据的产品结构不得违背国家相关法律法规的要求，参与主体之间的法律关系清晰，各企业的偿付责任明确 ⑤企业发行集合票据应制定偿债保障措施 ⑥企业应在集合票据发行文件中约定投资者保护机制	3个、6个、9个月或1年、以年为单位的整数期限	①期限较长，一般发行期限为3年，减少了企业资金周转成本 ②手续简便，采用注册制，手续简便，审批周期短 ③用途灵活，募集资金可用于项目投建、兼并收购、补充流动资金和偿还债务等，不强制要求与项目挂钩 ④成本较低，除发行成本、担保费用和中介费用外，无其他费用	
中小企业私募债券	中小企业私募债券，是指未上市中小微型企业在中国境内以非公开方式发行和转让，约定在一定期限还本付息的公司债券	符合工信部《关于印发中小企业划型标准规定的通知》的未上市非房地产、金融类的有限责任公司或股份有限公司，只要发行利率不超过同期银行贷款基准利率的3倍，并且期限在1年（含）以上	①发行人是中国境内注册的有限责任公司或者股份有限公司 ②发行利率不得超过同期银行贷款基准利率的3倍 ③期限在1年（含）以上	发行期限暂定在1年以上（通过设计赎回、回售条款可将期限缩短在1年内），暂无上限，可一次发行或分期发行	不受净资产限制、降低融资成本、发行审批便、资金用途灵活、提升市场影响、实行备案制	

1. 发行公司债

表 3-47　公司债券的基本规定

定义	公司债券是指公司依照法定程序发行的、约定在一定期限还本付息的有价证券	
特点	公司债的投资者是不特定的社会公众	
	公司债的期限一般较长	
	公司债券持有人的地位平等，区别仅在于所持有的债券数量不同	
	公司债的标的以金钱为限，是一种金钱债务	
	公司债是可以流通或转让的	
	公司债的发行主体是有限责任公司、股份有限公司	
优势	利用资金的成本较低	
	有利于维持现有股权比例及控股权	
	有利于提高公司的信誉	
劣势	经济风险增大	
	所筹资金的用途受到限制	
种类	无担保的公司债和有担保的公司债	
	可转换公司债和非可转换公司债	
	记名公司债和无记名公司债	
	可上市的公司债和非上市的公司债	
	国内公司债和境外公司债	
发行条件	积极条件	股份有限公司的净资产额不低于 3000 万元，有限责任公司的净资产额不低于 6000 万元
		累计债券总额不超过公司净资产额的 40%
		最近 3 年平均可分配利润足以支付公司债券 1 年的利息
		筹集的资金投向符合国家产业政策
		债券的利率不得超过国务院限定的利率水平
		国务院规定的其他条件
	禁止条件	前一次发行的公司债券尚未募足的
		对已发行的公司债券或者其债务有违约或者延迟支付本息的事实，且仍处于继续状态的
募集办法	直接募集	公司直接向社会公众募集。这种方式不多见，我国也不允许
	代销募集	公司委托特定人代为募集，特定人收取适当的手续费
	承销募集	由承销商承销公司债总额，承稍商再向社会公众出售获取利益，若无人购买或未全部售出，由承销商自行负责
上市条件	公司债券的期限为 1 年以上	
	公司债券实际发行额不少于 5000 万元	
	公司申请其债券上市时仍符合法定的公司债券发行条件	
上市程序	公司债券上市交易申请经国务院债券监督管理机构核准后，其发行人应当向证券交易所提交核准文件和有关文件。证券交易所应当自接到该债券发行人提交的相关文件之日起 3 个月内，安排该债券上市交易	
偿还方式	到期偿还	—
	提前偿还	从公开市场买回注销；举借新债偿还旧债（直接将新债交付债权人以换回旧债；发行新债并从股票市场买回旧债；发行新债并赎回旧债）

2. 私募融资

表 3-48　相关内容

定义	监管	适用对象	类似产品	类型	释义	优势
融资人通过非社会公开方式，向特定投资人发行证券的投资方式	沪深交易所、证监会	有发展前景的企业	私募基金	私募股权融资	融资人通过协商、招标等非社会公开方式，向特定投资人出售股权进行的融资，包括股票发行以外的各种组建企业时股权筹资和随后的增资扩股	①不仅给企业提供了资金，而且为企业提供了高附加值的服务 ②降低财务成本 ③提高企业内在价值
				私募债务融资	融资人通过协商、招标等非社会公开方式，向特定投资人出售债权进行的融资，包括债券发行以外的各种借款	①审批便捷——审批制 ②发行条件宽松——无硬性财务指标规定 ③融资规模不受限制——无净资产40%的约束 ④资金用途灵活——无限制性规定 ⑤期限长，融资成本较低

第四节　租赁类融资产品

表 3-49　相关内容

定义	产品分类	释义	特点	步骤	适用对象
融资租赁，是指出租人根据承租人对租赁物和供货人的选择或认可，将其从供货人处取得的租赁物按合同约定出租给承租人占有、使用，向承租人收取租金的交易活动	直接融资租赁	指租赁公司用自有资金、银行贷款或招股等方式，在国际或国内金融市场上筹集资金，向设备制造厂家购进用户所需设备，然后再租给承租企业使用的一种主要融资租赁方式	降低更新设备门槛、有利于企业盘活资金、优化财务报表、加速折旧，增加企业发展后劲	①承租人选择租赁物 ②租赁机构向用户提供初步租金概算，经租赁机构对项目的效益、企业还款能力和担保人担保资格等审定、批准、确认和同意后，内部立项，对外正式接受委托 ③与用户最后商定租赁条件，制定租金概算方案，签订租赁合同，并由经济担保人盖章确认担保 ④租赁机构会同用户与供货商进行技术和商务谈判，谈妥条件后，由租赁机构作为买方、用户作为承租人，与卖方共同签订供货合同 ⑤租赁机构履行购货合同，支付货款；同时，供货商交货，用户验收 ⑥通知承租企业租赁合同正式起租，承租企业按起租通知规定按期支付租金 ⑦租赁期满，承租企业可对租赁设备作如下选择：以名义价购买、续租或租赁设备退回租赁机构	对设备有需求，又缺乏资金的企业。为了美化报表的企业

定义	产品分类	释义	特点	步骤	适用对象
融资租赁，是指出租人根据承租人对租赁物和供货人的选择或认可，将其从供货人处取得的租赁物按合同约定出租给承租人占有、使用，向承租人收取租金的交易活动	售后回租融资租赁	指借款企业将其自有设备或其他固定资产的所有权以销售的形式转移至融资租赁公司，融通资金。同时与融资租赁公司签订租赁合同，以租赁的模式获得合作期内该设备的使用权。在租赁合作期满，融资租赁公司再以协议价格将租赁物的所有权转让给借款企业	①在出售回租的交易过程中，出售/承租人可以连续地使用资产②资产的售价与租金是相互联系的，且资产的出售损益通常不计入当期损益③出售/承租人将承担所有的契约执行成本	①物件的所有权人首先与租赁公司签订《出售合同》，将物件卖给租赁公司，取得现金②物件的原所有权人作为承租人，与该租赁公司签订《回租合同》，将该物件租回③承租人按《回租合同》还完全部租金，并付清物件的残值以后，重新取得物件的所有权	缺乏资金的企业。为了美化报表的企业
	转租融资租赁	是指以同一物件为标的物的多次融资租赁业务。在业务中，上一租赁合同的承租人同时又是下一租赁合同的出租人	具有使企业充分利用融资租赁的有利条件，便于融资租赁公司监控租赁物件等优点，广受出租人的欢迎	①甲租赁公司与供货厂商签订购货合同②甲租赁公司将购货合同转让给乙租赁公司，签订租赁合同转让协议③甲租赁公司以承租人身份从乙租赁公司租入物件，签订租赁合同④甲租赁公司以出租人身份将物件租给最终承租人使用，并签订租赁合同⑤供货厂商向最终承租人交货，并提供售后服务	①国际间的融资租赁②承租人对所租物件在本处不能有效使用，有第三人愿意承租，出租人同意将租赁物件转租

这里介绍融资租赁三个产品流程图。

一、直接融资租赁

（一）流程

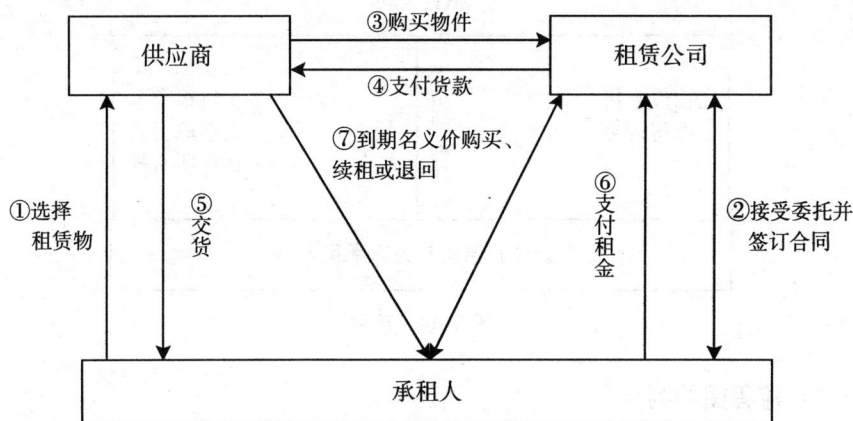

图 3-13　流程

（二）流程图的列示

表 3-50　流程详解

序号	详细过程
①	承租人在供应商处选择租赁物
②	租赁公司经过调查、批准后接受承租人的委托，双方签订租赁合同
③	租赁公司从供应商处购买到物件
④	租赁公司支付货款给供应商
⑤	供应商将物件交货给承租人
⑥	承租人支付租金给租赁公司
⑦	租赁期满，承租人以名义价购买、续租或将租赁物件退回租赁机构

二、售后回租融资租赁

（一）流程

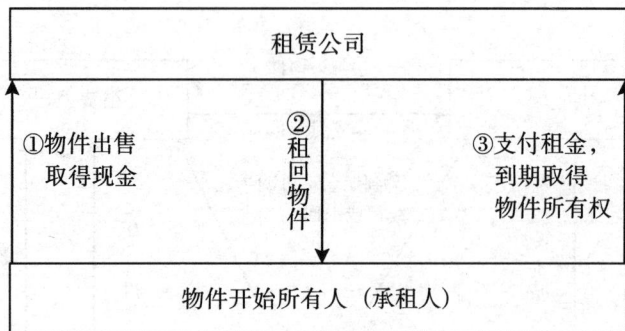

图 3-14　流程

（二）流程图的列示

表 3-51　流程详解

序号	详细过程
①	物件所有权人将物件出售给租赁公司，取得现金
②	物件所有权人作为承租人从租赁公司租回物件
③	承租人支付租金给租赁公司，满期后，重新取得物件所有权

三、转租融资租赁

（一）流程

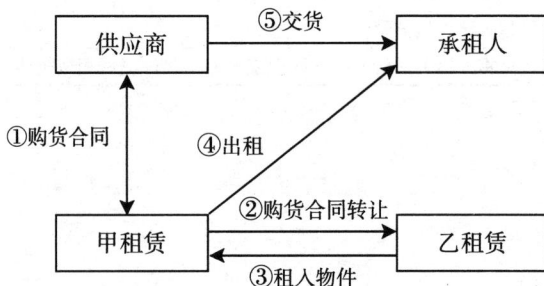

图 3-15　流程

（二）流程图的列示

表 3-52 流程详解

序号	详细过程
①	甲租赁公司与供应商签订购货合同
②	甲租赁公司将购货合同转让给乙租赁公司
③	甲租赁公司以承租人身份从乙租赁公司租入物件
④	甲租赁公司以出租人身份将物件租给最终承租人使用
⑤	供应商向最终承租人交货

第五节 基金类融资产品

一、证券投资基金

（一）概念和特点

表 3-53 概念和特点

概念	广义	指用于某种特定目的的资金，比如：信托投资基金、单位信托基金、公积金、保险基金、退休基金，等等
	狭义	专指证券投资基金。证券投资基金（简称基金）是指通过发售基金份额，将众多投资者的资金集中起来，形成独立财产，由基金托管人托管，基金管理人管理，以投资组合的方法进行证券投资的一种利益共享，风险共担的集合投资方式
证券投资基金特点		证券投资基金是一种集合投资，它将零散的资金汇集起来，交给专业机构以投资于各种金融工具，以谋取资产的增值。因此，可以最广泛地吸收社会闲散资金，汇成规模巨大的投资资金
		证券投资基金具有组合投资、分散风险的好处
		证券投资基金是由专家运作，管理并专门投资于证券市场的基金
		证券投资基金是一种间接的证券投资方式。投资者通过购买基金而间接投资于证券市场
		证券投资基金具有投资小、费用低的优点
		证券投资基金流动性强。基金的买卖程序非常简便

（二）基金与股票、债券的比较

表 3-54　股票与基金、债券的比较

	股票	基金	债券
投资者地位	股东可参与决策	基金受益人	债权人
风险程度	最大	次之	较小
收益情况	不确定	不确定	确定
价格取向	基本面、供求关系	资产净值	利率
投资回收方式	无存续期限，按市场价格变现	根据不同的形态有区别	有存续期限，期满后收回本金

（三）基金的分类

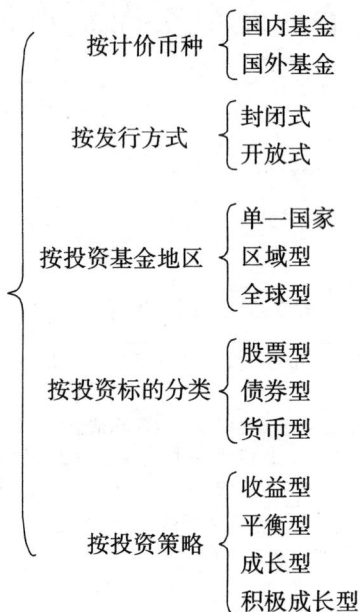

按计价币种 ┤ 国内基金 / 国外基金

按发行方式 ┤ 封闭式 / 开放式

按投资基金地区 ┤ 单一国家 / 区域型 / 全球型

按投资标的分类 ┤ 股票型 / 债券型 / 货币型

按投资策略 ┤ 收益型 / 平衡型 / 成长型 / 积极成长型

图 3-16　基金分类

二、产业投资基金

（一）产品介绍

表 3-55　产品介绍

概念	适用对象	产品分类	准入条件	相关规定	类似产品	思维变通
所谓产业投资基金，是指一种对未上市企业进行股权投资和提供经营管理服务的利益共享、风险共担的集合投资制度，即通过向多数投资者发行基金份额设立基金公司，由基金公司自任基金管理人或另行委托基金管理人管理基金资产，委托基金托管人托管基金资产，从事创业投资、企业重组投资和基础设施投资等实业投资	产业投资基金定位于实业投资，其投资对象是产业尤其是高新科技产业中的创业企业	产业投资基金按照组织形式可以分为三类：公司型基金、契约型基金和有限合伙型基金	设立产业基金，应当具备下列条件：①基金拟投资方向符合国家产业政策②发起人须具备3年以上产业投资或相关业务经验，在提出申请前3年内持续保护良好财务状况，未受到过有关主管机关或者司法机构的重大处罚③法人作为发起人，除产业基金管理公司和产业基金管理合伙公司外，每个发起人的实收资本不少于2亿元；自然人作为发起人，每个发起人的个人净资产不少于100万元④管理机关规定的其他条件	全国性规定：《创业投资企业管理暂行办法》、《关于加强创业投资企业备案管理严格规范创业投资企业募资行为的通知》、《产业投资基金管理暂行办法》等		

(二) 产业投资基金特点

表 3-56 产业投资基金特点

特点	内容
①	定位于实业投资,其投资对象是产业尤其是高新科技产业中的创业企业
②	不仅仅为企业直接提供资金支持,而且提供特有的资本经营、增值服务,是一种专家管理型资本
③	产业投资基金的运作是融资与投资相结合的过程,属于买方金融。与一般的商业银行不同,产业投资基金的运作是以权益资本形式存在的,然后以所筹集的资金购买刚刚经营或已经经营的企业的资产,并为企业提供资本经营服务,其利润主要来自资产买卖的差价,而不是股权的分红
④	产业投资基金是一种专业化、机构化、组织化的管理的创业资本。按投资领域的不同,其不仅包括创业投资基金,还有企业重组投资基金和基础设施投资基金等类别
⑤	产业投资基金在所投资的企业发育成长到相对成熟后即退出投资,以便一方面实现自身的增值,另一方面方便进行新一轮的产业投资,因而有别于长期持有所投资企业的股权,以获得股息为主要收益来源的普通资本形态

(三) 不同组织形式基金比较

表 3-57 基金比较

基金组织形式	公司型	有限合伙型	信托(契约)型
简介	公司型基金是依公司法成立,通过发行基金股份将集中起来的资金进行广泛投资。公司型投资基金在组织形式上与股份有限公司类似,基金公司资产为投资者(股东)所有,由股东选举董事会,由董事会选聘基金管理公司,基金管理公司负责管理基金业务	有限合伙型基金是以其"组织结构简单而运行效率高"的优势日益成为产业投资基金的主流。基金公司有两类合伙人组成:普通合伙人(GP)和有限合伙人(LP)。普通合伙人作为基金管理人,对合伙企业的债务承担无限责任;有限合伙人主要是机构投资者,是投资基金的主要提供者,不参与合伙企业的日常管理,以投入的资金为限对基金的亏损与债务承担责任	信托基金(契约型)是指依据信托契约,通过发行受益凭证而组建的投资基金。通常由基金管理人、基金托管人和基金投资人三方共同订立一个信托投资契约;基金管理人是基金的发起人,通过发行受益凭证将资金筹集起来组成信托财产,并根据信托契约进行投资;基金保管人依据信托契约负责保管信托财产;基金投资人即受益凭证的持有人,三方之间依托的主要为"信托—受托"关系
法律依据	公司法	合伙企业法	信托法
法律关系	委托—代理	委托—代理	信托—受托
法律地位	独立法人	非独立法人	非独立法人
投资者的法律地位	股东	合伙人	信托人
基金管理人	专业基金管理公司或自己设立的管理公司	普通合伙人组成的合伙制基金管理公司	专业的信托投资机构
政府监管	限制较多	较松	较松
资金募集方	私募	私募	私募

基金组织形式	公司型	有限合伙型	信托（契约）型
投资额度	投资者共同出资	有限合伙人提供99%的资金，而普通合伙人提供1%左右的资金	投资者出资
投资者选择	投资者选择投资者出资额可大可小	投资者人数没有限制，单个投资者出资额较大，投资者人数较少	单个投资者出资额较大，投资者人数较少
投资收益分配	公司章程中规定或另行约定	《合伙企业法》第69条规定：有限合伙企业不得将全部利润分配给部分合伙人；但是，合伙协议另有约定的除外	基金经理人获得约定比例的信托管理费，托管人获得约定比例的托管费，投资者获得基金投资运营的资本增值收益
投资回收	转让股权回收或存续期结算清算回收	存续期结束即可收回投资	存续期结束即可收回投资
税收负担	二级税负制	一级税负制度	一级税负制度

（四）产业投资基金投资流程

产业投资基金投资流程大致包括七个阶段。在这一过程中达到投资预期，实现自我增值，并达到促进产业发展的目的。

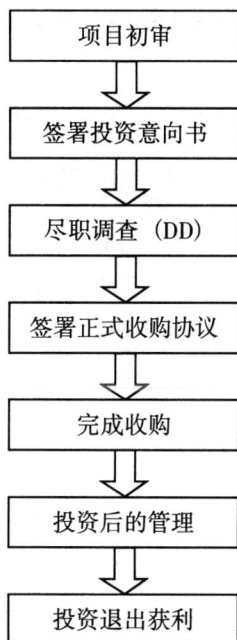

```
        ┌──────────────┐
        │   项目初审    │
        └──────┬───────┘
               ↓
        ┌──────────────┐
        │  签署投资意向书 │
        └──────┬───────┘
               ↓
        ┌──────────────┐
        │  尽职调查（DD）│
        └──────┬───────┘
               ↓
        ┌──────────────┐
        │  签署正式收购协议 │
        └──────┬───────┘
               ↓
        ┌──────────────┐
        │   完成收购    │
        └──────┬───────┘
               ↓
        ┌──────────────┐
        │  投资后的管理  │
        └──────┬───────┘
               ↓
        ┌──────────────┐
        │  投资退出获利  │
        └──────────────┘
```

图3-17 产业投资基金投资流程

（五）流程图的列示

表 3–58　阶段详解

阶段	详细过程
项目初审	初审是投资流程的第一步，包括书面初审和现场初审两个部分。书面初审以审阅项目的商业计划书或融资计划书为主，判断是否符合基金的投资需求。现场初审要求相关行业人员到企业现场走访，调研企业现实生产经营、运作状况等，并印证书面调查情况与现场情况是否吻合
签署投资意向书	初审后投资者一般要求与业主谈判，目的在于签署投资意向书。双方会围绕投资价格、股权数量、业绩要求、基金权利保障和退出安排等核心条款展开谈判，促成一致以及进入下一步谈判的可能。其间穿插现场考察、问卷调查、初步估值。业主此时也可以要求投资人签订保密条款的，视情况披露企业商业秘密。核心条款达成一致或基本一致后，可签订投资意向书
尽职调查（DD）	也称谨慎行调查，指投资人在于目标企业达成初步合作意向后，经协商一致，对目标企业一切与本次投资有关的事项进行现场调查、资料分析的一系列活动，主要包括财务尽职调查和法律尽职调查，以及其他事项尽职调查 中介机构完成尽职调查后，向基金提交尽职调查报告。基金据此详细评估本次投资的主要风险和投资价值，并相应做出决定
签署正式收购协议	在正式签署之前，会根据尽职调查的情况展开进一步谈判，并最终确定投资方案设计。正式的收购协议是以投资意向书为基础确定的，具有正式法律效力。正式收购协议除了商业条款，还有复杂的法律条款，需要专业人士参与谈判。进入和退出的投资策略都会在收购协议中体现
完成收购	收购过程一般采取增资或转股的方式完成。需要被投资企业配合履行公司章程规定的内部程序，包括签署股东会及董事会决议，签署新章程，变更董事会组成及更名等事项。配合完成相关的工商注册和审批程序。基金按照预定支付资金
投资后的管理	对于产业投资基金来说，这点尤其重要。产业投资属于长期性投资，它通过资本的循环运动实现自身的增值。所投资企业具有一定的成熟度，但距离 IPO 要求较远，需要基金提供较多的增值服务，甚至以适当方式参与经营管理，直至 IPO 完成。对投资后的管理在收购协议签订前就可以适当进行，在各种建议书中给出具有价值的增值服务，提高收购成功率。投资后管理的介入程度与收购期有关，一般来说，越是早期投资的，介入程度越深
投资退出获利	退出模式包括：首次公开上市（IPO）、股权转让/产权交易、股份回购、企业清算。上市退出盈利幅度最大，故成为退出方式的首选。通过并购获得大额溢价也是不错的选择。在这一过程中，基金需要与被投资企业管理层配合，以避免对企业的政策经营产生影响，同时保证与原有股东的正常相处不因退出产生矛盾

第六节 保险类融资产品

一、分类

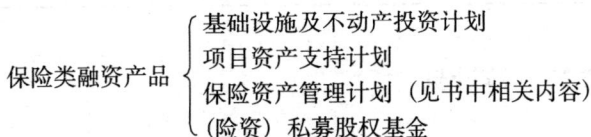

$$保险类融资产品 \begin{cases} 基础设施及不动产投资计划 \\ 项目资产支持计划 \\ 保险资产管理计划（见书中相关内容） \\ （险资）私募股权基金 \end{cases}$$

图 3-18　保险类融资产品分类

二、保险基础设施及不动产投资计划

（一）相关内容

表 3-59　相关内容

概念	适用对象	产品分类	准入条件	相关规定	类似产品
保监会发布《保险资金投资不动产暂行办法》，允许保险资金投资不动产	以债权、股权方式进行基础设施及不动产融资的企业	基础设施类不动产融资、非基础设施类不动产融资及不动产相关金融产品融资	①融资方拥有一定数量自由资金，具有一定承担经营风险的能力②拥有合格的不动产或不动产相关金融产品标的	《保险资金投资不动产暂行办法》、《保险资金间接投资基础设施项目试点管理办法》	不动产出售、不动产抵押贷款

（二）流程

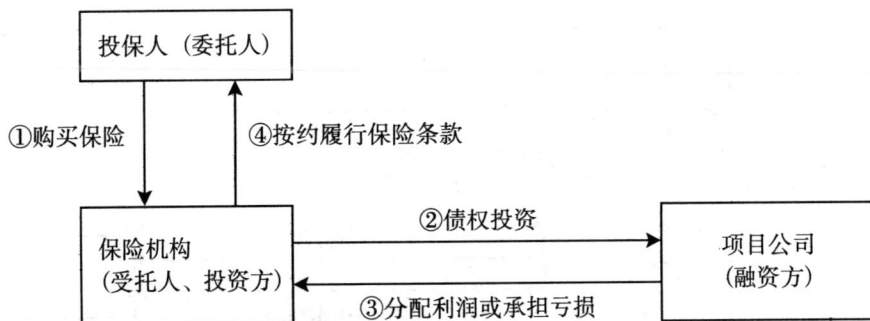

图 3-19　流程

（三）流程图的列示

表 3-60　流程详解

流程	详细过程
①	合格投保人购买各类保险产品，投入资金
②	保险机构通过购买项目公司股权或与开发企业共同合资成立新的开发公司（非项目公司）从事基础设施及不动产投资
③	按照投资比例或合资合作协议约定分配利润或承担亏损
④	保险公司按约向投保人履行保险条款

三、项目资产支持计划

（一）相关内容

表 3-61　相关内容

概念	适用对象	产品分类	准入条件	相关规定	类似产品	思维变通
保险机构通过向投资人发售标准化产品份额，募集资金，投资于缺乏流动性但具有可预测现金流的基础资产，并以基础资产产生的现金流作为还款支持	有融资需求，且拥有缺乏流动性但具有可预测现金流的基础资产的企业	信贷资产融资（企业商业贷款、住房及商业性不动产抵押贷款、个人消费贷款、小额贷款公司发放的贷款、信用卡贷款、汽车融资贷款）、金融租赁应收款融资、每年获得固定分配的收益且对本金回收和上述收益分配设置信用增级的股权资产融资	①借款人设立合法②具有独立法人资格③拥有一定数量自由资金，具有一定承担经营风险的能力④拥有合格的缺乏流动性担具有可预测现金流的基础资产	《保险法》，《保险资金运用管理暂行办法》，《项目资产支持计划试点业务监管口径》	资产证券化	

（二）流程

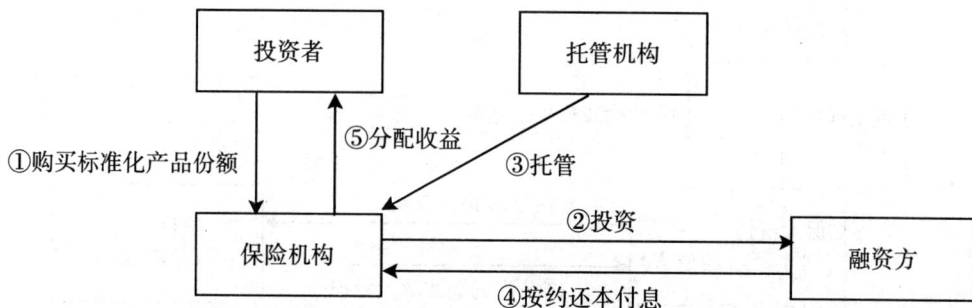

图 3-20　流程

（三）流程图的列示

表 3-62　流程详解

流程	详细过程
①	投资人购买标准化产品份额
②	保险机构将募集到的资金，投资于缺乏流动性但具有可预测现金流的基础资产
③	由托管机构担任资产托管人
④	融资方以该基础资产产生的现金流作为还款来源，按照约定还本付息
⑤	保险机构按照约定向投资者分配收益

四、（险资）私募股权基金

（一）相关内容

表 3-63　相关内容

概念	适用对象	产品分类	准入条件	相关规定	类似产品	思维变通
《国务院关于加快发展现代保险服务业的若干意见》正式发布，允许保险资管机构设立夹层基金、并购基金、不动产基金等私募基金进行投资，符合投资要求的企业可通过该渠道进行融资	有股权融资需求企业。目前批准成立的险资私募基金主要投向中小微企业	夹层基金、并购基金、不动产基金等	符合夹层基金、并购基金、不动产基金等投资对象要求	《国务院关于加快发展现代保险服务业的若干意见》	私募股权基金	

（二）流程图与示意表

除设立基金的发起方为保险公司外，其他流程与私募股权基金相同。

第七节　期货类融资产品

一、基本概念

金融衍生产品是指其价值依赖于基础资产价值变动的合约。这种合约通常是标准化或非标准化的。标准化合约是指其标的物（基础资产）的交易价格、交易时间、资产特征、交易方式等都是事先标准化的且多在交易所上市交易，如期货。非标准化合约是指以上各项由交易的双方自行约定，因此具有很强的灵活性，如远期协议。

金融衍生产品是与金融相关的派生物，通常是指从原生资产派生出来的金融工具，其共同特征是保证金交易，即只要支付一定比例的保证金就可进行全额交易，不需要实际上的本金转移，合约的了结一般也采用现金差价结算的方式进行，只有在满期日以实物交割方式履约的合约，才需要买方交足货款。因此，金融衍生产品交易具有杠杆效应。保证金越低，杠杆效应越大，风险也就越大。

至于金融衍生产品的种类，在国际上是非常多的，从目前的基本分类来看，则主要有三种分类：

表 3-64　金融衍生产品的分类

根据产品形态分类	远期、期货、期权和互换
根据原生资产分类	股票、利率、汇率和商品
根据交易方法分类	场内交易和场外交易。场内交易即通常所指的交易所交易，场外交易即柜台交易

前文已经介绍过，按照产品形态分，金融衍生品主要有远期、期货、期权和互换四大类。实际上，绝大多数金融衍生品设计的初衷是基于资本避险的需求，融资仅仅是附属功能而已，由于绝大多数人对期权、掉期以及互换等金融衍生品比较陌生，所以这类金融衍生工具不在本章节的探讨范围之内。本章节主要探讨的是期货作为衍生品的融资功能，希望通过简单通俗的阐述，让广大实体企业能认识并了解期货的基本属性及融资功能，并在企业的实际运作中合理地运用。

二、标准仓单质押融资

贸易和生产企业借助期货工具进行融资——标准仓单质押融资详解。

表 3-65　标准仓单质押融资

业务简介	标准仓单质押信贷业务是指借款人以标准仓单作为质押担保向银行申请的流动资金贷款、商业汇票承兑、保证、信用证等业务	
业务种类	已有标准仓单质押信贷业务——先押后贷	
	拟交割标准仓单质押贷款——先贷后押，只能用于实物交割	
业务特点	业务范围广泛	不仅限于办理流动资金贷款、商业汇票承兑、保证、信用证等信贷业务，均可以标准仓单设定质押
	质押形式多样	借款人可用已有标准仓单质押，也可用贷款先进行交割，然后用交割所得标准仓单进行质押；此外，借款人可申请最高额权利质押，一次审批，循环使用

续表

业务特点	还款方式可选择	授信到期后借款人可以自筹资金还款，也可用质押的仓单进行交割，然后利用交割所得资金还款
	异地客户不受限制	银行可受理异地客户的申请，通过异地授信办理标准仓单质押信贷业务
风控方式	设置警戒线和处置线	对期货公司，监控质押率80%为警戒线，90%为处置线，对银行而言，质押率最高不超过70%
	风控措施	监控质押率达到或超过警戒线时，银行将： ①停止未发放额度使用 ②向客户发出风险警示通知书，要求客户在3个工作日内补足保证金或追加相应的标准仓单作质押 ③向客户发出风险警示通知书3个工作日内客户没有采取相应措施补足质押物价值的，银行将处置质押标准仓单归还贷款
基本要求 (拟质押的标准仓单必须无权属争议，且未受到期货交易所按其业务规定采取限制处分措施)	用途	只能用于借款人正常的临时性生产经营活动需要，不得用于固定资产、股权等投资，不得用于国家禁止生产、经营的领域和用途。其中，拟交割标准仓单质押贷款只能用于借款人正常生产经营活动所需的标准仓单实物交割
	期限	最长1年，且不得超过质押标准仓单的有效期，不得延期
备注		三大交易所均可（上海商品期货交易所、郑州商品期货交易所以及大连商品期货交易所）开展仓单质押的系列业务。业务角色主要由：期货交易所、商业银行、期货公司、资金监管行、客户五方构成，仓单质押操作成本：年化9%上下

（一）模式1：已有标准仓单融资模式

已有标准仓单融资模式是商业银行用以借款人拥有处分权的标准仓单，作为质押担保物，向借款人发放用于满足正常生产经营流动资金周转的一种短期贷款业务。

1. 操作流程

表3-66　业务操作流程

步骤	具体操作细节
①	期货公司推荐客户，商业银行审批并给予借款人相关额度，借款人与商业银行签订相关合同，明确双方责任义务
②	借款人在期货交易所办理标准仓单质押登记手续
③	商业银行根据前5个工作日的市场价格，对质押的标准仓单的价格进行核定
④	商业银行按照核定的不高于质押标准仓单价值的70%发放贷款给借款人
⑤	贷款到期时，借款人以自有资金或处置质押标准仓单所得资金归还商业银行
⑥	归还贷款后，商业银行解除标准仓单质押登记手续

2. 流程

（1）步骤一：签署合同。

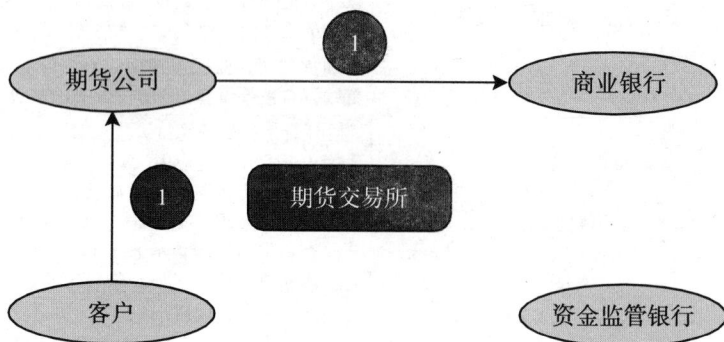

图 3-21　签署合同

表 3-67　签署合同操作步骤

步骤	内容
A	客户（有仓单质押需求的贸易企业或生产加工企业）向相关的商业银行提出仓单融资的授信
B	商业银行审核企业基本情况后，给予企业标准仓单融资业务一定额度的授信
C	客户（即企业）与授信商业银行签订授信、风控等协议
D	由商业银行指定与之相关的国有五大行之一的银行，充当资金监管银行，进行资金管理

（2）步骤二：质押登记。

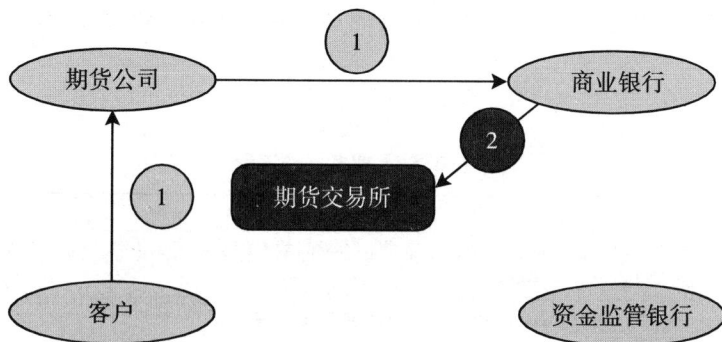

图 3-22　质押登记

表 3-68 质押登记步骤

步骤	内容
A	客户自己或者在期货公司的协助下，在交易所电子仓单管理系统办理标准仓单质押申请
B	商业银行利用在仓单系统内的特别交易账户进行确认
C	商业银行与期货公司协助，确认仓单登记质押生效

（3）步骤三：核价出账。

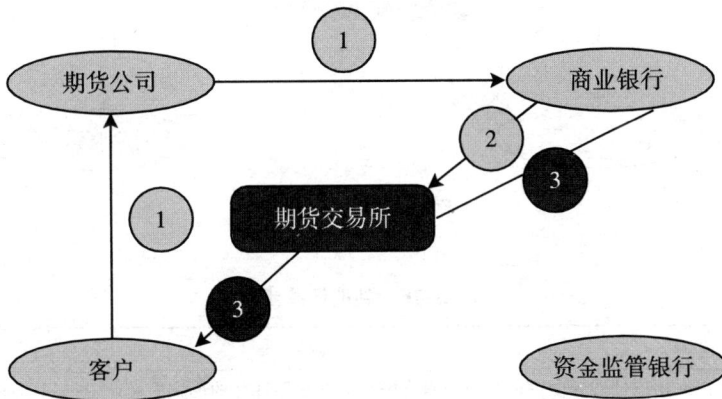

图 3-23 核价出账

表 3-69 核价出账步骤

步骤	内容
A	商业银行确认客户仓单登记完毕
B	商业银行参照质物在市场上前五个交易日的平均结算价为客户办理核价手续
C	按照协商的质押率（最高不超过 7 折），商业银行为客户办理放款

（4）步骤四：还款

1）还款方式之一：到期还款（自有资金或补足保证金）。

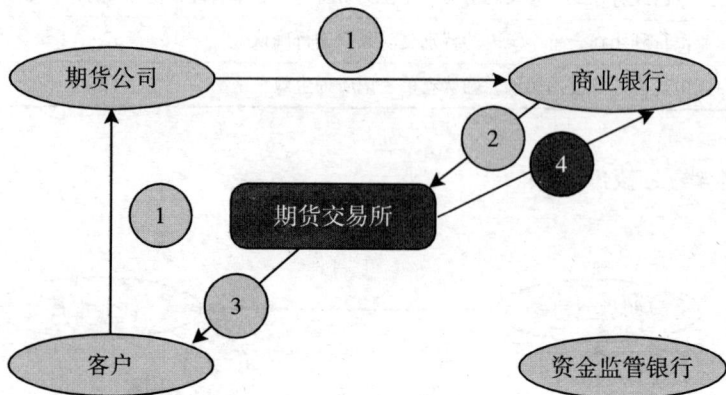

图 3-24　到期还款

表 3-70　到期还款步骤

步骤	内容
A	客户在授信到期后向商业银行以自有资金或补足保证金的形式向商业银行归还贷款
B	商业银行在上期所系统内为客户办理相应解质手续
C	开始进入还款程序

2）还款方式之二：换单赎单（中途提前还款）。

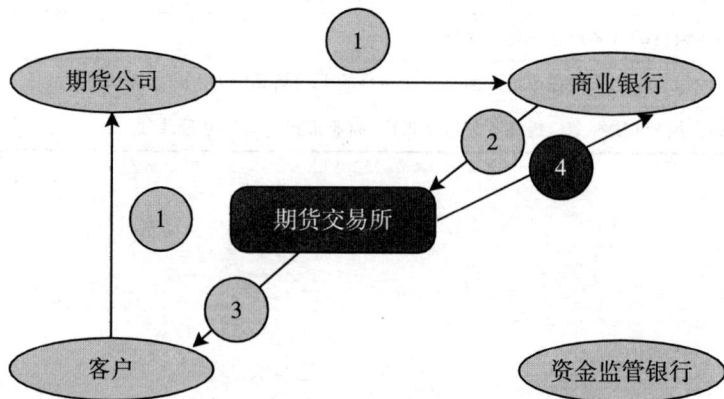

图 3-25　换单赎单

表 3–71　换单赎单步骤

步骤	内容
A	客户可以根据自身企业的实际需求，选择还款时间，但必须在商业银行授信到期之前
B	客户在授信到期前，如有置换或赎取标准仓单的需求，可向商业银行提供新的足值标准仓单或银行承兑汇票、存款等作为还款方式
C	商业银行在办妥还款或新质押登记手续后，可立即为客户解押原质押标准仓单

3）还款方式之三：到期还款（卖出标准仓单）。

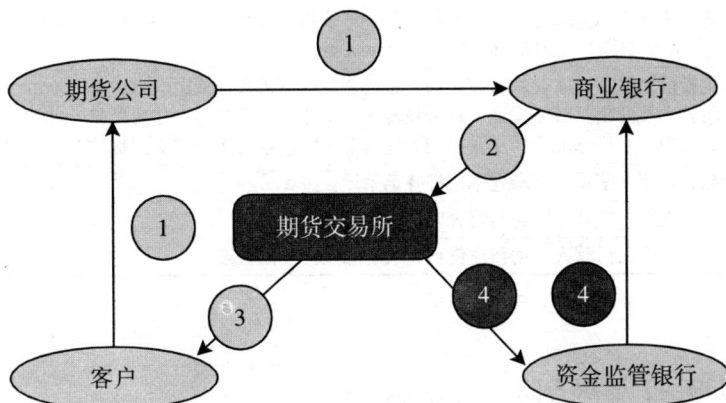

图 3–26　到期还款

表 3–72　到期还款步骤

步骤	内容
A	客户委托建立不可平仓的卖盘合约头寸，商业银行在最后交易日解质仓单（由于期货品种以及交割方式的不同，参与交割的品种的最后交易日也不尽相同）
B	交割所得资金划入客户在指定资金监管行的账户，仓单所代表的货权也随之转移给仓单的买方
C	资金监管行按约定将资金划入客户在商业银行账户，商业银行扣除本息后，将剩余资金归还给客户

（二）模式 2：买入拟交割标准仓单模式

买入拟交割标准仓单模式指借款人以拟交割所得标准仓单做质押的授信业务，即借款人从交易所购入期货合约后，商业银行在期货合约的最后交易日交易时间结束后向融资申请人发放信贷资金，由期货公司协助商业银行进行资金的封闭操作，即商业银行将资金划入借款人在资金监管银行开立的结算账户，并要求借款人及时出具转账凭证，将款项转入期货公司在交易所的指定账户，用于标准仓单实物交割，并及时办妥以商业银行为质权人的质押登记的操作模式。

业务角色主要由期货交易所、商业银行、期货公司、资金监管行、客户五方构成。

1. 操作流程

表 3-73 具体操作流程

步骤	具体操作细节
①	期货公司推荐客户，商业银行审批并给予借款人相关额度，借款人与商业银行签订相关合同，明确双方责任义务
②	借款人从交易所购入的期货合约在进入交割日前，商业银行对借款人的单笔授信额度出账进行审查，在最后交易日交易时间结束后，向借款人发放授信资金（按拟交割标准仓单价值的70%）用于与期货合约相对应的标准仓单交割
③	单笔授信出账后，商业银行按照约定将资金划入借款人在资金监管银行开立的结算账户，并要求借款人及时出具转账凭证，将款项转入资金监管银行账户，之后再转入期货公司在交易所的指定账户，用于标准仓单交割，相关凭证上注明贷款用途为"交割货款"
④	借款人办理交割项下标准仓单质押登记手续
⑤	授信到期时，借款人以自有资金归还商业银行授信
⑥	归还授信后，借款人协助商业银行完成解除质押登记手续

2. 流程

（1）步骤一：签署合同。

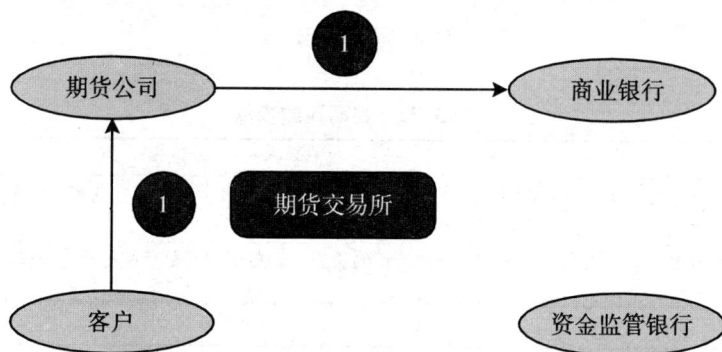

图 3-27 签署合同

表 3-74 签署合同流程

步骤	内容
A	客户（有仓单质押需求的贸易企业或生产加工企业）向相关的商业银行提出仓单融资的授信
B	商业银行审核企业基本情况后，给予企业标准仓单融资业务一定额度的授信
C	客户（即企业）与授信商业银行签订授信、风控等协议
D	由商业银行指定与之相关的国有五大行之一的银行，充当资金监管银行，进行资金管理

（2）步骤二：出账审查。

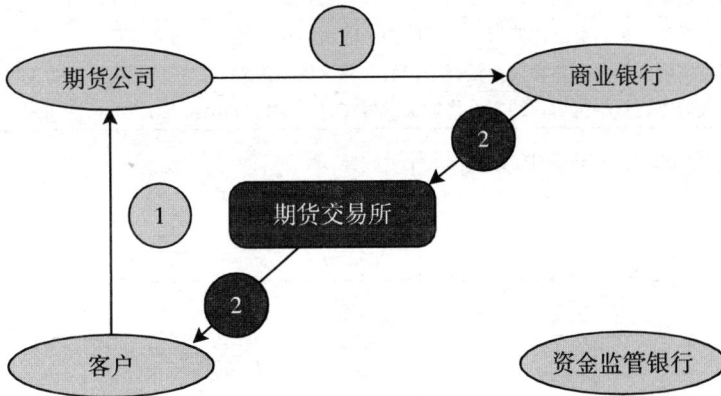

图 3-28　出账审查

表 3-75　出账审查步骤

步骤	内容
A	客户在交割日前（最好是交割月前一个月的中旬之前）向商业银行提交所需材料
B	商业银行对客户相关材料进行审核
C	审核通过后，商业银行会在最后交易日交易时间结束后，向客户发放用于交割的专项信贷资金

（3）步骤三：交割资金封闭运作。

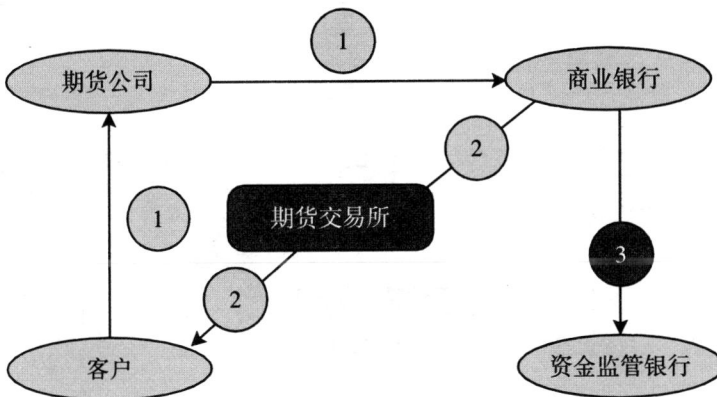

图 3-29　交割资金封闭运作

表 3-76　交割资金封闭运作步骤

步骤	内容
A	客户在商业银行办理出账时，应同时向商业银行出具相应的转账凭证
B	信贷资金在划入客户在商业银行账户后，将直接划拨到客户在资金监管银行的账户
C	资金监管银行根据协议约定，将资金直接支付到期货公司在交易所的指定账户，专项用于交割

（4）步骤四：标准仓单封闭运作。

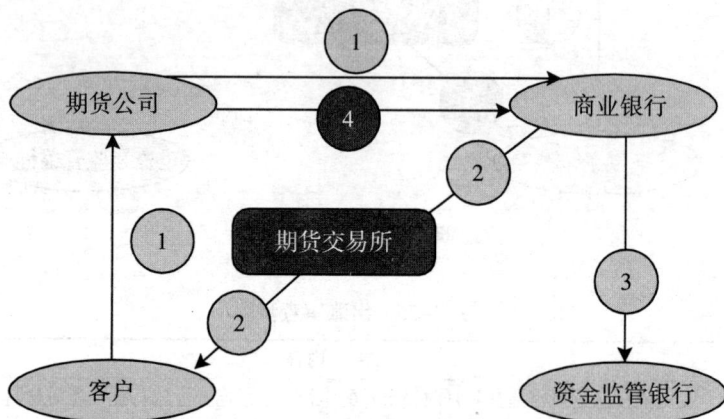

图 3-30　标准仓单封闭运作

表 3-77　标准仓单封闭运作步骤

步骤	内容
A	客户在申请出账前，将所有密码、密码器等材料存放入期货公司指定保险箱
B	期货公司在完成交割后，利用客户密码和加密器等材料将交割所得仓单质押到商业银行名下

（5）步骤五：到期还款。

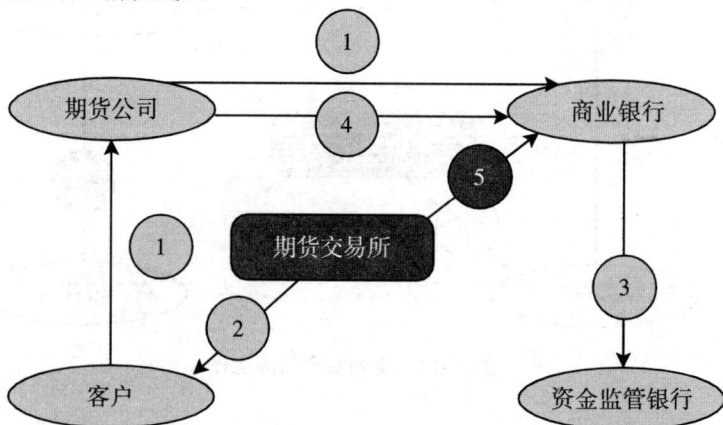

图 3-31　到期还款

表 3-78 到期还款步骤

步骤	内容
A	客户授信到期后，按前述约定归还商业银行贷款（卖出仓单模式除外）
B	商业银行为客户办理相应的解质押手续

第八节 互联网类融资产品

随着互联网产业不断成熟发展，互联网企业不断拓展业务范围，不仅向传统金融模式输出技术，促进传统金融的网络信息化，同时也结合市场金融需求推陈出新，产生了互联网金融模式。网上银行、电子银行是传统金融网络信息化的具体表现，微信支付、余额宝、P2P 等金融创新，近几年更是大放异彩，甚至在部分细分市场能与传统金融一较高下，对传统金融模式形成了一定冲击。本章对互联网金融的基本概念、模式进行介绍，并介绍几种较为突出的互联网金融模式。

一、互联网金融概述

(一) 概念、特点及基本分类

表 3-79 相关内容

互联网金融	定义	利用互联网技术和移动通信技术等一系列现代信息科学技术实现资金融通的新型金融服务模式，具有融资、支付和交易中介等功能
	特点	①及时性、便捷性 ②覆盖广，发展快 ③互动强，信息透明 ④低成本、高效率 ⑤管理难、风险大
	基本模式分类	金融互联网模式：银行、证券、保险等实体金融机构以互联网为媒介开展线上服务（网上银行、网上证券等） 互联网金融模式：各类互联网在线服务平台直接或间接向客户提供的第三方金融服务（支付宝、人人贷等）

（二）主要模式及介绍

表3-80　主要模式

主要模式		定义及特点分类	适用对象	典型平台
互联网金融	第三方支付	指具备一定信誉保障和实力的非银机构，借助计算机、通信和信息安全技术，与各大银行签约在客户和银行之间建立连接的电子支付模式。主要分两类：一是依托于自有电商网站提供担保功能的第三方支付模式；二是独立的第三方支付模式，无担保功能，只为用户提供支付解决方案	一般企业及个人均可使用，尤其以个人小额消费支付为主	支付宝、快钱
	P2P网贷	点对点信贷。通过第三方互联网平台进行资金借贷双方匹配，借贷人通过网站平台寻找有出借能力和意愿的出借方，帮助贷款人通过与其他贷款人一起分担风险，帮助借款人在所有信息中选择低利率借款。一般包括四种模式：传统模式、债权模式、担保模式、平台模式	个体商户和中小企业需要资金周转	人人贷、翼龙贷、宜信
	众筹	用团购和预购的形式，向广大网友募集项目资金。利用互联网开放传播特性，让创业企业和个人创业者对公众展示他们的项目，争取公众关注认同和投资	创业企业和个人创业者	天使汇、淘梦网
	大数据金融	通过对海量非结构化数据进行筛选分析提炼，为互联网金融机构提供客户和价值信息，挖掘收集客户的交易和消费记录，掌握客户消费习惯和偏好，进行精准营销	客户需求个性差异较大，拥有丰富交易消费记录数据的企业	阿里小额信贷、京东、苏宁
	信息化金融机构	利用信息技术对传统运营流程进行升级改造，实现经营管理电子化的传统金融机构	一般企业及个人均可使用	自助银行、电话银行、手机银行、网上银行
	互联网金融机构	利用互联网进行金融产品销售，或为金融产品提供第三方服务平台	一般企业及个人均可使用	东方财富网、91金融超市

二、互联网金融主要融资模式介绍

（一）P2P 及其主要模式

P2P 指通过第三方互联网平台进行资金借贷双方匹配，借贷人通过网站平台寻找有出借能力和意愿的出借方，帮助贷款人通过与其他贷款人一起分担风险，帮助借款人在所有信息中选择低利率借款。一般有四种模式：传统模式、债权模式、担保模式、平台模式。

1. 几类模式的流程

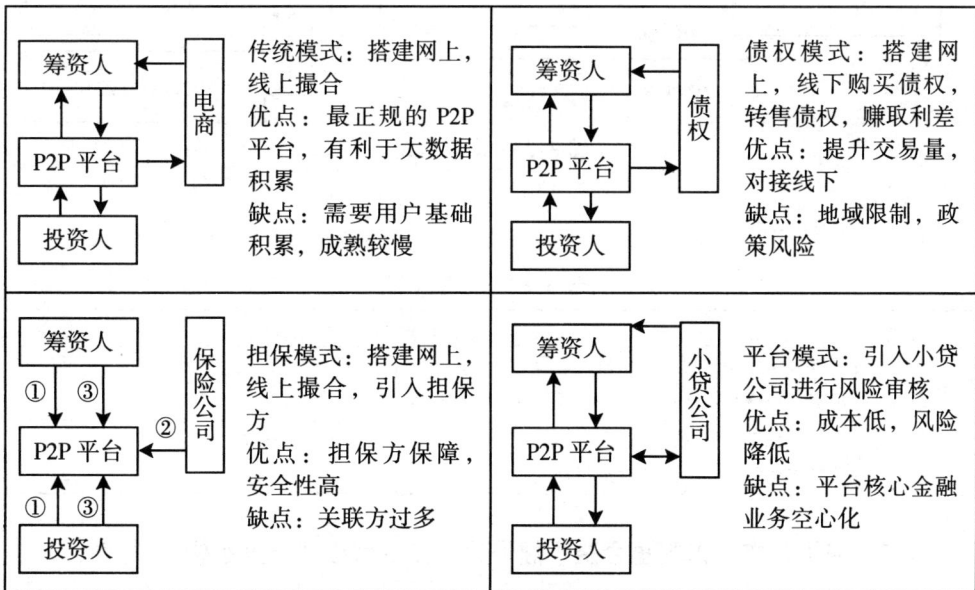

图 3-32　P2P 主要模式

2. 流程图的列示（以担保方式为例）

表 3-81　流程图列示

序号	流程
①	筹资人、投资人通过 P2P 平台配对融资贷款金额、期限和利率
②	为保证贷款本息安全，借贷双方通过 P2P 平台引进保险公司为贷款担保
③	贷款到期后投资人还本付息（在发生风险时筹资人可要求担保方赔付）

(二) 众筹模式

众筹融资：用团购和预购的形式，向广大网友募集项目资金。利用互联网开放传播特性，让创业企业和个人创业者对公众展示他们的项目，争取公众关注认同和投资。

1. 流程

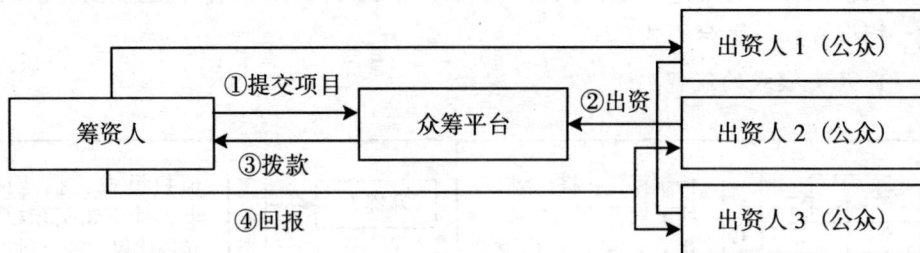

图 3-33　众筹模式

2. 流程图列示

表 3-82　流程列示

序号	流程
①	筹资人向众筹平台提交项目，众筹平台进行审核，通过后在平台宣传展示
②	出资人（公众）通过众筹平台挑选项目，进行投资
③	众筹平台募集公众投资拨款给筹资人，并对项目运作进行监督控制
④	项目成功运作后返还收益给出资人

(三) 网络融资：以阿里金融小额贷款（以下简称"阿里小贷"）为例

1. 简介

表 3-83　网络融资

	产品特点	面向对象	准入条件
阿里小贷	以借款人的信誉发放的贷款，借款人不需要提供担保。额度较小，几万元到几百万元不等。授信完成后额度可循环使用，日息 0.05%~0.06%。所有贷款项目的获取和审核全部在线完成	阿里巴巴诚信通会员或中国供应商会员	①会员注册时间满 6 个月的阿里巴巴诚信通会员或中国供应商会员（如果从普通会员转成付费会员，从注册成为普通会员的时间算起） ②会员企业工商注册所在地为杭州地区（个人诚信通注册地为杭州） ③申请人为年龄在 18~65 周岁的中国公民（不含港澳台），且为企业法定代表人（个体版诚信通为实际经营人） ④拥有经过实名认证的个人支付宝账户

2. 流程

图 3-34　流程

3. 流程图说明

整个贷款程序与银行贷款基本相同，特色之处在于贷款项目的调查通过网络在线完成（银行贷款一般要进行现场调查），阿里小贷利用阿里巴巴平台会员制及大数据积累的基础上把控风险，充分发挥网络的便捷性优势。

第九节　其他类融资产品

一、资产管理类融资产品

表 3-84　资产管理类融资产品

概念	产品分类（按发行主体分）	适用对象	相关规定	对融资企业的相关要求	管理
资产管理计划，指具有资产管理资格或取得开展资产管理试点批准的金融机构（资产管理人），根据资产管理合同约定的方式、条件、要求及限制，对客户资产进行经营运作，为客户提供证券及其他金融产品的投资管理服务的行为	银行资产管理计划	有债权直接融资需求的企业	《商业银行法》、《关于进一步规范商业银行个人理财业务投资管理有关问题的通知》（银监会已批准部分银行独立资管业务试点，具体细则尚未出台）	根据资产管理计划合同约定不同对企业要求有所差异，一般面向有债权直接融资需求，信用等级较高的大型企业	各类金融机构取得资管牌照或者监管机构批准试点，均可自行发行和管理资管计划，也可委托第三方资管公司专门管理，但应在法律和资管合同限定的投资范围内投资

概念	产品分类（按发行主体分）	适用对象	相关规定	对融资企业的相关要求	管理
资产管理计划，指具有资产管理资格或取得开展资产管理试点批准的金融机构（资产管理人），根据资产管理合同约定的方式、条件、要求及限制，对客户资产进行经营运作，为客户提供证券及其他金融产品的投资管理服务的行为	券商资产管理计划	有股权、债权、资产证券化、创新类融资需求的企业	《关于规范证券公司、基金管理公司及其子公司从事特定客户资产管理业务有关事项的通知》、《证券公司客户资产管理业务管理办法》、《证券公司定向资产管理业务实施细则》、《证券公司集合资产管理业务实施细则》	根据资管计划合同约定确定对（股权、债权、资产证券化、其他类）融资企业资质的要求，采取定向增募，并购贷款方式融资的企业一般可以考虑此类产品进行融资	各类金融机构取得资管牌照或者监管机构批准试点，均可自行发行和管理资管计划，也可委托第三方资管公司专门管理，但应在法律和资管合同限定的投资范围内投资
	保险资产管理计划	有股权、债权、资产证券化融资需求的企业	《保险资产管理公司管理暂行规定》	根据资管计划合同约定确定对（股权、债权、资产证券化、其他类）融资企业资质的要求，融资企业常进行基础设施、不动产等项目建设，有项目融资需要，一般常以项目收益权作为还款来源	
	基金资产管理计划	有股权、债权、资产证券化、金融衍生品融资需求的企业（未通过证券交易所转让的股权、债权及其他财产权利也可）	《关于规范证券公司、基金管理公司及其子公司从事特定客户资产管理业务有关事项的通知》、《基金管理公司特定客户资产管理业务试点办法》、《证券投资基金管理公司管理办法》、《证券投资基金管理公司子公司管理暂行规定》	与券商资产管理计划对融资企业要求基本相同（投资范围相近）	

概念	产品分类 （按发行主体分）	适用对象	相关规定	对融资企业的 相关要求	管理
资产管理计划，指具有资产管理资格或取得开展资产管理试点批准的金融机构（资产管理人），根据资产管理合同约定的方式、条件、要求及限制，对客户资产进行经营运作，为客户提供证券及其他金融产品的投资管理服务的行为	信托资产管理计划	有股权、债权、资产证券化等融资需求的企业	《信托法》	根据资管计划合同约定确定对融资企业资质的要求	各类金融机构取得资管牌照或者监管机构批准试点，均可自行发行和管理资管计划，也可委托第三方资管公司专门管理，但应在法律和资管合同限定的投资范围内投资
	期货资产管理计划	有股权、债权、资产证券化、期货、金融衍生品融资需求的企业	《期货公司资产管理业务管理规则（试行）》《期货公司资产管理业务试点办法》	根据资管计划合同约定确定对融资企业资质的要求	

二、金融资产管理公司融资类产品

表 3-85　相关内容

概念	适用对象	经营范围	融资产品
金融资产管理公司是经国务院决定设立的收购国有独资商业银行不良贷款，管理和处置因收购国有独资商业银行不良贷款形成的资产的国有独资非银行金融机构	已产生不良贷款	金融资产管理公司处置不良资产的方式及产品包括：收购并经营商业银行剥离的不良资产；债务追偿，资产置换、转让与销售；债务重组及企业重组；债权转股权及阶段性持股，资产证券化；资产管理范围内的上市推荐及债券、股票承销；资产管理范围内的担保；直接投资；发行债券，商业借款；向金融机构借款和向中国人民银行申请再贷款；投资、财务及法律咨询与顾问；资产及项目评估；企业审计与破产清算；经金融监管部门批准的其他业务	重组融资。其准入条件： ①经营正常 ②信用评级 2A ③净资产高 ④足值抵押物

三、财务公司及财务公司融资产品

表 3-86　财务公司及其产品

概念	适用对象
财务公司是指以加强企业集团资金集中管理和提高企业集团资金使用效率为目的，为企业集团成员单位提供财务管理服务的非银行金融机构	集团企业及集团成员企业

表 3-87　财务公司融资产品

概念	适用对象	产品分类	准入条件
财务公司其为本企业集团内部各企业筹资和融通资金等金融服务	集团企业及集团成员企业、个人消费者	①消费信贷是财务公司对消费者个人提供的信贷，主要用于购买耐用消费品 ②买方信贷是由出口方的财务公司直接将贷款提供给进口商或进口商联系银行的出口信贷形式，贷款用于向出口商支付货款 ③流动资金贷款、固定资产贷款、委托贷款等 ④票据承兑与贴现、融资租赁 ⑤担保是财务公司以保证人身份为集团内企业提供信用担保服务的业务品种	企业条件： ①财务状况良好，最近 2 个会计年度连续盈利 ②净资产达到全部资产的30%以上 ③经营管理良好，信用良好，最近 2 年未发生违法违规行为 个人条件： ①中国公民或在境内居住 1 年以上（含 1 年）的港、澳、台居民及外国人 ②具有稳定的合法收入 ③个人信用良好

读书笔记

第四章　金融产业链融资产品组合案例

内容提要:

组列融资靠创新,金融各业乐联姻。模仿创意时时通,到账钱财涌似金。

第一节　各行业内部形成的融资产品及组合

各行业内部形成的融资产品及组合是在融资基础产品的基础上变化和组合。

一、银行子行业类

(一) 项目 A 全过程中的保函组合模式

1. 概念

表 4-1　相关内容

概念	适用对象	产品分类
保函,是指银行应申请人的请求,向受益人开立的一种书面信用担保凭证,保证在申请人未能按双方协议履行其责任或义务时,由担保人代其履行一定金额、一定时限范围内的某种支付或经济赔偿责任。保函使用可以贯穿一个项目的全过程	国内、外项目	投标保函、履约保函、支付保函、预付款保函等

2. 流程

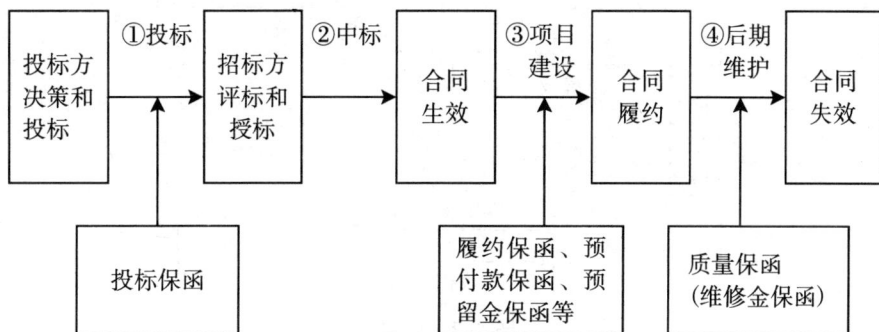

图 4-1　流程

3. 流程图的列示

表 4-2　流程详解

序号	详细过程
①	投标方决策和投标，招标方进行评标和授标，此阶段可办理投标保函
②	中标后投标方和招标方签订合同
③	签订合同并生效后，可办理履约保函、预付款保函、预留金保函等
④	合同履约完后的后期维修阶段，可办理质量保函，如果没有达到要求，则可索赔

（二）"银行承兑汇票开票+贴现"模式

1. 概念

表 4-3　相关内容

概念	适用对象	准入条件	相关规定
开银行承兑汇票和贴现组合在一起使用融资，先开票，后贴现 ①银行承兑汇票是由付款人委托银行开具的一种远期支付票据，票据到期银行具有见票即付的义务 ②承兑汇票贴现是指申请人由于资金需要，将未到期的银行承兑汇票转让于银行，银行按票面金额扣除贴现利息后，将余额付给持票人的一种融资行为	适用于具有真实贸易背景的、有延期付款需求的各类企业	①企业法人 ②具有真实合法的商品交易关系并有相关证明材料 ③在银行开立账户 ④非出票人 ⑤满足银行要求的其他条件	银行承兑汇票承兑期限为6个月或6个月以下

2. 流程图

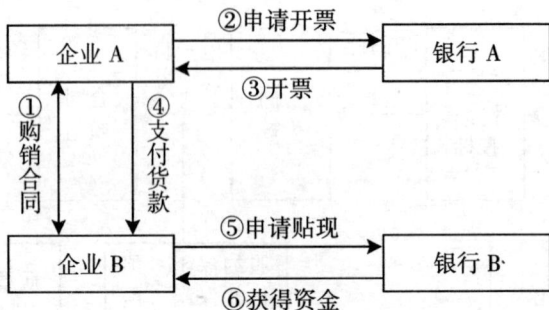

图 4-2　流程

3. 流程图的列示

表 4-4　流程详解

序号	详细过程
①	企业 A 和企业 B 签订购销合同，双方约定用银行承兑汇票方式结算
②	企业 A 向银行 A 申请开立银行承兑汇票，企业 A 向银行 A 存入保证金
③	银行 A 在调查审批后给企业 A 开立银行承兑汇票
④	企业 A 将开立的银行承兑汇票用于支付给企业 B
⑤	企业 B 将收到的银行承兑汇票未到期前向银行 B 申请贴现
⑥	银行 B 按票面金额扣除贴现利息后，将余额付给企业 B。企业 B 提前获得资金

（三）"项目贷款+铺底流动资金贷款"模式

1. 概念

表 4-5　相关内容

概念	适用对象	产品分类	准入条件	相关规定
项目贷款是以项目本身具有比较高的投资回报或者第三者的抵押为担保的一种融资方式 项目所需铺底流动资金贷款可一并报批	有项目建设资金需求的单位		①在银行开立账户。实行贷款证管理的地区，须持有人民银行颁发的贷款证；申请外汇项目贷款，须持有进口证明或登记文件 ②项目符合国家产业政策、信贷政策和银行贷款投向 ③具有国家规定比例的资本金 ④需要政府有关部门审批的项目，须持有批准文件 ⑤借款人信用状况好，偿债能力强，管理制度完善，对外权益性投资比例符合国家有关规定 ⑥能够提供合法有效的担保	项目贷款和铺底流动资金贷款应分开发放和管理

注：此章节的参考资料全部已放到本书最后的"主要参考文献"中。

2. 流程

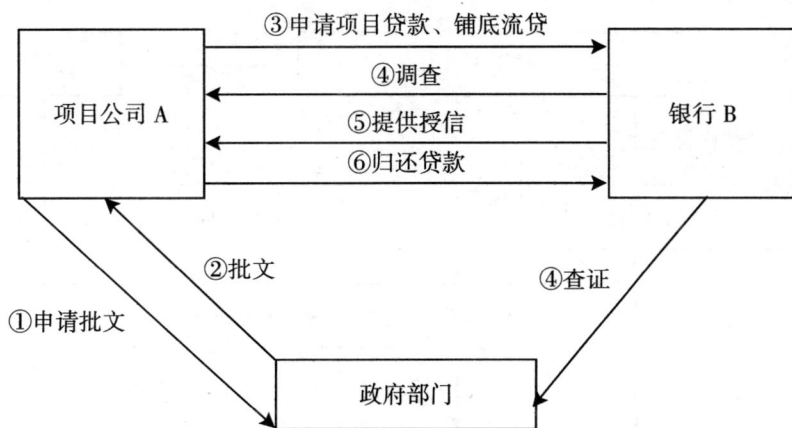

图4-3　流程

3. 流程图的列示

表4-6　流程详解

序号	详细过程
①	项目公司A的项目为需要政府有关部门审批的项目，公司向政府相关部门申请批文
②	政府部门审查后给予项目公司A批文
③	项目公司A向银行B申请项目贷款以及流动资金贷款，以支持项目的正常进行
④	银行对项目公司A的真实性进行审查以及向政府部门查证这个项目是否真实
⑤	银行对项目公司A授信
⑥	贷款到期后，项目公司A把资金归还银行

（四）供应链票据模式

1. 概念

表4-7　相关内容

概念	适用对象	思维变通
TCL集团2014年度第一期短期融资券,融资2亿元，为银行间首单供应链票据	供应链核心企业和上下游企业	资金募集者为核心企业，而资金使用者却是上下游企业，这使得一些处于供应链中的中小企业能够在缺乏有效担保物的情况下，仅依托于核心企业的信用资源就可以获得资金，降低了中小企业融资门槛

2. 流程

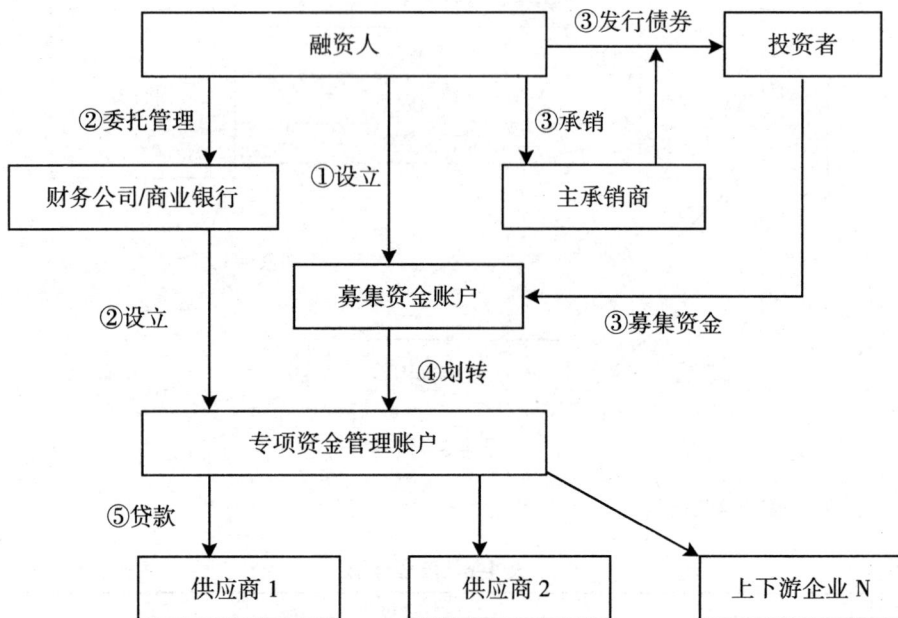

图 4-4　流程

3. 流程图的列示

表 4-8　流程详解

序号	详细过程
①	融资人设立募集资金账户
②	融资人委托金融机构设立并管理专项资金管理账户
③	融资人发行债券募集资金，主承销商承销，投资者投资
④	融资人将募集到的资金划转到专项资金管理账户
⑤	通过专项资金管理账户将贷款发放给上下游企业

(五) 项目收益票据模式

1. 概念

表4-9　相关内容

概念	适用 对象	相关 规定
项目收益票据是指非金融企业在银行间债券市场发行,募集来的资金用于有良好收益的项目建设,并以项目自身经营性现金流作为偿债来源的债务融资工具。例如,郑州交投地坤实业有限公司5亿元非定向债务融资工具,为国内首单	有良好收益和充足现金流的市政、交通、公用事业、教育、医疗等项目建设	项目收益票据发行期限可涵盖项目建设、运营与收益整个生命周期

2. 流程

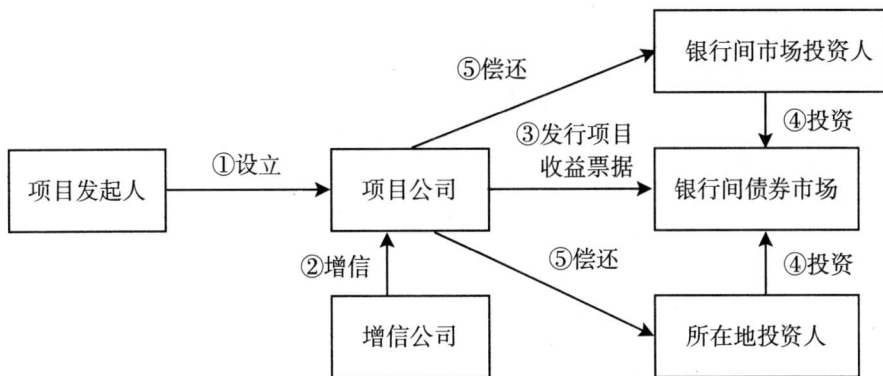

图4-5　流程

3. 流程图的列示

表4-10　流程详解

序号	详细过程
①	项目发起人成立项目公司
②	增信公司进行增信,避免无法获得较高的评级,发行成本较高
③	项目公司在银行间债券市场发行项目收益票据
④	银行间市场及所在地的投资人投资该收益票据
⑤	项目公司以经营性现金流偿还投资人

（六）资产支持票据模式

1. 概念

表 4-11　相关内容

概念	适用对象	相关规定
资产支持票据（ABN）是指非金融企业向银行间市场发行的，由基础资产产生的现金流作为还款支持，并约定在一定期限内还本付息的债务融资工具。南京市江宁区自来水总公司于 2013 年 6 月 18 日发行了 2013 年第一期非公开定向资产支持票据，发行金额 1 亿元	合法拥有或控制能够产生可预测现金流的财产、财产权利的企业。例如公共事业类企业（水、电、燃气收费权）、市政建设类企业、融资租赁公司	①在银行间市场交易商协会注册 ②不受企业净资产 40% 的限制，受制于基础资产产生的现金流 ③发行期限为 1~5 年

2. 流程

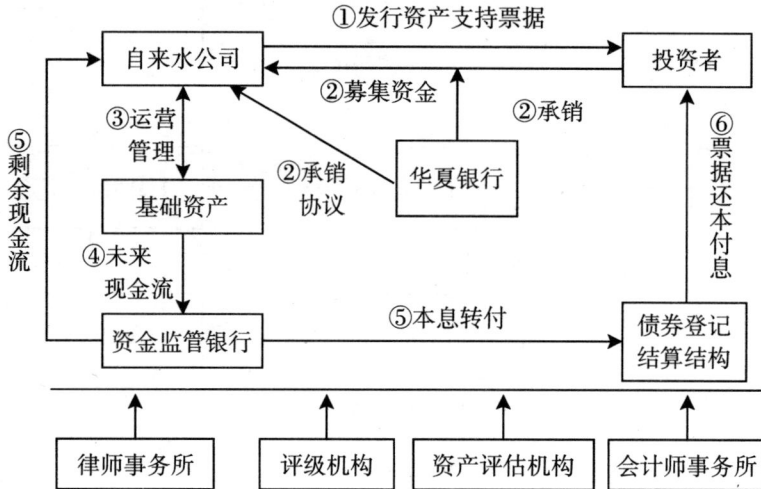

图 4-6　流程

3. 流程图的列示

表 4-12　流程详解

序号	详细过程
①	自来水公司以基础资产未来产生的现金流为基础，向投资者发行资产支持票据，非公开发行需与投资者签订《非公开定向发行协议》
②	华夏银行受自来水公司委托，在银行间债券市场向特定投资者发行资产支持票据
③	自来水公司负责管理基础资产，并负责保障其正常运营，以产生预期的现金流
④	自来水公司在资金监管银行处开立资金监管账户，归集基础资产产生的现金流
⑤	资金监管银行按约定，划转相应的现金流以用于基础资产票据的本息兑付
⑥	债券登记结算机构将收到的资金向投资者支付本息

二、信托子行业类

（一）股权信托融资模式

1. "股权收益权转让+溢价回购" 模式

案例：C 公司开发一个 c 项目，总投资 20 亿元。c 项目资本金需要 6 亿元，C 公司设立 c 项目公司，c 项目公司只有 2 亿元的资本金，需要撬动 20 亿元投资。先可通过 "股本收益权转让+溢价回购" 模式，筹资资本金 4 亿元。

（1）概念。

表 4-13　相关内容

概念	适用对象	准入条件	相关规定
"股权收益转让+溢价回购" 模式是指信托公司作为受托人，募集信托资金，用于购买融资方持有股权的收益权，股权质押在信托公司名下，项目到期时融资方再溢价回购该股权收益权	有融资需求的企业	符合国家产业政策，纳入国家行业规划或者地方计划中的项目，发展国民经济急需的产业或者产品项目	一法三规：《信托法》《信托机构管理办法》《信托机构集合资金信托计划管理办法》《信托机构净资本管理办法》

（2）流程图。

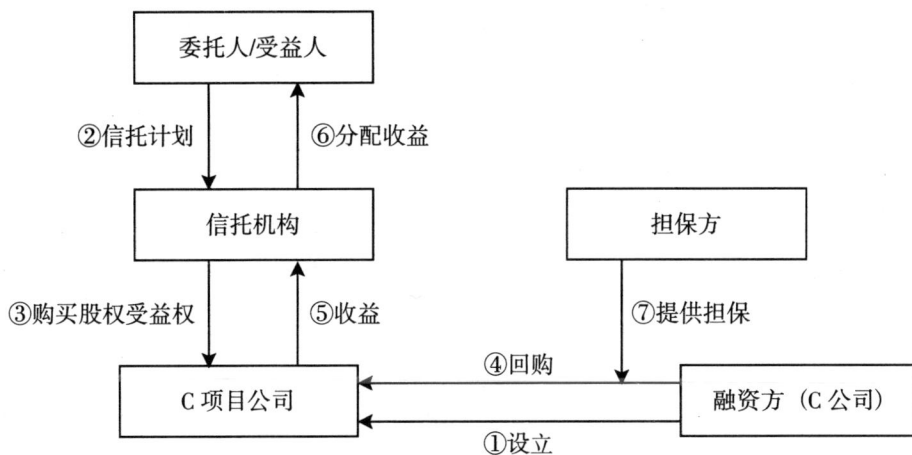

图 4-7　流程

（3）流程图的列示。

表 4-14　流程详解

序号	详细过程
①	融资方以自有资金 2 亿元和借入的资金 4 亿元共 6 亿元设立 C 项目公司；融资方对 C 项目公司股权投资 6 亿元。C 项目公司在 6 亿元资本金到位后，向银行申请贷款
②	融资方与银行、信托机构合作，发行集合或单一资金信托计划，筹集资金 4 亿
③	信托机构将募集到的资金 4 亿元以信托机构名义收购融资方所持 C 项目公司 4 亿股权的收益权，股权无须过户，融资方收到 4 亿股权出让价款后，归还前期借入资金 4 亿元
④⑤	在约定的时间，由融资方按约定的价格，溢价回购信托机构所持有的 4 亿元股权的收益权，回购收益进账信托机构
⑥	信托机构将信托收益分配给各受益人
⑦	第三方提供担保（需要时）

2."股权转让+溢价回购"模式

案例：B 公司开发一个 b 项目，总投资 20 亿元。b 项目资本金需要 6 亿元，B 公司设立 b 项目公司，b 项目公司只有 2 亿元的资本金，需要撬动 20 亿元投资。先可通过"股本转让+溢价回购"模式，筹资资本金 4 亿元。

"股本转让+溢价回购"模式达到资本金 6 亿元要求。

（1）概念。

表 4-15　相关内容

概念	适用对象	准入条件	相关规定
"股权转让+溢价回购"模式是指信托公司通过设立信托计划，将募集到的信托资金购买融资方设立的项目公司的存量股权，项目公司负责项目运作，获得投资收益。按照约定的时间融资方溢价收购信托计划所持项目公司股权	有融资需求的企业	符合国家产业政策，纳入国家行业规划或者地方计划中的项目，发展国民经济急需的产业或者产品项目	一法三规：《信托法》《信托机构管理办法》《信托机构集合资金信托计划管理办法》《信托机构净资本管理办法》

（2）流程。

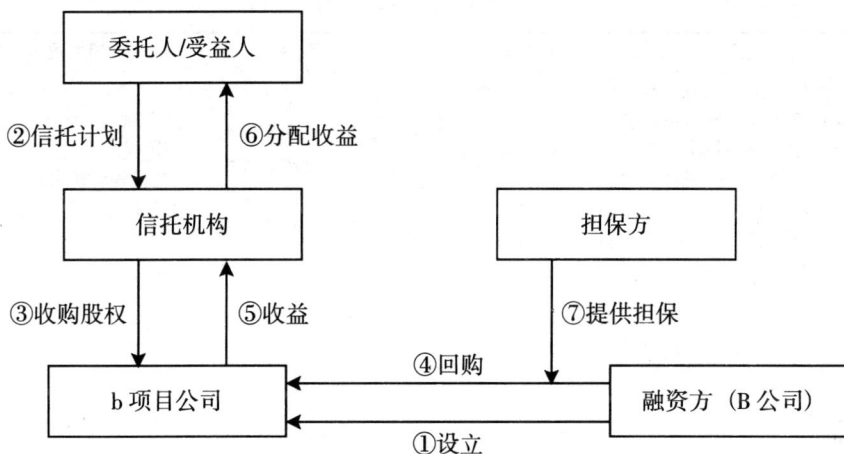

图 4-8　流程

（3）流程图的列示。

表 4-16　流程详解

序号	详细过程
①	融资方以自有资金 2 亿元和借入的资金 4 亿元共 6 亿元设立 b 项目公司；融资方对 b 项目公司股权投资 6 亿元。b 项目公司在 6 亿元资本金到位后，向银行申请贷款
②	融资方与银行、信托机构合作，发行集合或单一资金信托计划，筹集资金 4 亿元
③	信托机构将募集到的资金 4 亿元，以信托机构名义收购融资方所持项目公司 4 亿股权，融资方收到 4 亿股权出让价款后，归还前期借入资金 4 亿元；（需要办理股权过户手续）
④⑤	在约定的时间，由融资方按约定的价格，溢价回购信托机构所持有的 4 亿股权，回购收益进账信托机构
⑥	信托机构将信托收益分配给各受益人
⑦	第三方提供担保（如有）

（二）结构性信托融资模式

1."存量资产+优先劣后受益权"模式

案例：D 企业已拥有 a 项目公司股权 6 亿元。D 企业需投资一个 10 亿元的新项目，自有资金 0.65 亿元，新项目需要资本金 3 亿元。D 企业以 1500 万元设立一个新非项目公司，采用"存量资产+优先劣后受益权"模式融资。

（1）概念。

表 4-17　相关内容

概念	适用对象	准入条件	相关规定
"存量资产+优先劣后受益权"模式是指信托公司在发行的集合资金信托计划的受益权上设置优先劣后的结构性安排，融资方将存量资产注入信托计划，享有劣后收益权，普通投资者以现金认购，享有优先收益权的信托融资模式	有融资需求但不符合融资资格，资金需求量大的企业	符合国家产业政策，纳入国家行业规划或者地方计划中的项目，发展国民经济急需的产业或者产品项目	一法三规：《信托法》《信托机构管理办法》《信托机构集合资金信托计划管理办法》《信托机构净资本管理办法》

（2）流程。

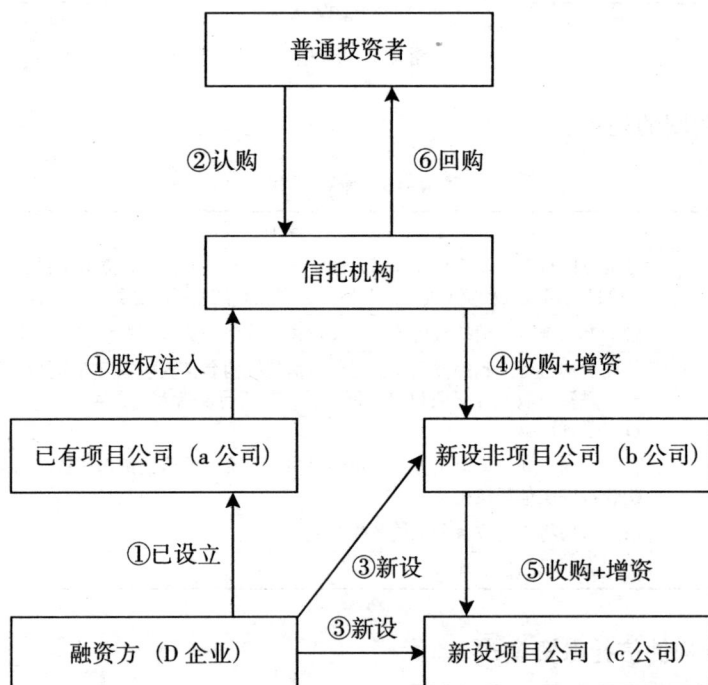

图 4-9　流程

（3）流程图的列示。

表 4–18　流程详解

序号	详细过程
①	融资方 D 企业与银行、信托机构合作，发行集合资金信托计划 3.15 亿元，融资方将已有项目公司（a 公司）股权注入信托计划，享有劣后收益权
②	普通投资者以现金认购信托计划，享有优先收益权
③	融资方新设立一个非项目公司（b 公司）（1500 万元）和项目公司（c 公司）（0.5 亿元）
④	信托机构以信托公司的名义先用 1500 万元收购新设非项目公司（b 公司）股权，再用募集的资金增资 3 亿元
⑤	新设非项目公司（b 公司）先以 1 亿元收购新项目公司（c 公司）100% 股权，再增资 2.5 亿元。新项目公司（c 公司）资本金到位后，向银行申请贷款 7 亿元
⑥	在约定的时间，信托机构溢价赎回普通投资者的优先受益权，普通投资者退出后，融资方成信托计划唯一受益人

2. "债权+股权+优先劣后受益权"模式

案例：E 企业准备开发总投资为 10 亿元的项目。E 企业有 4 亿元自有资金，银行无法贷款，E 企业以 2 亿元资金设立项目公司，2 亿元以股东贷款方式注入项目公司，采用"债权+股权+优先劣后受益权"模式，信托融资 6 亿元。

（1）概念。

表 4–19　相关内容

概念	适用对象	准入条件	相关规定
"债权+股权+优先劣后受益权"模式是指信托公司在发行的集合资金信托计划的受益权上，设置优先劣后的结构性安排，融资方将拟投入项目公司的部分现金先作为股东贷款借给项目公司，后将该股东贷款（债权）注入信托计划，享有劣后收益权，普通投资者以现金认购信托计划，享有优先受益权，信托资金再以股权方式进入项目公司	有融资需求但不符合银行融资资格，资金需求量大的企业	符合国家产业政策，纳入国家行业规划或者地方计划中的项目，发展国民经济急需的产业或者产品项目	一法三规：《信托法》《信托机构管理办法》《信托机构集合资金信托计划管理办法》《信托机构净资本管理办法》

（2）流程。

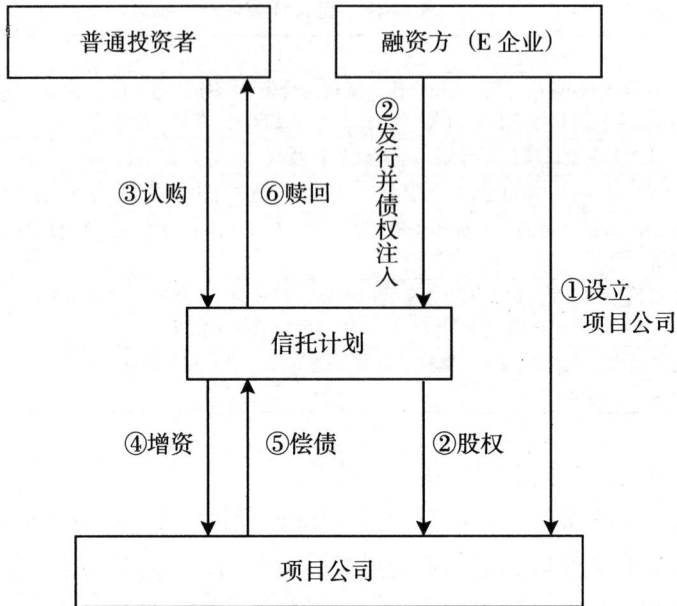

图 4-10　流程

（3）流程图的列示。

表 4-20　流程详解

序号	详细过程
①	融资方 E 企业设立项目公司
②	融资方 E 企业与银行、信托机构合作，发行集合资金信托计划 6 亿元，融资方将其对项目的股东贷款 2 亿元注入信托计划，享有劣后收益权
③	普通投资者 6 亿元现金认购信托计划，享有优先受益权
④	信托计划以信托公司名义将从普通投资者处募集的资金 6 亿元对项目公司增资
⑤	在约定的时间项目公司向信托计划偿还资金
⑥	信托机构按约定的价格溢价赎回普通投资者的优先收益权，普通投资者退出后，融资方成信托计划唯一受益人

（三）单一结构化信托参与股票代持融资模式

1. 单一模式

本融资模式糅合信托、证券、银行等多个金融机构的相应功能，创新性地实现了使用信托账户进行股票代持、市值管理（不是本书重点，故不详述）等功能，完美地弥补了伞形信托、融资融券、约定式购回、股权收益互换等业务的短板，该模式推出以来，备受诸多大型金融机构投资者欢迎。

（1）股票代持融资基本操作简介。

股票代持（与股票约定式回购流程相似）交易是指投资者将特定数量股票等证券按照约定价格卖给信托的劣后方（以下简称投资公司A），并同时按照合同约定在未来某一日期，按照另一约定价格将同等数量标的证券购回，投资者通过回购交易获取资金融通。不过，在这种交易模式下，信托公司的劣后人是替代证券公司，作为客户的接盘方和融资方，代理执行盯市管理的职能，具体的交易流程如图4-11所示。

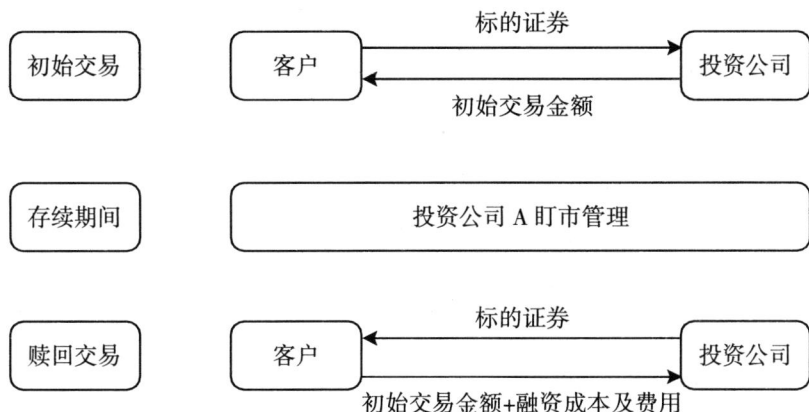

图4-11 股票代持融资

（2）股票代持融资与其他主要股权融资方式比较。

股票代持融资与券商传统融资方式有着诸多的不同，以下是这种创新型股票代持与各类券商融资方式的综合对比。

表 4-21　综合对比

项目	股票质押式回购	约定购回式	融资融券担保融资	股权过户融资	股权质押融资	股票代持
质押股票	所有交易所上市标的,含限售股、董监高股份	流通股	流通股	流通股、解禁限售股	流通股、解禁限售股	流通股
融资期限	0.5 年至 3 年	最长不超过 1 年,期限灵活	不约定期限,随借随还,不超过半年	3~18 个月	0.5 年~3 年	时间长短没有限制
融资比例	20%~60%	最高不超过 80%	约 33%	40%~70%	20%~60%	主板最高可达到 80%,创业板、中小板最高可以达到 75% 左右
所有权转移	质押	过户、转移	过户、转移	过户、转移	质押	过户、转移
融资利率	8%以上	8.69%~9.13%	约 8.6%	一般 8%~10%	8%以上	8.5% ~13%,具体看融资标的以及融资比例
资金来源	公司自有资金,公司资管产品	自有资金	自有资金	信托	自有资金、机构或高端客户资金	信托
融资效率	T+1 日可用	T+2 日可取	上海市场 T+1 日可取,深圳市场 T +2 日可取	T 日可用,T+1 日可取	一般需要 1~2 周	T+1 日可用
账户使用权	无	无	无	无	无	客户可使用账户高抛低吸
综合评述	适用范围最广,控股股东,限售股、董监高均适用,融资效率高,利率和效率有优势,发展空间大	融资比例质押回购高,适用关注利率、不关注股权转移的客户	期限最灵活,但操作较烦琐,适用于需要极短期融资客户	融资比例高,交易方式灵活,交易效率高,适用于对融资比例要求极高的客户	融资模式成熟,市场接受度高,股票使用范围广,资金来源宽	流通股,必须可以大宗交易过户,适用于要求融资比例高、市值管理等类型客户

可以看出,这种创新的信托股权代持融资工具相对其他的融资工具的主要特点是:①必须是流通股可以过户,代持时间没有限制,理论上信托劣后方只需不断设立新的信托产品,客户将旧的信托计划的仓位倒仓到新的信托计划即可;②融资比例比常规融资模式高,最高可达 8 折,成本也比常规融资模式高;③客

户有账户使用权，可以高抛低吸，只要亏损补仓，盈利提取就可以。

（3）单只信托产品参与股票代持融资的流程。

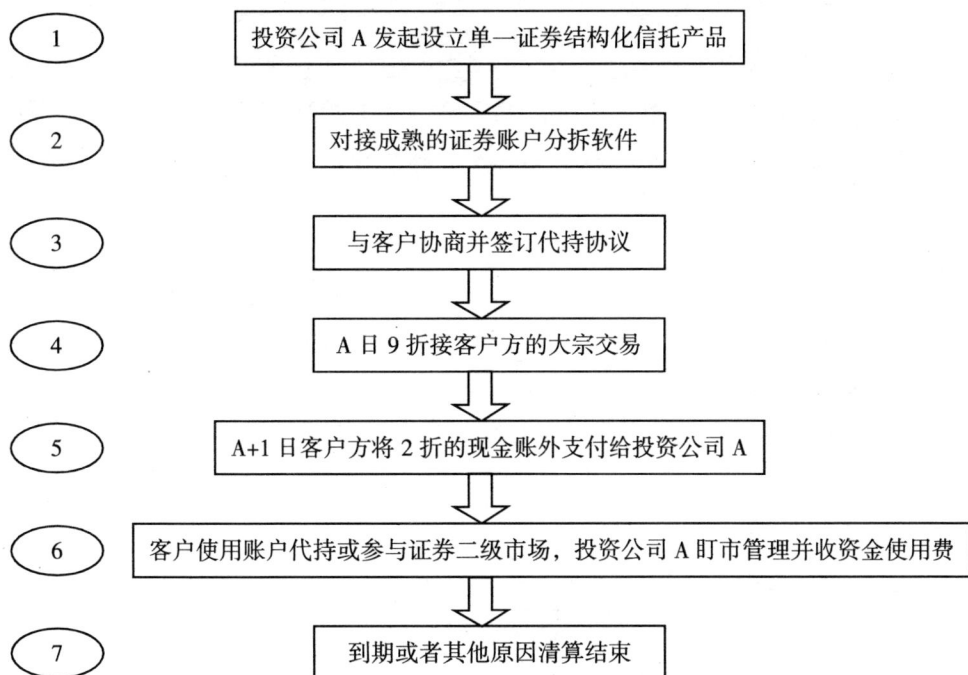

1	投资公司 A 发起设立单一证券结构化信托产品
2	对接成熟的证券账户分拆软件
3	与客户协商并签订代持协议
4	A 日 9 折接客户方的大宗交易
5	A+1 日客户方将 2 折的现金账外支付给投资公司 A
6	客户使用账户代持或参与证券二级市场，投资公司 A 盯市管理并收资金使用费
7	到期或者其他原因清算结束

图 4-12　单只信托产品参与股票代持融资

（4）单只信托产品参与股票代持融资的流程说明。

要说明的是，这种信托账户必须是单一结构化信托账户，或者是特定的伞形信托账户，因为单一结构化信托可以接大宗交易，而多数常规的伞形信托不能参与大宗交易，表 4-22 是该模式的流程简介。

表 4-22　信托劣后方（投资公司 A）开展代持业务的流程简介

①	投资公司 A、信托 B 以及银行 C 三方共同商议交易结构，最终由信托产品的劣后人（投资公司 A）按信托协议打款设立×××信托产品×××号
②	与软件公司签订协议，可将账户任意拆分
③	与有需求的客户签订股票代持协议，假设签订协议约定 7 折代持
④	投资公司 A 在约定时间 9 折接客户的大宗交易，投资公司 A 持有股票，客户获取股票市值 9 折的资金
⑤	次日，客户将 2 折的现金通过账外支付给投资公司 A，客户总体获取股票市值 7 折的资金，该资金使用不受限制

⑥	客户可以使用投资公司 A 名下的子账户进行任意股票的高抛低吸，可以买卖除 ST 之外的任何股票，只需按约定支付相应的费用即可
⑦	到期结算或者遇见其他特殊情况结算，双方签订协议终止合同

实际上，这种创新模式完美地弥补了券商常规业务的某些"短板"，而该模式的核心优势是：在市场整体平稳的情况下，操作方只要不停滚动的操作，就能够用较少的资金撬动巨大的杠杆。结合实际操作和严密测算可以得出以下结论：操作方仅需 2 亿元的资金就可以撬动 100 亿元的杠杆，因为成立新信托产品的劣后资金，都是前面信托产品分拆给投顾用，投顾回流的保证金。

2. 滚动操作模式

本部分将利用图表对这种模式进行简单的剖析，即创新模式滚动操作转动的资本魔方。

（1）创新模式滚动操作转动的资本魔方操作结构。

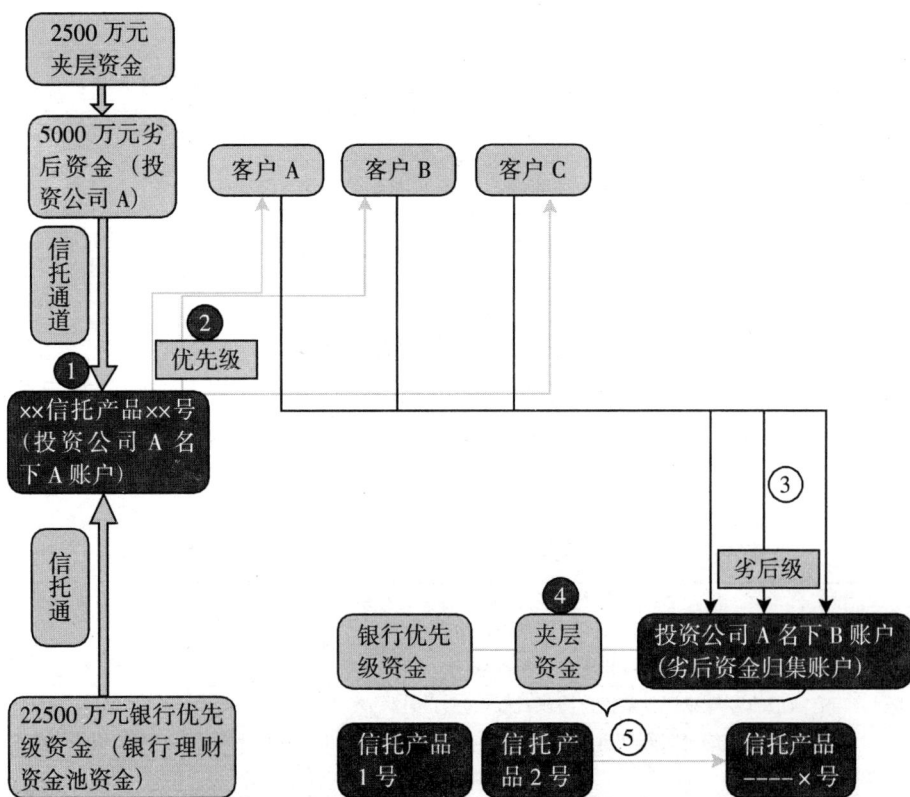

图 4-13　创新模式滚动操作转动的资本魔方操作结构

112

（2）创新模式滚动操作转动的资本魔方操作流程。

以设计一个总规模 3 亿元，杠杆比例为 1∶3 的信托产品为例，通常劣后级资金需要 7500 万元，而银行优先级资金需要 22500 万元，由于操作方加入的夹层资金，最终将该信托计划的实际资金配资结构调整为 2∶1∶9，其中劣后 5000万元，夹层 2500 万元，银行优先级 22500 万元。

表 4-23　创新模式滚动操作转动的资本魔方（流程表）

步骤	内容
①	投资公司 A——5000 万元，夹层资金——2500 万元，形成 7500 万元的劣后，借信托通道，对接 2.25 亿元的银行优先级资金，形成总规模 3 亿元的信托产品
②	将 3 亿元的信托账户拆分成多个有独立的交易账户、密码的子账户，子账户可以用来参与股票代持、市值管理等，而这 3 亿元的信托资金扮演了优先级资金的角色，而客户的本金（或股票）是劣后资金
③	多个需要资金的客户将劣后资金打到投资公司 A 开立的指定账户 B 中，于是，大量的资金归集到账户 B 中
④	投资公司 A 可以再一次对接相应的夹层资金和银行优先级资金，可以再一次发起设立新的结构化信托产品
⑤	由于产品基本是以 2∶1∶9 的结构成立，实际上信托劣后人募集资金的比例是 1∶5，而该资金无论是配置给市值管理机构或者是代持客户的股权，杠杆都是小于 5 倍的，随着规模的积累，信托劣后人不断成立信托产品并借出资金，信托劣后人的自有资金会越来越雄厚。周而复始，信托劣后人不断成立新产品，并不断做大自己的规模，该劣后人下面所有成立信托产品的资金都是客户的资金，信托劣后人关键要做的就是处理好风控的问题。测试以及实际运作显示，成立共计 100 亿元的信托规模，2 亿元的原始劣后资金是够的

在此，笔者要重点强调的几点是：

（1）这种操作模式的信托计划必须是可以参与大宗交易的信托计划，单一结构化信托或者特定条件的伞形信托都可以。

（2）虽然这种操作模式不存在相应的法律风险，但是也不是绝对合规，所以到目前为止，国内只有 10 家左右的信托公司能操作。由于该操作模式下，证券监管部门无法高效的监管市场风险（信托属于银监会监管，证监会无法及时有效的监控到不同信托单元下的持仓风险），所以对该操作模式的操作空间已经在适当收紧。

（3）任何撬动高杠杆的资本运作都是有巨大风险的，这种模式长期维持的根本在于以下三点：①信托产品设立方资本金雄厚，具备突发情况下强大的补仓能力，其中包括对信托的补仓和对单一客户的及时补仓。②良好的风控体系用以防范和规避不可预测的风险，任何风控都无法 100% 规避风险，比如穿仓风险。③良好的客情关系能及时要求操作方补仓。

（四）信托投资基金 FOT 模式

1. 概念

表 4-24　相关内容

概念	准入条件	类似产品	思维变通
FOT 模式是指一般合伙人发起设立有限合伙企业并募集资金，以有限合伙的全部或部分财产对单一信托或由几只信托组成的投资组合进行投资的一种管理形式（是团购信托方式）	认购起点低，绕开信托 300 万元以下自然投资人不超过 50 人规定	信托中的基金	FOT 产品可以通过直接设立信托资产管理计划或者购买相应的信托资产管理计划，借信托之手，按照相应的法律法规进行投资类及融资类交易，如信托贷款、资产或财产权买入附加回购或者附加回购选择权等

2. 流程

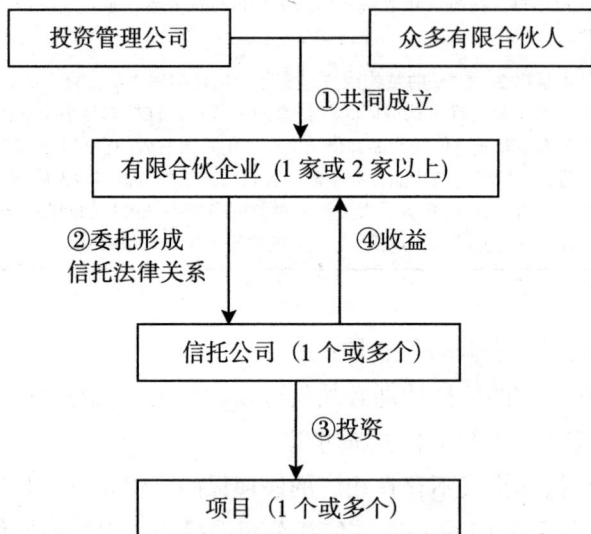

图 4-14　流程

3. 流程图的列示

表 4-25　流程详解

序号	详细过程
①	投资管理公司和有限合伙人共同成立有限合伙企业，形成出资和收益分配及事先合同约定的法律关系
②	有限合伙企业委托信托公司进行投资，形成信托法律关系
③	信托公司投资一个或多个项目，每个项目可分为 A 类、B 类
④	信托公司将投资项目收获的利益分配给有限合伙企业

（五）B 水泥并购信托模式

1. 概念

表 4-26　相关内容

概念	适用对象	类似产品
以"并购融资"为名的信托产品，实质为并购贷款	主要为房地产类客户	还有信托公司局部参与、资金池并购等多种模式

2. 流程

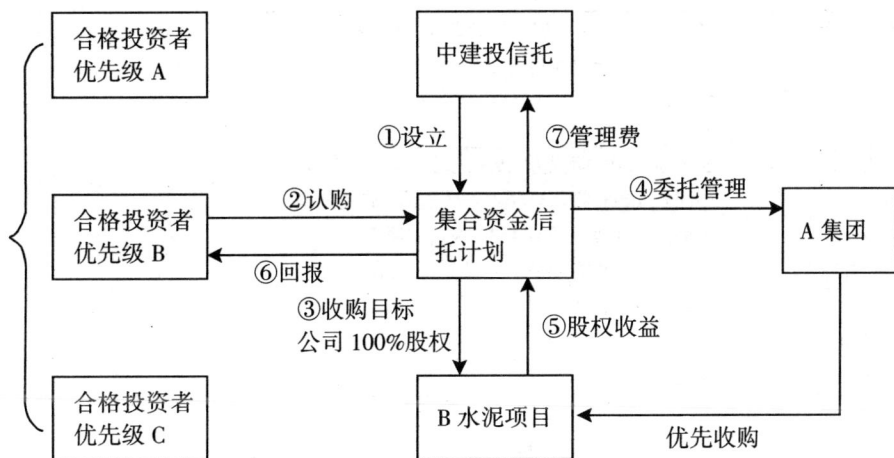

图 4-15　流程

3. 流程图的列示

表 4-27　流程详解

序号	详细过程
①	中建投信托设立集合资金信托计划
②	合格投资者优先级认购信托计划产品
③	利用募集的资金收购 B 水泥项目 100%股权
④	中建投信托委托 A 集团对 B 水泥项目优先收购
⑤	中建投信托取得 B 水泥项目股权收益
⑥	资金信托回报合格投资者
⑦	资金信托缴纳管理费给中建投信托

三、证券子行业类

(一) 第一类：水电气资产 (包括电厂及电网、自来水厂、污水处理厂、燃气公司等社会公共服务机构)

1. 华能澜沧江水电收益专项资产管理计划

(1) 澜电收益产品概况。

表 4-28　概况

项目名称	2006 年 5 月 11 日成立华能澜沧江水电收益专项资产管理计划
原始权益人	云南华能澜沧江水电有限公司
基础资产	华能澜沧江水电有限公司漫湾一期水电厂未来 5 年内特定 38 个月的水电销售收入 24 亿元
募集资金规模	20 亿元，其中优先级 19.8 亿元，次级 2000 万元
担保	中国农业银行提供全额不可撤销的连带责任担保
信用评级	大公国际评级公司给予 3A 级信用评级
计划管理人	招商证券股份有限公司 (以下简称招商证券)
托管人	中国农业银行
预期收益率	见表 4-29
专项计划存续期	见表 4-30

表 4-29　预期收益率

简称	交易代码	类别	期限	到期日	利率品种	利率 (%)	评级
澜电 01	119002	优先级	三年期	2009.5.11	固定利率	3.57	AAA
澜电 02	119003	优先级	四年期	2010.5.11	固定利率	3.77	AAA
澜电 03	119004	优先级	五年期	2011.5.11	浮动利率	基准利率+180bp	AAA
澜电 04	无	次级	五年期	2011.5.11			

注：基准利率为 10 个交易日的 7 天回购加权利率的算术平均值。

表 4–30　专项计划存续期

特定时间	特定金额水电收益（亿元）
专项计划成立之日起第一年第 5~6 月的 2 个月	0.44
专项计划成立之日起第一年第 11~12 月的 2 个月	0.44
专项计划成立之日起第二年第 5~6 月的 2 个月	0.44
专项计划成立之日起第二年第 11~12 月的 2 个月	0.44
专项计划成立之日起第三年第 3~12 月的 10 个月	7.5
专项计划成立之日起第四年第 3~12 月的 10 个月	7.24
专项计划成立之日起第五年第 3~12 月的 10 个月	7.5
合计	24

（2）澜电收益交易结构。

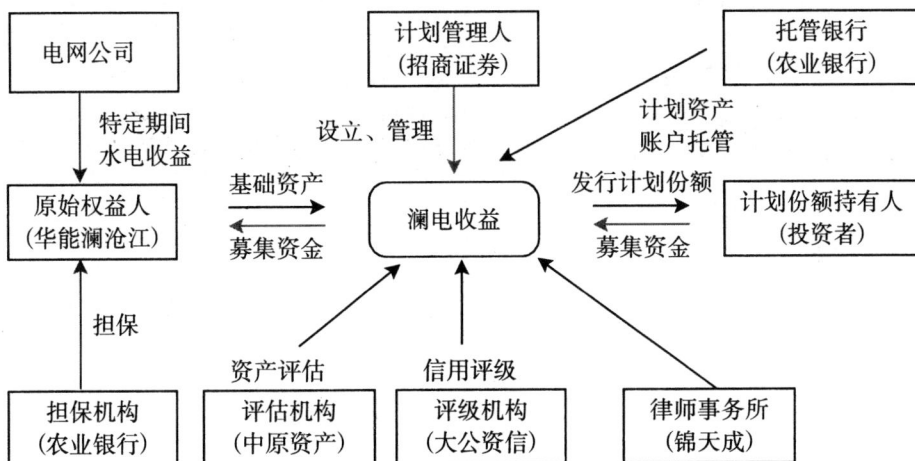

表 4–16　澜电收益交易结构

（3）澜电收益交易结构关系。

表 4-31　关系表

交易结构顺序	交易结构关系人	交易结构关系人职责
专项计划份额购买人与计划管理人即招商证券签订认购协议等相关文件，认购华能澜沧江水电收益专项资产管理计划，将认购资金以专项资产管理方式委托计划管理人管理，当认购资金达到约定的目标发售规模并经验资完毕后，专项计划得以正式成立。专项计划份额购买人即成为专项份额计划持有人	专项计划份额持有人（投资者）	专项计划份额持有人职责： ①具有完全民事行为能力的投资者（法律、法规和有关规定禁止参与者除外），认购资产支持证券时已充分理解专项计划风险，具有足够的风险承受能力 ②认购资产支持证券的行为不违反任何相关法律、法规，且已通过必要的内部审批及授权 ③参与专项计划的资金系参与投资者的自有资金或具有合法处分权的资金，资金来源合法 ④按照合同约定缴纳专项计划的认购资金，并承担相应的费用 ⑤其他法律法规及约定的职责
	计划管理人（招商证券）	专项份额计划管理人职责： ①对相关交易主体和基础资产进行全面的尽职调查 ②在专项计划存续期间，督促可能对专项计划以及该专项计划份额持有人的利益产生重大影响的原始权益人以及为专项计划提供服务的有关机构，履行法律规定或合同约定的义务 ③办理该专项计划发行事宜 ④按照约定及时将募集资金支付给原始权益人 ⑤为资产支持证券投资者的利益管理专项计划资产 ⑥建立相对封闭、独立的基础资产现金流归集机制，切实防范专项计划资产被混同、挪用等风险 ⑦监督、检查特定原始权益人持续经营情况和基础资产现金流状况，出现重大异常情况的，管理人应当采取必要措施，维护专项计划资产安全 ⑧按照约定向资产支持证券投资者分配收益 ⑨履行信息披露义务 ⑩负责专项计划的终止清算 ⑪法律、行政法规和中国证监会规定以及计划说明书约定的其他职责
计划管理人根据与委托人签订的认购协议等，以及与原始权益人签订的资产买卖协议等文件，将专项计划所募集的认购资金用于向原始权益人购买电网公司支付给原始权益人的特定期间水电收益	计划管理人（招商证券）	计划管理人职责：如上所述 （见专项份额计划管理人职责）
	原始权益人（云南华能澜沧江水电有限公司）	原始权益人职责： ①依照法律、行政法规、公司章程和相关协议的规定或者约定移交基础资产 ②配合并支持管理人、托管人以及其他为资产证券化业务提供服务的机构履行职责 ③该专项计划法律文件约定的其他职责

续表

交易结构顺序	交易结构关系人	交易结构关系人职责
计划管理人与托管人即中国农业银行签订相关托管协议，托管人根据计划管理人委托在托管人处开立专项计划账户，托管人负责管理专项计划账户，并执行计划管理人的资金拨付指令	计划管理人（招商证券）	计划管理人职责：如上所述（见专项份额计划管理人职责）
	托管人（中国农业银行）	托管人职责： ①安全保管专项计划资产 ②监督管理人专项计划的运作，发现管理人的管理指令违反计划说明书或者托管协议约定的，应当要求改正；未能改正的，应当拒绝执行并及时报告管理人住所地中国证监会派出机构 ③出具资产托管报告 ④专项计划说明书以及相关法律文件约定的其他事项
外部担保机构中国农业银行对该专项计划所募集资金购买电网公司支付给原始权益人的特定期间水电收益提供担保	担保机构（中国农业银行）	担保机构职责：对该专项计划提供担保，确保该专项计划风险较低
评级机构对该专项计划进行评级及律师事务所、资产评估事务所对基础资产进行尽职调查并出具报告	评级机构（大公资信） 律师事务所（锦天诚） 资产评估机构（中原资产）	评级机构职责：按照现行法律、法规及其他规范性文件、尽职尽责对该专项计划进行评级
计划管理人及托管人按照合同约定，将该专项计划资金购买的电网公司支付给原始权益人的特定期间水电收益所产生的未来现金流，分配给专项份额计划持有人	计划管理人（招商证券）	计划管理人职责：如上所述
	托管人（中国农业银行）	托管人职责：如上所述

由于多个地方需要阐述的要素重复，为节省篇幅，均以如上所述，见"×××"标记。

（4）澜电收益计划特点。

表4-32　特点

特点	内容
①	基础资产特点：漫湾发电厂的发电量及发电销售收入可以精确计量，销售收入的现金流具有可预测性，根据中原资产出具的《水电销售收入评估说明》，漫湾发电厂2006~2011年预计电费收入合计51.57亿元。根据之后的跟踪信用评级报告，实际收益均覆盖了基础资产的应付收益
②	内地首个水电资产证券化项目
③	固定收益和浮动收益相结合，投资者可获得3.57%和3.77%年收益率，高于同期银行存款利率。而发行人的付息成本又低于同期5%的贷款利率，大幅减低了企业财务费用，提高了资产流动性
④	信用增级采用内部外部相结合方式。其中，内部信用增级采用了超额抵押和分层结构。超额抵押：按照基础资产转让合同的约定，华能水将向专项计划转让合计24亿元的水电销售收入，超过优先受益凭证的预期收益和本金，确保每期划转到专项计划中的水电收入都要大于当期应向计划受益凭证分配的金额

2. 南通天电销售资产支持收益专项资产管理计划

（1）南通天电销售资产支持收益专项资产管理计划收益产品概况。

表 4-33　概况

项目名称	南通天电销售资产支持收益专项资产管理计划
原始权益人	南通天生港发电有限公司
基础资产	南通天生港发电有限公司未来 3 年内预期金额的电力销售收益权
募集资金规模	8 亿元
担保	工商银行
信用评级	中诚信给予 3A 级
计划管理人	华泰证券
托管人	工商银行
预期收益率	3.74%
专项计划存续期	2006 年 8 月 4 日至 2009 年 8 月 3 日
支付方式	成立起每 12 个月分配一次本息收益

（2）南通天电收益交易结构。

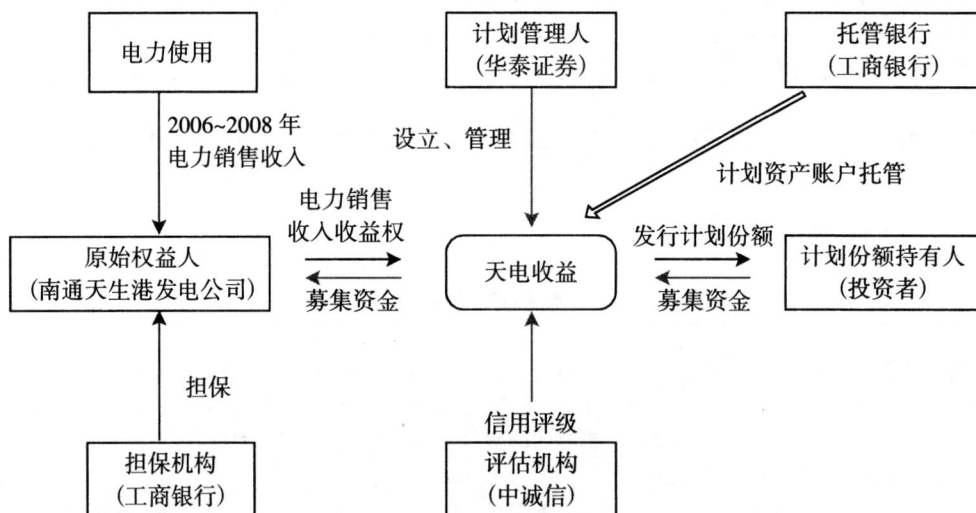

图 4-17　南通天电收益结构

（3）南通天电收益交易结构关系。

表 4-34　关系表

交易结构顺序	交易结构关系人	交易结构关系人职责
专项计划份额购买人与计划管理人即华泰证券签订认购协议等相关文件，认购南通天电销售资产支持证券收益专项资产管理计划，将认购资金以专项资产管理方式委托计划管理人管理，当认购资金达到约定的目标发售规模并经验资完毕后，专项计划得以正式成立。专项计划份额购买人即成为专项份额计划持有人	专项计划份额持有人（投资者）	专项计划份额持有人职责：①具有完全民事行为能力的投资者（法律、法规和有关规定禁止参与者除外），认购资产支持证券时已充分理解专项计划风险，具有足够的风险承受能力；②认购资产支持证券的行为不违反任何相关法律、法规，且已通过必要的内部审批及授权；③参与专项计划的资金系参与投资者的自有资金或具有合法处分权的资金，资金来源合法；④按照合同约定缴纳专项计划的认购资金，并承担相应的费用；⑤其他法律法规及约定的职责
	计划管理人（华泰证券）	专项份额计划管理人职责：①对相关交易主体和基础资产进行全面的尽职调查；②在专项计划存续期间，督促可能对专项计划以及该专项计划份额持有人的利益产生重大影响的原始权益人以及为专项计划提供服务的有关机构，履行法律规定或合同约定的义务；③办理该专项计划发行事宜；④按照约定及时将募集资金支付给原始权益人；⑤为资产支持证券投资者的利益管理专项计划资产；⑥建立相对封闭、独立的基础资产现金流归集机制，切实防范专项计划资产被混同、挪用等风险；⑦监督、检查特定原始权益人持续经营情况和基础资产现金流状况，出现重大异常情况的，管理人应当采取必要措施，维护专项计划资产安全；⑧按照约定向资产支持证券投资者分配收益；⑨履行信息披露义务；⑩负责专项计划的终止清算；⑪法律、行政法规和中国证监会规定以及计划说明书约定的其他职责
计划管理人根据与委托人签订的认购协议等以及与原始权益人签订的资产买卖协议等文件，将专项计划所募集的认购资金用于向原始权益人购买 2006~2008 年电力销售收入收益权	计划管理人（华泰证券）	计划管理人职责：如上所述
	原始权益人（南通天生港发电有限公司）	原始权益人职责：①依照法律、行政法规、公司章程和相关协议的规定或者约定移交基础资产；②配合并支持管理人、托管人以及其他为资产证券化业务提供服务的机构履行职责；③该专项计划法律文件约定的其他职责
计划管理人与托管人即中国工商银行签订相关托管协议，托管人根据计划管理人委托在托管人处开立专项计划账户，托管人负责管理专项计划账户，并执行计划管理人的资金拨付指令	计划管理人（华泰证券）	计划管理人职责：如上所述
	托管人（中国工商银行）	托管人职责：①安全保管专项计划资产；②监督管理人专项计划的运作，发现管理人的管理指令违反计划说明书或者托管协议约定的，应当要求改正；未能改正的，应当拒绝执行并及时报告管理人住所地中国证监会派出机构；③出具资产托管报告；④专项计划说明书以及相关法律文件约定的其他事项

交易结构顺序	交易结构关系人	交易结构关系人职责
外部担保机构中国工商银行对该专项计划所募集资金购买 2006~2008 年电力销售收入收益权提供担保	担保机构（中国工商银行）	担保机构职责：对该专项计划提供担保，确保该专项计划风险较低
评级机构对该专项计划进行评级	评级机构（中诚信）	评级机构职责：按照现行法律、法规及其他规范性文件、尽职尽责对该专项计划进行评级
计划管理人及托管人按照合同约定，将该专项计划资金购买的 2006~2008 年电力销售收入收益权所产生的未来现金流，分配给专项份额计划持有人	计划管理人（华泰证券）	计划管理人职责：如上所述
	托管人（中国工商银行）	托管人职责：如上所述

（4）南通天电收益计划特点。

表 4-35　特点

特点	内容
①	基础资产为电力资产，现金流回报稳定
②	预期收益率高于同期国债 3.2% 和银行 3 年储蓄利率 3.24%
③	一定程度解决了火电企业因为电煤价格提升，售电价格受限，财务成本上涨等综合因素导致的困局
④	内部增级使用了超额抵押的方式。未来收益预计 8.8 亿元，仅出售了 8 亿元。8.8 亿元超过 8 亿元实质是对计划的超额抵押

3. 南京城建污水处理收费资产收益专项资产管理计划

（1）南京城建收益产品概况。

表 4-36　概况

产品全称	南京城建污水处理收费资产支持收益凭证			
产品简称	宁建 01	宁建 02	宁建 03	宁建 04
产品代码	119006	119007	119008	119009
基础资产	南京市城市建设投资控股（集团）有限责任公司所拥有的自专项计划成立之次日起 4 年内合计为人民币 8 亿元的污水处理收费收益权			
成立日	2006 年 7 月 13 日	2006 年 7 月 13 日	2006 年 7 月 13 日	2006 年 7 月 13 日
到期日	2007 年 7 月 13 日	2008 年 7 月 13 日	2009 年 7 月 13 日	2010 年 7 月 13 日
产品期限	12 个月	24 个月	36 个月	48 个月
产品规模	1.21 亿元	1.3 亿元	2.3 亿元	2.4 亿元

续表

预期收益率	2.8%~2.9%	3.2%~3.3%	3.5%~3.6%	3.8%~3.9%
支付方式	到期还本付息	每年付息1次,到期还本	每年付息1次,到期还本	每年付息1次,到期还本
担保安排	上海浦东发展银行为专项计划专项账户在专项计划存续期内,每12个月期间内的指定日期之前,收到预定金额的款项,提供无条件的不可撤销的担保			
管理人	东海证券有限责任公司			
托管人	上海浦东发展银行			

（2）南京城建收益交易结构。

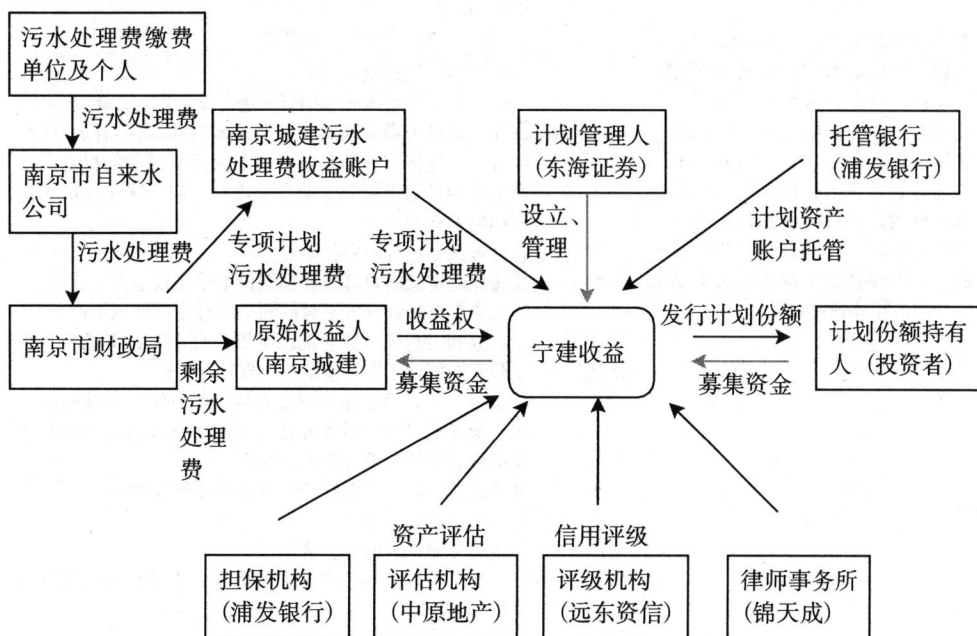

图4-18 南京城建收益交易结构

（3）南京城建收益交易结构关系。

表4-37 关系表

交易结构 顺序	交易结构 关系人	交易结构 关系人职责
专项计划份额购买人与计划管理人即东海证券签订认购协议等相关文件，认购南京城建污水处理收费资产支付收益凭证专项计划，将认购资金以专项资产管理方式委托计划管理人管理，当认购资金达到约定的目标发售规模并经验资完毕后，专项计划得以正式成立。专项计划份额购买人即成为专项份额计划持有人	专项计划份额持有人（投资者）	专项计划份额持有人职责： ①具有完全民事行为能力的投资者（法律、法规和有关规定禁止参与者除外），认购资产支持证券时已充分理解专项计划风险，具有足够的风险承受能力 ②认购资产支持证券的行为不违反任何相关法律、法规，且已通过必要的内部审批及授权 ③参与专项计划的资金系参与投资者的自有资金或具有合法处分权的资金，资金来源合法 ④按照合同约定缴纳专项计划的认购资金，并承担相应的费用 ⑤其他法律法规及约定的职责
	计划管理人（东海证券）	专项份额计划管理人职责： ①对相关交易主体和基础资产进行全面的尽职调查 ②在专项计划存续期间，督促可能对专项计划以及该专项计划份额持有人的利益产生重大影响的原始权益人以及为专项计划提供服务的有关机构，履行法律规定或合同约定的义务 ③办理该专项计划发行事宜 ④按照约定及时将募集资金支付给原始权益人 ⑤为资产支持证券投资者的利益管理专项计划资产 ⑥建立相对封闭、独立的基础资产现金流归集机制，切实防范专项计划资产被混同、挪用等风险 ⑦监督、检查特定原始权益人持续经营情况和基础资产现金流状况，出现重大异常情况的，管理人应当采取必要措施，维护专项计划资产安全 ⑧按照约定向资产支持证券投资者分配收益 ⑨履行信息披露义务 ⑩负责专项计划的终止清算 ⑪法律、行政法规和中国证监会规定以及计划说明书约定的其他职责
计划管理人根据与委托人签订的认购协议等，以及与原始权益人签订的资产买卖协议等文件，将专项计划所募集的认购资金，用于向原始权益人购买南京城市建设投资控股（集团）有限责任公司所拥有的专项计划，自成立之次日起4年内合计为人民币8亿元的污水处理收费收益权	计划管理人（东海证券）	计划管理人职责：如上所述
	原始权益人（南京城建）	原始权益人职责： ①依照法律、行政法规、公司章程和相关协议的规定或者约定移交基础资产 ②配合并支持管理人、托管人以及其他为资产证券化业务提供服务的机构履行职责 ③该专项计划法律文件约定的其他职责

交易结构 顺序	交易结构 关系人	交易结构 关系人职责
计划管理人与托管人即浦发银行签订相关托管协议。托管人根据计划管理人委托在托管人处开立专项计划账户，托管人负责管理专项计划账户，并执行计划管理人的资金拨付指令	计划管理人 （东海证券）	计划管理人职责：如上所述
	托管人 （浦发银行）	托管人职责：①安全保管专项计划资产；②监督管理人专项计划的运作，发现管理人的管理指令违反计划说明书或者托管协议约定的，应当要求改正；未能改正的，应当拒绝执行并及时报告管理人住所地中国证监会派出机构；③出具资产托管报告；④专项计划说明书以及相关法律文件约定的其他事项
外部担保机构浦发银行对该专项计划所募集资金，购买南京城市建设投资控股（集团）有限责任公司所拥有的，自专项计划成立之次日起4年内，合计为人民币8亿元的污水处理收费收益权提供担保	担保机构 （浦发银行）	担保机构职责：对该专项计划提供担保，确保该专项计划风险较低
评级机构对该专项计划进行评级，律师事务所、资产评估事务所对基础资产进行尽职调查并出具报告	评级机构 （远东资信）	评级机构职责：按照现行法律、法规及其他规范性文件、尽职尽责对该专项计划进行评级
	律师事务所 （锦天诚） 资产评估机构 （中原资产）	律师事务所、资产评估机构按照现行法律、法规及其他规范性文件、尽职尽责对该专项计划及其所购买的基础资产进行尽职调查并出具报告
计划管理人及托管人按照合同约定，将该专项计划资金购买的2006~2008年电力销售收入收益权所产生的未来现金流，分配给专项份额计划持有人	计划管理人 （东海证券）	计划管理人职责：如上所述
	托管人 （浦发银行）	托管人职责：如上所述

（4）南京城建收益计划特点。

表4-38　收益计划特点

特点	内容
①	是首个对市政基础设施收费收益权进行资产证券化的产品，为各城市市政基础设施建设融资开创先例
②	只采用了传统外部信用增级方式，浦发银行为专项账户在计划存续期内，指定日期前收到预定金额的款项，提供无条件不可撤销保证担保
③	特色是南京市财政承诺，按时将污水处理收费划入南京城建的污水处理费收益账户，直接划付，降低了多层级账户划拨引起的账款不能直接到账风险
④	通过资产证券化，降低融资成本，大约降低2个百分点

（二）第二类：路桥收费和公共基础设施（包括高速公路、铁路机场、港口、大型公交公司等）

莞深高速公路收费权专项资产管理计划。

（1）莞深收益产品概况。

表 4-39　概况

莞深高速公路收费收益权专项资产管理计划	
项目	计划内容
计划管理人	广发证券
基础资产	东莞控股所有的莞深高速（一期、二期）公路收费权中自专项计划成立之次日起18个月合计为6亿元的收益权
募集规模	5.8亿元
预期收益率	预期年收益率为3.0%~3.5%
信用增级	中国工商银行提供不可撤销的连带责任担保
信用评级	经大公国际评定，本收益计划信用级别为3A级
产品期限	自2005年12月27日（计划设立日）开始计算投资收益，2007年6月27日到期
本利支付	专项计划每6个月向专项计划份额持有人支付当期专项计划分配资金

（2）莞深收益交易结构。

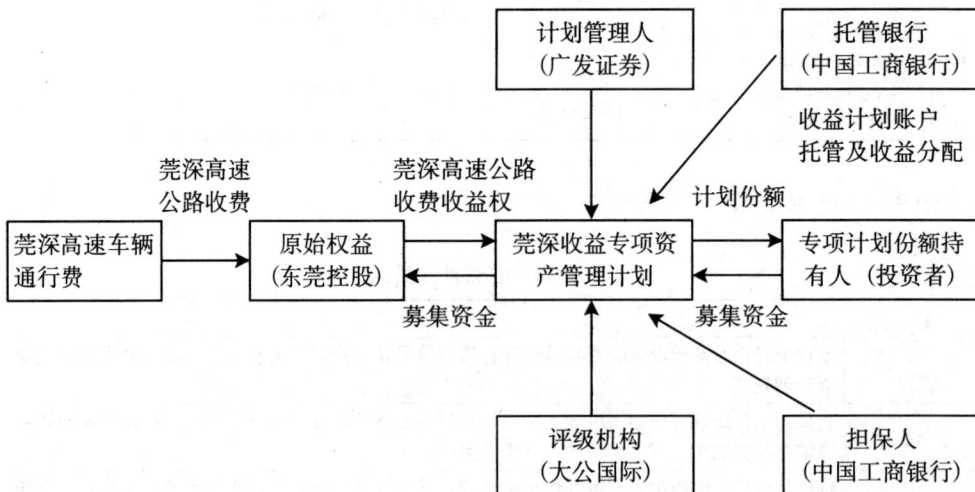

图 4-19　莞深收益交易结构

（3）莞深收益交易结构关系。

表 4-40　关系表

交易结构顺序	交易结构关系人	交易结构关系人职责
专项计划份额购买人与计划管理人即广发证券签订认购协议等相关文件。认购莞深收益专项资产管理计划，将认购资金以专项资产管理方式委托计划管理人管理，当认购资金达到约定的目标发售规模并经验资完毕后，专项计划得以正式成立。专项计划份额购买人即成为专项份额计划持有人	专项计划份额持有人（投资者）	专项计划份额持有人职责：①具有完全民事行为能力的投资者（法律、法规和有关规定禁止参与者除外），认购资产支持证券时已充分理解专项计划风险，具有足够的风险承受能力；②认购资产支持证券的行为不违反任何相关法律、法规，且已通过必要的内部审批及授权；③参与专项计划的资金系参与投资者的自有资金或具有合法处分权的资金，资金来源合法；④按照合同约定缴纳专项计划的认购资金，并承担相应的费用；⑤其他法律法规及约定的职责
	计划管理人（广发证券）	专项份额计划管理人职责：①对相关交易主体和基础资产进行全面的尽职调查；②在专项计划存续期间，督促可能对专项计划以及该专项计划份额持有人的利益产生重大影响的原始权益人以及为专项计划提供服务的有关机构，履行法律规定或合同约定的义务；③办理该专项计划发行事宜；④按照约定及时将募集资金支付给原始权益人；⑤为资产支持证券投资者的利益管理专项计划资产；⑥建立相对封闭、独立的基础资产现金流归集机制，切实防范专项计划资产被混同、挪用等风险；⑦监督、检查特定原始权益人持续经营情况和基础资产现金流状况，出现重大异常情况的，管理人应当采取必要措施，维护专项计划资产安全；⑧按照约定向资产支持证券投资者分配收益；⑨履行信息披露义务；⑩负责专项计划的终止清算；⑪法律、行政法规和中国证监会规定以及计划说明书约定的其他职责
计划管理人即广发证券根据与委托人签订的认购协议等，以及与原始权益人签订的资产买卖协议等文件，将专项计划所募集的认购资金用于向原始权益人购买莞深高速公路收费收益权	计划管理人（广发证券）	计划管理人职责：如上所述
	原始权益人（东莞控股）	原始权益人职责：①依照法律、行政法规、公司章程和相关协议的规定或者约定移交基础资产；②配合并支持管理人、托管人以及其他为资产证券化业务提供服务的机构履行职责；③该专项计划法律文件约定的其他职责
计划管理人与托管人即中国工商银行签订相关托管协议，托管人根据计划管理人委托，在托管人处开立专项计划账户，托管人负责管理专项计划账户，并执行计划管理人的资金拨付指令	计划管理人（广发证券）	计划管理人职责：如上所述
	托管人（中国工商银行）	托管人职责：①安全保管专项计划资产；②监督管理人专项计划的运作，发现管理人的管理指令违反计划说明书或者托管协议约定的，应当要求改正；未能改正的，应当拒绝执行并及时报告管理人住所地中国证监会派出机构；③出具资产托管报告；④专项计划说明书以及相关法律文件约定的其他事项
外部担保机构中国工商银行为该专项计划提供担保	担保机构（中国工商银行）	担保机构职责：对该专项计划提供担保，确保该专项计划风险较低

交易结构 顺序	交易结构 关系人	交易结构 关系人职责
评级机构对该专项计划进行评级	评级机构 （大公国际）	评级机构职责：按照现行法律、法规及其他规范性文件、尽职尽责对该专项计划进行评级
计划管理人及托管人按照合同约定，将该专项计划资金购买的莞深高速公路收费收益权所产生的未来现金流，分配给专项份额计划持有人	计划管理人 （广发证券）	计划管理人职责：如上所述
	托管人（中国工商银行）	托管人职责：如上所述

（4）莞深收益计划特点。

表 4-41　特点

①	深交所首个挂牌的 ABS 产品
②	基础资产为通行费收益权，具有现金流每日流入的特点。通行费通过清算银行收取
③	通过外部金融机构担保来信用增级，没有内部的结构化设计
④	分配前募集资金投资于货币基金，收益率 3.56%超过了预计
⑤	当时允许向个人合格投资者开放认购的 ABS，据统计，存续期累计完成交易 52 笔，涉及个人投资者成交的 44 笔

（三）第三类：市政工程特别是正在回款期的 BT 项目（主要是指由开发商垫资建设市政项目，建成后移交政府，政府分期回款给开发商，开发商以对政府的应收回款做基础资产，按现行政策，此类已有政策变化，可作思路留成，以 PPP 模式替代）

1. 吴中集团 BT 项目回购款专项资产管理计划

（1）吴中收益产品概况。

表 4-42　概况

项目名称	江苏吴中集团 BT 项目回购款专项资产管理计划
原始权益人	吴中集团相关子公司
基础资产	吴中区越溪行政副中心、太仓 339 省道复线工程、苏州中学园区、木渎中学新校区、东方大道 5 项工程的支付回购款
募集资金规模	16.58 亿元
担保机构	中信银行
信用评级	大公国际给予 3A 评级
计划管理人	中信证券
托管人	中信银行
预期收益率	见表 4-43
专项计划存续期	约 5.34 年
支付方式	见表 4-43

表 4-43 预期收益及支付方式

产品序列	期限	预期收益率	发行规模（亿元）	面值（元）	还本付息方式
优先级产品概况					
1	0.34 年	3.20%	3.47	100	到期一次还本付息
2	1.34 年	3.70%	3.3	100	每年付息，最后一期还本
3	2.34 年	3.95%	3.19	100	每年付息，最后一期还本
4	3.34 年	4.15%	2.79	100	每年付息，最后一期还本
5	4.34 年	4.25%	1.77	100	每年付息，最后一期还本
6	5.34 年	4.30%	1.36	100	每年付息，最后一期还本
次级产品概况					
	5.34 年	无	0.7	100	每年分配到期剩余资金

（2）吴中收益交易结构。

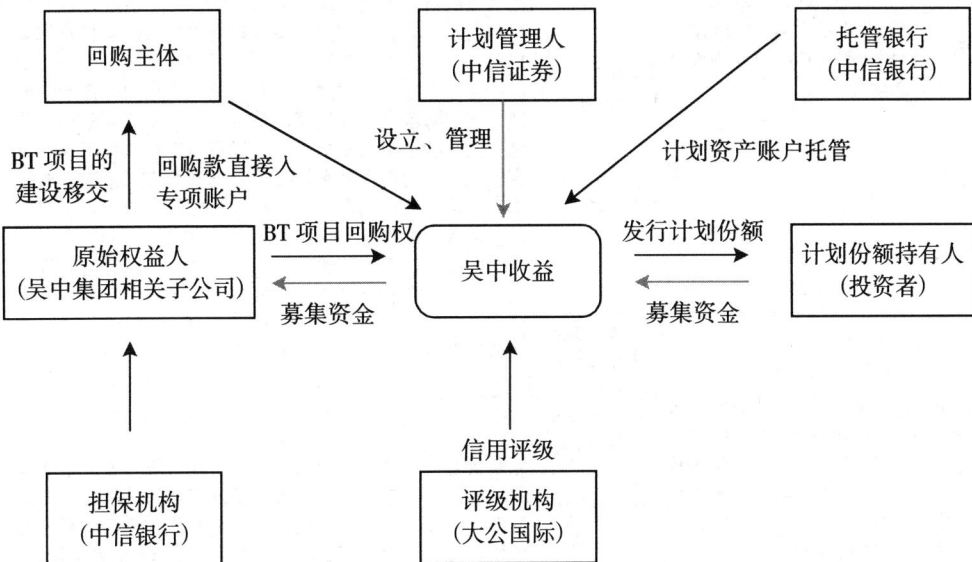

图 4-20 吴中收益交易结构

（3）吴中收益交易结构关系。

表 4-44　关系表

交易结构顺序	交易结构关系人	交易结构关系人职责
专项计划份额购买人与计划管理人即中信证券签订认购协议等相关文件，认购江苏吴中 BT 项目回购款专项资产管理计划。将认购资金以专项资产管理方式委托计划管理人管理，当认购资金达到约定的目标发售规模并经验资完毕后，专项计划得以正式成立。专项计划份额购买人即成为专项份额计划持有人	专项计划份额持有人（投资者）	专项计划份额持有人职责：①具有完全民事行为能力的投资者（法律、法规和有关规定禁止参与者除外），认购资产支持证券时已充分理解专项计划风险，具有足够的风险承受能力；②认购资产支持证券的行为不违反任何相关法律、法规，且已通过必要的内部审批及授权；③参与专项计划的资金系参与投资者的自有资金或具有合法处分权的资金，资金来源合法；④按照合同约定缴纳专项计划的认购资金，并承担相应的费用；⑤其他法律法规及约定的职责
	计划管理人（中信证券）	专项份额计划管理人职责：①对相关交易主体和基础资产进行全面的尽职调查；②在专项计划存续期间，督促可能对专项计划以及该专项计划份额持有人的利益产生重大影响的原始权益人以及为专项计划提供服务的有关机构，履行法律规定或合同约定的义务；③办理该专项计划发行事宜；④按照约定及时将募集资金支付给原始权益人；⑤为资产支持证券投资者的利益管理专项计划资产；⑥建立相对封闭、独立的基础资产现金流归集机制，切实防范专项计划资产被混同、挪用等风险；⑦监督、检查特定原始权益人持续经营情况和基础资产现金流状况，出现重大异常情况的，管理人应当采取必要措施，维护专项计划资产安全；⑧按照约定向资产支持证券投资者分配收益；⑨履行信息披露义务；⑩负责专项计划的终止清算；⑪法律、行政法规和中国证监会规定以及计划说明书约定的其他职责
计划管理人即中信证券根据与委托人签订的认购协议等，以及与原始权益人签订的资产买卖协议等文件，将专项计划所募集的认购资金用于向原始权益人购买江苏吴中 BT 项目回购款	计划管理人（中信证券）	计划管理人职责：如上所述
	原始权益人（苏州市教育投资有限公司、江苏吴中教育投资有限公司、苏州中元建设开发有限公司）	原始权益人职责：①依照法律、行政法规、公司章程和相关协议的规定或者约定移交基础资产；②配合并支持管理人、托管人以及其他为资产证券化业务提供服务的机构履行职责；③该专项计划法律文件约定的其他职责
计划管理人与托管人即中信银行签订相关托管协议，托管人根据计划管理人委托，在托管人处开立专项计划账户，托管人负责管理专项计划账户，并执行计划管理人的资金拨付指令	计划管理人（中信证券）	计划管理人职责：如上所述
	托管人（中信银行）	托管人职责：①安全保管专项计划资产；②监督管理人专项计划的运作，发现管理人的管理指令违反计划说明书或者托管协议约定的，应当要求改正；未能改正的，应当拒绝执行并及时报告管理人住所地中国证监会派出机构；③出具资产托管报告；④专项计划说明书以及相关法律文件约定的其他事项

续表

交易结构顺序	交易结构关系人	交易结构关系人职责
外部担保机构中信银行为该专项计划所募集资金购买江苏吴中BT项目回购款提供担保	担保机构（中信银行）	担保机构职责：对该专项计划提供担保，确保该专项计划风险较低
评级机构对该专项计划进行评级	评级机构（大公国际）	评级机构职责：按照现行法律、法规及其他规范性文件、尽职尽责对该专项计划进行评级
计划管理人及托管人按照合同约定，将该专项计划资金购买的江苏吴中BT项目回购款，分配给专项份额计划持有人	计划管理人（中信证券）	计划管理人职责：如上所述
	托管人（中信银行）	托管人职责：如上所述

表 4-45　回购情况

原始权益人	回购协议	项目名称	回购期限	BT项目回购主体
中元建设	《太仓市 339 省道复线昆太段工程投资建设合同书》及相关补充协议	太仓市 339 省道复线昆太线	3 年	太仓市交通局
中元建设	吴中区东方大道建设—转让 BT 合作协议书及相关补充协议	东方大道	6 年	吴中区政府
吴教投	吴中区木渎中学新校建设—转让 BT 合作协议书及相关补充协议	木渎中学新校	6 年	吴中区政府
吴教投	吴中经济开发区越溪行政副中心核心区建设—转让 BT 合作协议书及相关补充协议	越溪行政副中心核心区	5 年	吴中经济开发区管委会
苏教投	苏州中学园区校舍建设—转移 BT 合作协议书及相关补充协议	苏州中学园内校舍	5 年	苏州市教育局

（4）吴中收益计划特点。

表 4-46　特点

特点	内容
①	"吴中受益"为国内民营基础设施类资产证券化第一单以及江苏苏州市资产证券化第一单，被称为"国内首只实现基础资产真实销售"的产品
②	第一次采用询价方式发行的资产证券化产品
③	划款路径进行了创新，未来收益由回购主体财政账户直接划拨入专项计划账户。相比之前的 BT 项目原始权益人会作为划款路径中的过渡性载体存在，对持有人造成一定风险
④	首次将资产证券化引入道路建设和教育产业中

2. 浦东建设 BT 项目资产支持收益专项资产管理计划

（1）浦建收益产品概况。

表 4-47　概况

项目名称	浦东建设 BT 项目资产支持收益专项资产管理计划
原始权益人	浦东建设（2004.3 上交所上市，600284）
基础资产	企业投资建设 BT 项目回购款债权未来可预期现金流
募集资金规模	4.25 亿元，其中优先 4.1 亿元，次级 1500 万元
担保机构	浦发银行
信用评级	大公国际给予 3A 级
计划管理人	国泰君安
托管人	浦发银行
预期收益率	优先级 4%
专项计划存续期	4 年，成立次日算起

表 4-48　预期收益

类别	规模（亿元）	预期期限	支付方式	预期收益	评级
优先级受益凭证	4.1	4 年	每年还本付息一次	4%	3A
次级受益凭证	0.15	4 年	每四年偿还	无	不做评级

（2）浦建收益交易结构。

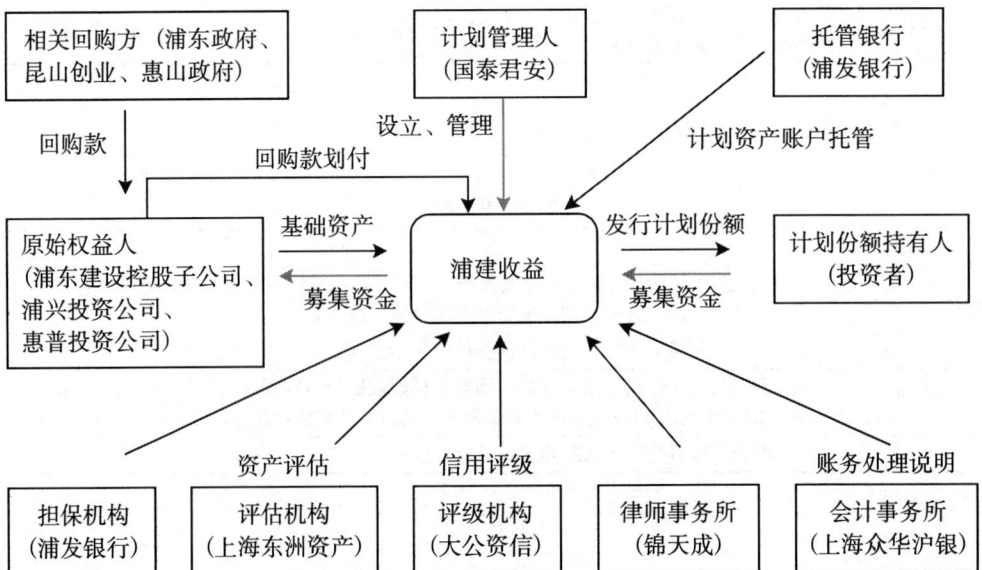

图 4-21　浦建交易结构

（3）浦建收益交易结构关系。

表4-49　关系表

交易结构顺序	交易结构关系人	交易结构关系人职责
专项计划份额购买人与计划管理人即国泰君安证券股份有限公司签订认购协议等相关文件，认购浦东建设BT项目资产支持收益专项资产管理计划，将认购资金以专项资产管理方式委托计划管理人管理，当认购资金达到约定的目标发售规模并经验资完毕后，专项计划得以正式成立。专项计划份额购买人即成为专项份额计划持有人	专项计划份额持有人（投资人）	专项计划份额持有人职责：①具有完全民事行为能力的投资者（法律、法规和有关规定禁止参与者除外），认购资产支持证券时已充分理解专项计划风险，具有足够的风险承受能力；②认购资产支持证券的行为不违反任何相关法律、法规，且已通过必要的内部审批及授权；③参与专项计划的资金系参与投资者的自有资金或具有合法处分权的资金，资金来源合法；④按照合同约定缴纳专项计划的认购资金，并承担相应的费用；⑤其他法律法规及约定的职责
	计划管理人（国泰君安证券）	专项份额计划管理人职责：①对相关交易主体和基础资产进行全面的尽职调查；②在专项计划存续期间，督促可能对专项计划以及该专项计划份额持有人的利益产生重大影响的原始权益人以及为专项计划提供服务的有关机构，履行法律规定或合同约定的义务；③办理该专项计划发行事宜；④按照约定及时将募集资金支付给原始权益人；⑤为资产支持证券投资者的利益管理专项计划资产；⑥建立相对封闭、独立的基础资产现金流归集机制，切实防范专项计划资产被混同、挪用等风险；⑦监督、检查特定原始权益人持续经营情况和基础资产现金流状况，出现重大异常情况的，管理人应当采取必要措施，维护专项计划资产安全；⑧按照约定向资产支持证券投资者分配收益；⑨履行信息披露义务；⑩负责专项计划的终止清算；⑪法律、行政法规和中国证监会规定以及计划说明书约定的其他职责
计划管理人根据与委托人签订的认购协议等，以及与原始权益人签订的资产买卖协议等文件，将专项计划所募集的认购资金，用于向原始权益人购买浦东建设BT项目回购款债权未来可预期现金流	计划管理人（国泰君安证券）	计划管理人职责：如上所述
	原始权益人（浦东建设控股子公司）	原始权益人职责：①依照法律、行政法规、公司章程和相关协议的规定或者约定移交基础资产；②配合并支持管理人、托管人以及其他为资产证券化业务提供服务的机构履行职责；③该专项计划法律文件约定的其他职责
计划管理人与托管人即浦发银行签订相关托管协议。托管人根据计划管理人委托，在托管人处开立专项计划账户，托管人负责管理专项计划账户，并执行计划管理人的资金拨付指令	计划管理人（国泰君安证券）	计划管理人职责：如上所述
	托管人（浦发银行）	托管人职责：①安全保管专项计划资产；②监督管理人专项计划的运作，发现管理人的管理指令违反计划说明书或者托管协议约定的，应当要求改正；未能改正的，应当拒绝执行并及时报告管理人住所地中国证监会派出机构；③出具资产托管报告；④专项计划说明书以及相关法律文件约定的其他事项

交易结构 顺序	交易结构 关系人	交易结构 关系人职责
外部担保机构浦发银行对该专项计划所募集资金，购买浦东建设 BT 项目回购款债权未来可预期现金流提供担保	担保机构 （浦发银行）	担保机构职责：对该专项计划提供担保，确保该专项计划风险较低
评级机构对该专项计划进行评级，律师事务所、会计师事务所、资产评估事务所对基础资产进行尽职调查并出具报告	评级机构（大公资信）律师事务所（上海锦天诚）会计师事务所（上海众华沪银）资产评估师事务所（上海东洲）	评级机构职责：按照现行法律、法规及其他规范性文件、尽职尽责对该专项计划进行评级 律师事务所、会计师事务所、资产评估事务所：按照现行法律、法规及其他规范性文件、尽职尽责对基础资产进行尽职调查并出具报告
计划管理人及托管人按照合同约定，将该专项计划资金购买的浦东建设 BT 项目回购款债权，未来可预期现金流分配给专项份额计划持有人	计划管理人（国泰君安证券）	计划管理人职责：如上所述
	托管人（浦发银行）	托管人职责：如上所述

（4）浦建收益计划特点。

表 4-50　特点

特点	内容
①	国内首只以市政基础设施项目作为标的的 ABS 产品
②	首只面向基金公司成功发售的产品
③	变现了预期收益，缩短了获利周期
④	降低融资成本。综合成本不到 5%，低于同期贷款利率，降低融资成本。还可以用来偿还短期借款，改善融资结构，减少财务费用
⑤	缓减现金流压力。缩短项目公司的资金回笼时间，加快 BT 项目的滚动运行，改善项目公司的资金链

（四）第四类：商业、物业的租赁

中国联通 CDMA 网络租赁费收益计划。

（1）联通收益计划产品概况。

表 4-51　概况

名称	联通收益 01	联通收益 02	联通收益 03	联通收益 04	联通收益 05
原始权益人	联通新时空公司				
基础资产	2005 年 10 月 1 日至 2005 年 12 月 31 日的 CDMA 网络租赁费中不超过预期支付的相应收益权	2006 年 4 月 1 日至 2006 年 6 月 30 日的 CDMA 网络租赁费中不超过预期支付的相应收益权	2006 年第 1 季度联通运营实体向联通新时空支付的 CDMA 网络租赁费中不超过预期支付额的相应收益权	2006 年第 3 季度联通运营实体向联通新时空支付的 CDMA 网络租赁费中不超过预期支付额的相应收益权	2006 年第 4 季度联通运营实体向联通新时空支付的 CDMA 网络租赁费中不超过预期支付额的相应收益权
计划管理人	中金公司				
发行额	16 亿元	16 亿元	21 亿元	21 亿元	21 亿元
债权期限	175 天	354 天	122 天	301 天	421 天
起息日期	2005.8.26	2005.8.26	2006.1.20	2006.1.17	2005.12.20
到期日期	2006.2.16	2006.8.14	2006.5.22	2006.11.14	2007.2.14
预期收益率	2.55%	2.80%	2.55%	3.00%	3.10%
计划份额面值	每份收益计划份额的面值为 100 元				
偿付方式	到期一次性支付预期支付额				
担保机构	工商银行				
信用级别	中诚信国际信用评级有限公司给予 3A				
交易市场	上海证券交易所				

（2）联通收益计划交易结构。

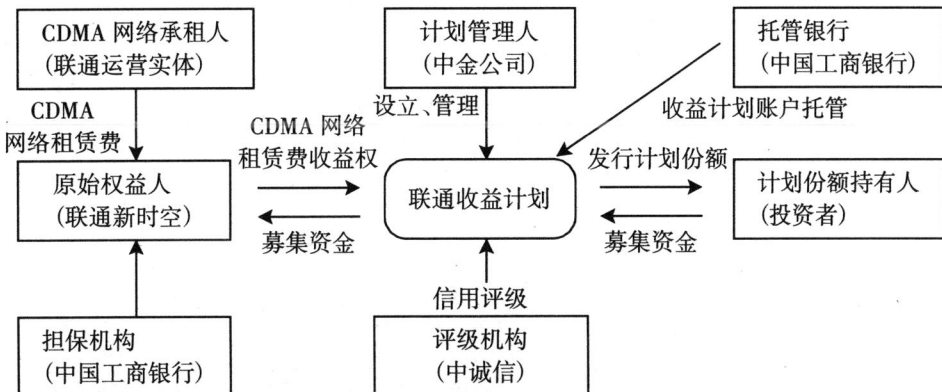

图 4-22　联通收益计划交易结构

(3) 联通收益计划交易结构关系。

表 4–52　关系表

交易结构顺序	交易结构关系人	交易结构关系人职责
专项计划份额购买人与计划管理人即中国国际金融有限公司签订认购协议等相关文件，认购中国联通 CDMA 网络租赁费收益计划，将认购资金以专项资产管理方式委托计划管理人管理，当认购资金达到约定的目标发售规模并经验资完毕后，专项计划得以正式成立。专项计划份额购买人即成为专项份额计划持有人	专项计划份额持有人（投资者）	专项计划份额持有人职责：①具有完全民事行为能力的投资者（法律、法规和有关规定禁止参与者除外），认购资产支持证券时已充分理解专项计划风险，具有足够的风险承受能力；②认购资产支持证券的行为不违反任何相关法律、法规，且已通过必要的内部审批及授权；③参与专项计划的资金系参与投资者的自有资金或具有合法处分权的资金，资金来源合法；④按照合同约定缴纳专项计划的认购资金，并承担相应的费用；⑤其他法律法规及约定的职责
	计划管理人（中国国际金融有限公司）	专项份额计划管理人职责：①对相关交易主体和基础资产进行全面的尽职调查；②在专项计划存续期间，督促可能对专项计划以及该专项计划份额持有人的利益产生重大影响的原始权益人以及为专项计划提供服务的有关机构，履行法律规定或合同约定的义务；③办理该专项计划发行事宜；④按照约定及时将募集资金支付给原始权益人；⑤为资产支持证券投资者的利益管理专项计划资产；⑥建立相对封闭、独立的基础资产现金流归集机制，切实防范专项计划资产被混同、挪用等风险；⑦监督、检查特定原始权益人持续经营情况和基础资产现金流状况，出现重大异常情况的，管理人应当采取必要措施，维护专项计划资产安全；⑧按照约定向资产支持证券投资者分配收益；⑨履行信息披露义务；⑩负责专项计划的终止清算；⑪法律、行政法规和中国证监会规定以及计划说明书约定的其他职责
计划管理人根据与委托人签订的认购协议，以及与原始权益人签订的资产买卖协议等文件，将专项计划所募集的认购资金用于向原始权益人购买 CDMA 网络租赁费收益权	计划管理人（中国国际金融有限公司）	计划管理人职责：如上所述
	原始权益人（联通新时空）	原始权益人职责：①依照法律、行政法规、公司章程和相关协议的规定或者约定移交基础资产；②配合并支持管理人、托管人以及其他为资产证券化业务提供服务的机构履行职责；③该专项计划法律文件约定的其他职责
计划管理人与托管人即中国工商银行签订相关托管协议，托管人根据计划管理人委托在托管人处开立专项计划账户，托管人负责管理专项计划账户，并执行计划管理人的资金拨付指令	计划管理人（中国国际金融有限公司）	计划管理人职责：如上所述
	托管人（中国工商银行）	托管人职责：①安全保管专项计划资产；②监督管理人专项计划的运作，发现管理人的管理指令违反计划说明书或者托管协议约定的，应当要求改正；未能改正的，应当拒绝执行并及时报告管理人住所地中国证监会派出机构；③出具资产托管报告；④专项计划说明书以及相关法律文件约定的其他事项

续表

交易结构 顺序	交易结构 关系人	交易结构 关系人职责
外部担保机构中国工商银行对该专项计划所募集资金购买 CDMA 网络租赁费收益权提供担保	担保机构 (中国工商银行)	担保机构职责：对该专项计划提供担保，确保该专项计划风险较低
评级机构对该专项计划进行评级	评级机构 (中诚信)	评级机构职责：按照现行法律、法规及其他规范性文件、尽职尽责对该专项计划进行评级
计划管理人及托管人按照合同约定，将该专项计划资金购买的 CDMA 网络租赁费收益权所产生的租赁费，分配给专项份额计划持有人	计划管理人 (中国国际金融有限公司)	计划管理人职责：如上所述
	托管人 (中国工商银行)	托管人职责：如上所述

（4）联通收益计划特点。

表4-53　特点

特点	内容
①	我国首例企业资产证券化项目，开辟了一条企业可以直接融资的新途径。继信贷资产证券化开展后，首次采用专项资产管理计划模式，是 2004 年《证券公司客户资产管理业务试行办法》后证监会批准设立的首例
②	基础资产为租赁费的未来收益权
③	信用增级采用了外部增级。中国工商银行对收益划入计划账户提供连带责任保证
④	中诚信对该计划给予了 3A 的信用评级
⑤	资金成本低。资金利息低于银行利息。2005 年，银行一年贷款利息为 5.58%，半年为 5.22%；而专项计划平均利息为 2.8%。对于投资者：当年银行商业票据收益约 2%，专项计划为 2.8%，高出 80 个基点，相当于为机构投资者提供了短期储蓄的替代品种
⑥	产品设计特点，把本属本公司的资产出租给关联公司，把资产换手变为出租。通过租金收入（收费权）来进行融资

（五）第五类：租赁企业设备租赁

远东首期租赁资产支持收益专项资产管理计划。

（1）远东收益产品概况。

表 4-54　概况

项目名称	远东首期租赁资产支持收益专项资产管理计划
原始权益人	远东国际租赁有限公司
基础资产	31 份特定融资租赁合同的收益权
募集资金规模	4.86 亿元，其中优先级 4.769 亿元，次级 910 万元
担保	母公司——中国中化集团
信用评级	中诚信给予 3A 级信用评级
计划管理人	东方证券
托管人	交通银行
预期收益率	优先级年预期收益率 3.1%
专项计划存续期	优先级 625 天，次级 960 天

优先级	发行量	预计期限	年收益率	付息方式	还本方式	加权平均本金回收期
A 级	47690 万元	625 天	3.10%	每季付息	每季不固定还本	0.83 年
B 级	910 万元	960 天	A 还清全部本金后，方才支付			2.4 年

（2）远东收益交易结构。

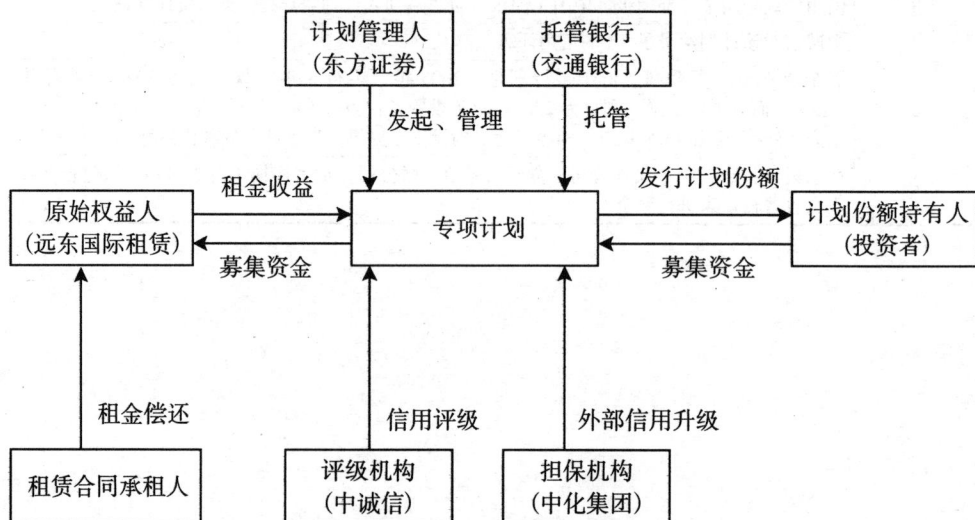

图 4-23　远东收益交易结构

（3）远东收益交易结构关系。

表 4-55 关系表

交易结构 顺序	交易结构 关系人	交易结构 关系人职责
专项计划份额购买人与计划管理人即东方证券签订认购协议等相关文件，认购远东首期租赁资产支持收益专项资产管理计划，将认购资金以专项资产管理方式委托计划管理人管理，当认购资金达到约定的目标发售规模并经验资完毕后，专项计划得以正式成立。专项计划份额购买人即成为专项份额计划持有人	专项计划份额持有人（投资者）	专项计划份额持有人职责：①具有完全民事行为能力的投资者（法律、法规和有关规定禁止参与者除外），资产支持证券时已充分理解专项计划风险，具有足够的风险承受能力；②认购资产支持证券的行为不违反任何相关法律、法规，且已通过必要的内部审批及授权；③参与专项计划的资金系参与投资者的自有资金或具有合法处分权的资金，资金来源合法；④按照合同约定缴纳专项计划的认购资金，并承担相应的费用；⑤其他法律法规及约定的职责
	计划管理人（东方证券）	专项份额计划管理人职责：①对相关交易主体和基础资产进行全面的尽职调查；②在专项计划存续期间，督促可能对专项计划以及该专项计划份额持有人的利益产生重大影响的原始权益人以及为专项计划提供服务的有关机构，履行法律规定或合同约定的义务；③办理该专项计划发行事宜；④按照约定及时将募集资金支付给原始权益人；⑤为资产支持证券投资者的利益管理专项计划资产；⑥建立相对封闭、独立的基础资产现金流归集机制，切实防范专项计划资产被混同、挪用等风险；⑦监督、检查特定原始权益人持续经营情况和基础资产现金流状况，出现重大异常情况的，管理人应当采取必要措施，维护专项计划资产安全；⑧按照约定向资产支持证券投资者分配收益；⑨履行信息披露义务；⑩负责专项计划的终止清算；⑪法律、行政法规和中国证监会规定以及计划说明书约定的其他职责
计划管理人根据与委托人签订的认购协议以及与原始权益人签订的资产买卖协议等文件，将专项计划所募集的认购资金，用于向原始权益人购买31份特定融资租赁合同的收益权	计划管理人（东方证券）	计划管理人职责：如上所述
	原始权益人（远东国际租赁有限公司）	原始权益人职责：①依照法律、行政法规、公司章程和相关协议的规定或者约定移交基础资产；②配合并支持管理人、托管人以及其他为资产证券化业务提供服务的机构履行职责；③该专项计划法律文件约定的其他职责
计划管理人与托管人即交通银行签订相关托管协议，托管人根据计划管理人委托在托管人处开立专项计划账户，托管人负责管理专项计划账户，并执行计划管理人的资金拨付指令	计划管理人（东方证券）	计划管理人职责：如上所述
	托管人（交通银行）	托管人职责：①安全保管专项计划资产；②监督管理人专项计划的运作，发现管理人的管理指令违反计划说明书或者托管协议约定的，应当要求改正；未能改正的，应当拒绝执行并及时报告管理人住所地中国证监会派出机构；③出具资产托管报告；④专项计划说明书以及相关法律文件约定的其他事项
外部担保机构中国中化集团为该专项计划所募集资金，购买31份特定融资租赁合同的收益权提供担保	担保机构（中国中化集团）	担保机构职责：对该专项计划提供担保，确保该专项计划风险较低

交易结构顺序	交易结构关系人	交易结构关系人职责
评级机构对该专项计划进行评级	评级机构（中诚信）	评级机构职责：按照现行**法律**、法规及其他规范性文件、尽职尽责对该专项计划进行评级
计划管理人及托管人按照合同约定将该专项计划资金购买的 31 份特定融资租赁合同的收益权所产生的现金流，分配给专项份额计划持有人	计划管理人（东方证券）	计划管理人职责：如上所述
	托管人（交通银行）	托管人职责：如上所述

（4）远东收益计划特点。

表 4-56　特点

特点	内容
①	信用增级首次采用内外部结合方式。内部采用优先级与次级的分层结构，外部引入母公司担保模式，采取了更有助于保障投资者利益的担保方式。担保人担保的是计划管理人对份额持有人的付款义务。即可分配现金流偿还完各期不确定费用后，不足以偿还优先级持有人各期预期收益和到期本金的，担保人承担责任。而其他计划中，担保人担保的多是原始权益人及时、足额地把基础资产的收益划入专项账户。此种担保方式，更有利于投资者利益，有助于降低风险
②	第一次实现了基础资产的真实销售，且与原始人的破产风险相隔离
③	第一个以租金请求权为支持的企业资产证券化产品

（六）第六类：大客应收账款的企业

网通收益产品概况。

（1）网通应收款资产支持受益凭证专项资产管理计划。

表 4-57　网通收益产品

项目名称	网通应收款资产支持受益凭证专项资产管理计划
原始受益人	网通集团
基础资产	中国网通集团从 2006 年发起至 2010 年，未来每半年从中国网通集团有限公司获取的应收账款
担保机构	中国工商银行
信用评级	中诚信
计划管理人	中金公司
托管人	中国工商银行

表 4-58　网通收益产品收益率

简称	存续期（天）	预期年收益率（%）	募集规模	发行方式	还本付息方式	信用评级
网通 01	67	2.50	11.746074	贴现发行	到期还本付息	
网通 02	246	2.70	10.508791			
网通 03	434	3.03	10.4	面值发行	定期付息，到期还本付息	中诚信 3A 级
网通 04	611	3.10	10.4			
网通 05	800	3.25	10.2			
网通 06	977	3.40	10.2			
网通 07	1163	3.55	10			
网通 08	1344	3.65	10			
网通 09	1528	3.72	9.9			
网通 10	1709	3.80	9.8			
合计			103.15			

（2）网通收益交易结构。

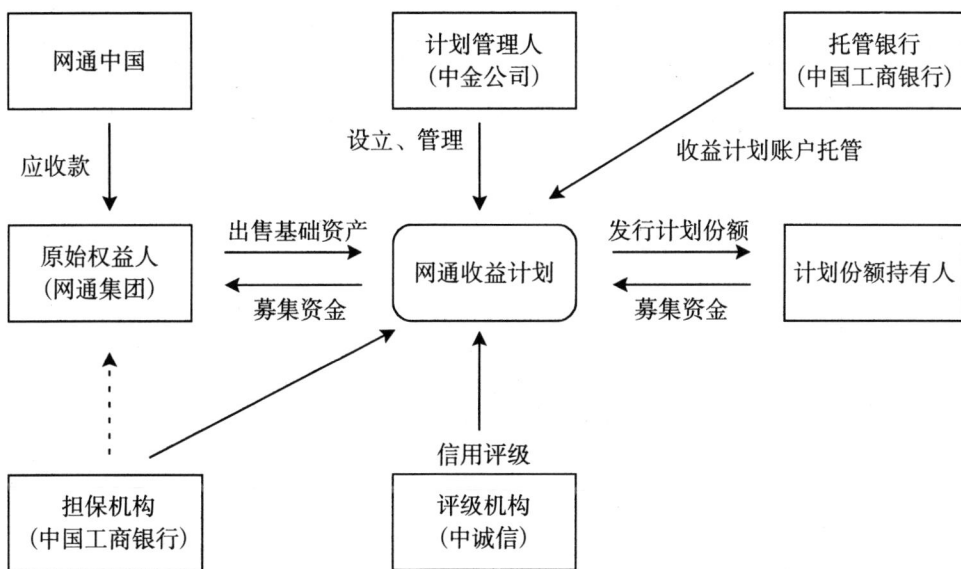

图 4-24　流程

（3）网通收益交易结构关系。

表4-59 关系表

交易结构 顺序	交易结构 关系人	交易结构 关系人职责
专项计划份额购买人与计划管理人即中国国际金融有限公司签订认购协议等相关文件，认购网通收益计划，将认购资金以专项资产管理方式委托计划管理人管理，当认购资金达到约定的目标发售规模并经验资完毕后，专项计划得以正式成立。专项计划份额购买人即成为专项份额计划持有人	专项计划份额持有人（投资者）	专项计划份额持有人职责：①具有完全民事行为能力的投资者（法律、法规和有关规定禁止参与者除外），认购资产支持证券时已充分理解专项计划风险，具有足够的风险承受能力；②认购资产支持证券的行为不违反任何相关法律、法规，且已通过必要的内部审批及授权；③参与专项计划的资金系参与投资者的自有资金或具有合法处分权的资金，资金来源合法；④按照合同约定缴纳专项计划的认购资金，并承担相应的费用；⑤其他法律法规及约定的职责
	计划管理人（中国国际金融有限公司）	专项份额计划管理人职责：①对相关交易主体和基础资产进行全面的尽职调查；②在专项计划存续期间，督促可能对专项计划以及该专项计划份额持有人的利益产生重大影响的原始权益人以及为专项计划提供服务的有关机构，履行法律规定或合同约定的义务；③办理该专项计划发行事宜；④按照约定及时将募集资金支付给原始权益人；⑤为资产支持证券投资者的利益管理专项计划资产；⑥建立相对封闭、独立的基础资产现金流归集机制，切实防范专项计划资产被混同、挪用等风险；⑦监督、检查特定原始权益人持续经营情况和基础资产现金流状况，出现重大异常情况的，管理人应当采取必要措施，维护专项计划资产安全；⑧按照约定向资产支持证券投资者分配收益；⑨履行信息披露义务；⑩负责专项计划的终止清算；⑪法律、行政法规和中国证监会规定以及计划说明书约定的其他职责
计划管理人根据与委托人签订的认购协议以及与原始权益人签订的资产买卖协议等文件，将专项计划所募集的认购资金，用于向原始权益人购买网通中国对网通集团的应收账款	计划管理人（中国国际金融有限公司）	计划管理人职责：如上所述
	原始权益人（网通集团）	原始权益人职责：①依照法律、行政法规、公司章程和相关协议的规定或者约定移交基础资产；②配合并支持管理人、托管人以及其他为资产证券化业务提供服务的机构履行职责；③该专项计划法律文件约定的其他职责
计划管理人与托管人即中国工商银行签订相关托管协议，托管人根据计划管理人委托在托管人处开立专项计划账户，托管人负责管理专项计划账户，并执行计划管理人的资金拨付指令	计划管理人（中国国际金融有限公司）	计划管理人职责：如上所述
	托管人（中国工商银行）	托管人职责：①安全保管专项计划资产；②监督管理人专项计划的运作，发现管理人的管理指令违反计划说明书或者托管协议约定的，应当要求改正；未能改正的，应当拒绝执行并及时报告管理人住所地中国证监会派出机构；③出具资产托管报告；④专项计划说明书以及相关法律文件约定的其他事项

续表

交易结构 顺序	交易结构 关系人	交易结构 关系人职责
外部担保机构中国工商银行对该专项计划所募集资金购买网通中国对网通集团的应收账款提供担保	担保机构 (中国工商银行)	担保机构职责：对该专项计划提供担保，确保该专项计划风险较低
评级机构对该专项计划进行评级	评级机构 (中诚信)	评级机构职责：按照现行法律、法规及其他规范性文件、尽职尽责对该专项计划进行评级
计划管理人及托管人按照合同约定，将该专项计划资金购买的网通中国对网通集团的应收账款所产生的现金流分配给专项份额计划持有人	计划管理人（中国国际金融有限公司）	计划管理人职责：如上所述
	托管人 (中国工商银行)	托管人职责：如上所述

（4）网通收益计划特点。

表 4-60 特点

特点	内容
①	降低了融资成本，与同期银行贷款利率相比，大约节约财务费用 2 亿元
②	产品期限共分为 10 期，时间近五年，每期产品期限不同，收益率范围 2.5%~3.8%
③	发行方式上，采用了贴现发行和面值发行，为不同期限和收益率偏好投资者提供了多样化选择
④	发行过程中，首次引入分销机制，包括中信、招商、国泰君安等 11 家券商参与了本次分销工作

（七）第七类：旅游企业（门票凭证收入）受益凭证

欢乐谷受益凭证专项资管计划。

（1）欢乐谷收益产品概况。

表 4-61 欢乐谷收益产品

原始权益人	华侨城 A、上海华侨城、北京华侨城，2012 年 12 月 4 日成立专项资产管理计划
计划管理人/推广机构	中信证券
担保人	华侨城集团
托管人	中信银行股份有限公司
监管银行	中信银行深圳分行、交通银行股份有限公司北京分行和中信银行上海分行
法律顾问	北京市竞天公诚律师事务所
信用评级机构	联合信用评级有限公司
会计师事务所	中瑞岳华会计师事务所有限公司
评估机构	北京中企华资产评估有限责任公司
登记托管机构/支付代理机构	中国证券登记结算有限公司深圳分公司

表 4-62 欢乐谷主题公园入园凭证专项资产管理计划产品基本结构

证券分层	优先级					次级
	华侨城 1	华侨城 2	华侨城 3	华侨城 4	华侨城 5	次级
规模（万元）	29500	32500	34500	37500	41000	10000
规模占比	15.95%	17.57%	18.65%	20.27%	22.16%	5.41%
信用等级	AAA	AAA	AAA	AAA	AAA	NR
预期期限（年）	1	2	3	4	5	—
投资者回售选择权	—	—	—	投资者有权在专项计划成立满 3 年后按面值回售给华侨城 A	投资者有权在专项计划成立满 3 年和 4 年后按面值回售给华侨城 A	

（2）欢乐谷收益交易结构。

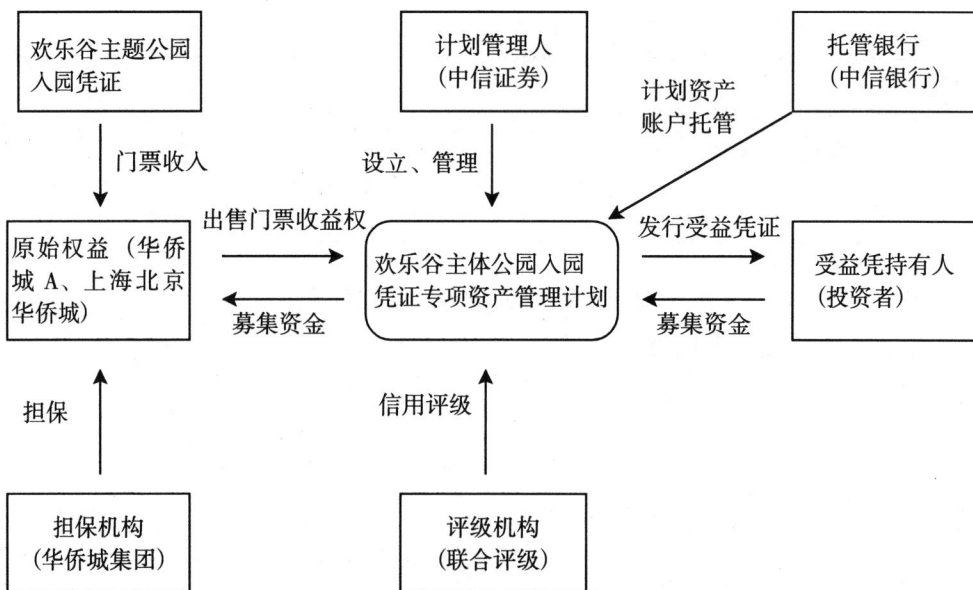

图 4-25 交易结构

（3）欢乐谷收益交易结构关系。

表 4–63 关系表

交易结构 顺序	交易结构 关系人	交易结构 关系人职责
专项计划份额购买人与计划管理人即中信证券签订认购协议等相关文件，认购欢乐谷主题公园入园凭证专项资产管理计划，将认购资金以专项资产管理方式委托计划管理人管理，当认购资金达到约定的目标发售规模并经验资完毕后，专项计划得以正式成立。专项计划份额购买人即成为专项份额计划持有人	专项计划份额持有人（投资者）	专项计划份额持有人职责：①具有完全民事行为能力的投资者（法律、法规和有关规定禁止参与者除外），认购资产支持证券时已充分理解专项计划风险，具有足够的风险承受能力；②认购资产支持证券的行为不违反任何相关法律、法规，且已通过必要的内部审批及授权；③参与专项计划的资金系参与投资者的自有资金或具有合法处分权的资金，资金来源合法；④按照合同约定缴纳专项计划的认购资金，并承担相应的费用；⑤其他法律法规及约定的职责
	计划管理人（中信证券）	专项份额计划管理人职责：①对相关交易主体和基础资产进行全面的尽职调查；②在专项计划存续期间，督促可能对专项计划以及该专项计划份额持有人的利益产生重大影响的原始权益人以及为专项计划提供服务的有关机构，履行法律规定或合同约定的义务；③办理该专项计划发行事宜；④按照约定及时将募集资金支付给原始权益人；⑤为资产支持证券投资者的利益管理专项计划资产；⑥建立相对封闭、独立的基础资产现金流归集机制，切实防范专项计划资产被混同、挪用等风险；⑦监督、检查特定原始权益人持续经营情况和基础资产现金流状况，出现重大异常情况的，管理人应当采取必要措施，维护专项计划资产安全；⑧按照约定向资产支持证券投资者分配收益；⑨履行信息披露义务；⑩负责专项计划的终止清算；⑪法律、行政法规和中国证监会规定以及计划说明书约定的其他职责
计划管理人根据与委托人签订的认购协议以及与原始权益人签订的资产买卖协议等文件，将专项计划所募集的认购资金用于向原始权益人购买北京、上海、深圳三座欢乐谷未来 5 年的门票收入	计划管理人（中信证券）	计划管理人职责：如上所述
	原始权益人（华侨城 A、上海华侨城、北京华侨城）	原始权益人职责：①依照法律、行政法规、公司章程和相关协议的规定或者约定移交基础资产；②配合并支持管理人、托管人以及其他为资产证券化业务提供服务的机构履行职责；③该专项计划法律文件约定的其他职责
计划管理人与托管人即中信银行签订相关托管协议，托管人根据计划管理人委托在托管人处开立专项计划账户，托管人负责管理专项计划账户，并执行计划管理人的资金拨付指令	计划管理人（中信证券）	计划管理人职责：如上所述
	托管人（中信银行）	托管人职责：①安全保管专项计划资产；②监督管理人专项计划的运作，发现管理人的管理指令违反计划说明书或者托管协议约定的，应当要求改正；未能改正的，应当拒绝执行并及时报告管理人住所地中国证监会派出机构；③出具资产托管报告；④专项计划说明书以及相关法律文件约定的其他事项

续表

交易结构 顺序	交易结构 关系人	交易结构 关系人职责
华侨城集团为该专项计划所募集资金购买北京、上海、深圳三座欢乐谷未来 5 年的门票收入提供担保	担保人 (华侨城集团)	担保机构职责：对该专项计划提供担保，确保该专项计划风险较低
评级机构对该专项计划进行评级，律师事务所、资产评估事务所对基础资产进行尽职调查并出具报告	评级机构 (联合评级) 律师事务所 (竞天公诚) 会计师事务所 (中瑞岳华) 资产评估机构 (中企华)	评级机构职责：按照现行法律、法规及其他规范性文件、尽职尽责对该专项计划进行评级 律师事务所、会计师事务所、资产评估机构按照现行法律、法规及其他规范性文件、尽职尽责对该专项计划及其所购买的基础资产进行尽职调查并出具报告
计划管理人及托管人按照合同约定，将该专项计划资金购买的购买北京、上海、深圳三座欢乐谷，未来 5 年的门票收入所产生的现金流分配给专项份额计划持有人	计划管理人 (中信证券) 托管人 (中信银行)	计划管理人职责：如上所述 托管人职责：如上所述

（4）欢乐谷收益计划特点。

表 4-64　特点

特点	内容
①	采取内外担保方式。对内实行优先级、次级分层技术，对外由华侨城集团担保
②	产品期限长，达 5 年
③	投资者在购买 3 年后有回售给华侨城的选择权

四、租赁子行业类

（一）2008 年 11 月，武汉地铁集团与租赁公司签署了融资租赁合同，为武汉市城市轨道建设获得了额度为 20 亿元的建设资金。这是我国 2008 年内采用租赁方式进行轨道交通基础设施建设的金额最大的一次合作。

表 4-65　相关内容

参与者	特点
武汉地铁集团	武汉地铁集团将轨道交通 1 号线部分设备和车辆资产，出让给租赁公司，3 年内可根据需要提款 20 亿元，同时向租赁公司租赁以上资产
租赁公司	租赁期内，租赁公司只享有以上资产的名义所有权，不影响其正常运营，城市轨道建成后，在武汉地铁集团付清全部租金并支付资产残余价值后，可重新取得所有权

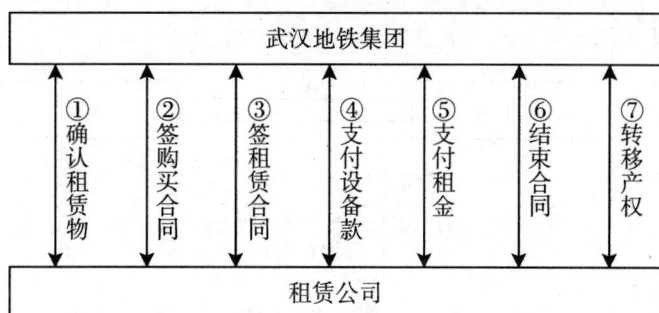

图 4-26　流程

表 4-66　流程详解

流程	内容
①	租赁公司和武汉地铁集团之间确定租赁物
②	租赁公司和武汉地铁集团双方签购买合同
③	租赁公司和武汉地铁集团双方签租赁合同
④	租赁公司将设备款支付给武汉地铁集团
⑤	武汉地铁集团向租赁公司支付租金
⑥	租赁公司和武汉地铁集团双方结束合同
⑦	租赁公司和武汉地铁集团双方就租赁物转移产权

（二）银租合作——嫁接。C 企业在 D 银行授信额度为 8000 万元，银行已发放项目贷款 6000 万元，流动资金贷款 2000 万元。企业技改项目完工投产后流动资金不足，影响效益。企业将设备 9000 万元的设备作价 5000 万元转让给金融租赁公司，获得融资租赁款 5000 万元后，归还银行项目贷款 5000 万元。为支持企业发展，银行增加流动资金贷款 5000 万元。另外，金融租赁公司也向银行申请融资租赁贷款 4000 万元，D 银行经审查后予以发放

（1）项目背景。

表 4-67　相关内容

参与者	特点
企业	用完银行信用额度后，仍有资金需求
银行	向企业发放流动资金贷款，向租赁公司提供融资租赁贷款
租赁公司	为企业提供融资租赁服务

（2）流程。

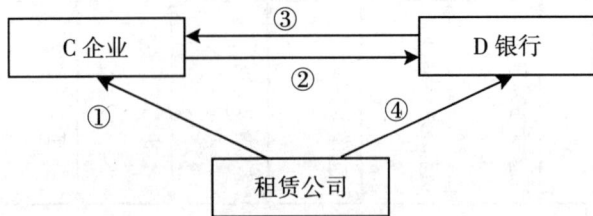

图 4-27　流程

（3）流程详解。

表 4-68　流程详解

流程	内容
①	企业将 9000 万元的设备作价 5000 万元转让给金融租赁公司，获得融资租赁款 5000 万元
②	企业归还银行项目贷款 5000 万元
③	企业贷款额度恢复后，银行为企业增加流动资金贷款 5000 万元
④	银行向金融租赁公司发放融资租赁贷款 4000 万元

（三）银租合作——解除地域限制。一直为 F 银行重点支持对象的 E 企业因发展所需在邻省征地办分厂，购置设备 5000 万元。因该分厂独立核算又在外省，F 银行无法贷款，即向金融租赁公司作介绍，由其对分厂发放融资租赁款 3000 万元。另外，金融租赁公司再申请贷款 2500 万元，F 银行经审查后予以发放

（1）项目背景。

表 4-69　相关内容

参与者	特点
异地企业	购置设备后希望取得银行贷款，但由于地域问题无法直接向熟悉银行寻求资金支持
本地银行	通过向租赁公司发放融资贷款，间接支持异地企业
本地租赁公司	为企业提供融资租赁服务，帮助企业获得资金

（2）流程。

图 4-28　流程

（3）流程详解。

表 4-70　流程详解

流程	内容
①	银行向金融租赁公司作介绍，由其租赁企业新购设备，发放融资租赁款 3000 万元
②	银行向金融租赁公司发放贷款 2500 万元

（四）银租合作——担保贷款。G 企业在金融租赁公司申请办理了某租赁项目，金融租赁公司就该项目向 H 银行申请贷款。G 企业为该笔贷款提供担保。同时根据约定，G 企业将每期租金回笼至租赁公司在 H 银行开立的专用账户，专项用于还贷，金融租赁公司不得挪作他用。对 G 企业来说，为该笔贷款担保并未扩大自身的风险；对 H 银行来说，抓住了项目的现金回流，加大了保障力度

（1）项目背景。

表 4-71　相关内容

参与者	特点	优势
企业	获得设备租赁款后，为租赁公司向银行该笔贷款提供担保	担保不增加风险
银行	向租赁公司提供融资贷款，贷款由出租企业担保，直接用租金归还	抓住现金回笼
租赁公司	为企业提供融资租赁服务，融资款向银行贷款获得	有担保，更容易 获得贷款

（2）流程。

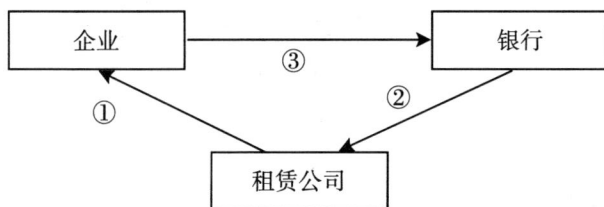

图 4-29　流程

（3）流程详解。

表 4-72　流程详解

流程	内容
①	企业在金融租赁公司申请办理租赁项目
②	银行向金融租赁公司发放贷款
③	企业为该笔贷款提供担保。同时根据约定，企业将每期租金回笼至租赁公司在银行开立的专用账户，专项用于还贷，金融租赁公司不得挪作他用

（五）银租合作——应收租赁款质押贷款。金融租赁公司将与I企业合作的某租赁项目下应收租赁款质押给J银行，获得一笔贷款。在质押合同签订以前，金融租赁公司通知I企业应收租赁款质押事宜，并要求I企业将未来的租金回笼款打入金融租赁公司在J银行的专户，专项用于归还该笔质押贷款。J银行获得了稳定的还款保障，金融租赁公司盘活了账存资产，而I企业也并未因质押事项而增加其他额外风险

（1）项目背景。

表 4–73　相关内容

参与者	特点	优势
企业	获得租赁款，直接将租金打入用于归还质押贷款的专户	不增加风险
银行	向租赁公司提供贷款，贷款用应收租赁款质押，直接用租金归还	获得稳定还款保障
租赁公司	向企业提供租赁款，向银行申请质押贷款	盘活资产

（2）流程。

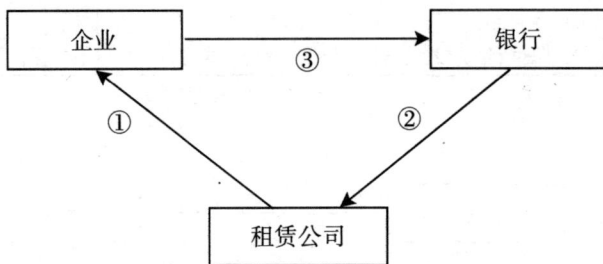

图 4–30　流程

（3）流程详解。

表 4–74　流程详解

流程	内容
①	企业在金融租赁公司申请办理租赁项目
②	融租赁公司将与企业合作的租赁项目下应收租赁款质押给银行，获得质押贷款
③	金融租赁公司通知企业应收租赁款质押事宜，并要求企业将未来的租金回笼款打入金融租赁公司在银行的专户，专项用于归还该笔质押贷款

五、基金子行业类

案例：度假地产——悦榕中国酒店基金，中国第一只人民币酒店基金。

表 4-75　特点

参与者	特点
发起方	国际高端酒店业内知名的新加坡悦榕集团拥有 15 家所有权的度假村和酒店，包括悦榕庄、悦椿度假村和位于乐古浪的度假酒店
普通合伙人	悦榕基金管理公司，提供基金管理，咨询以及酒店管理服务，投资占 3%
有限合伙人	悦榕基金投资公司，投资占 2%
其他合伙人	大众合伙人，投资占 95%

表 4-76　相关内容

结构	悦榕人民币基金
项目	丽江等地项目
期限	6+2 年
规模	10 亿元
分配	优先 8%

（1）流程。

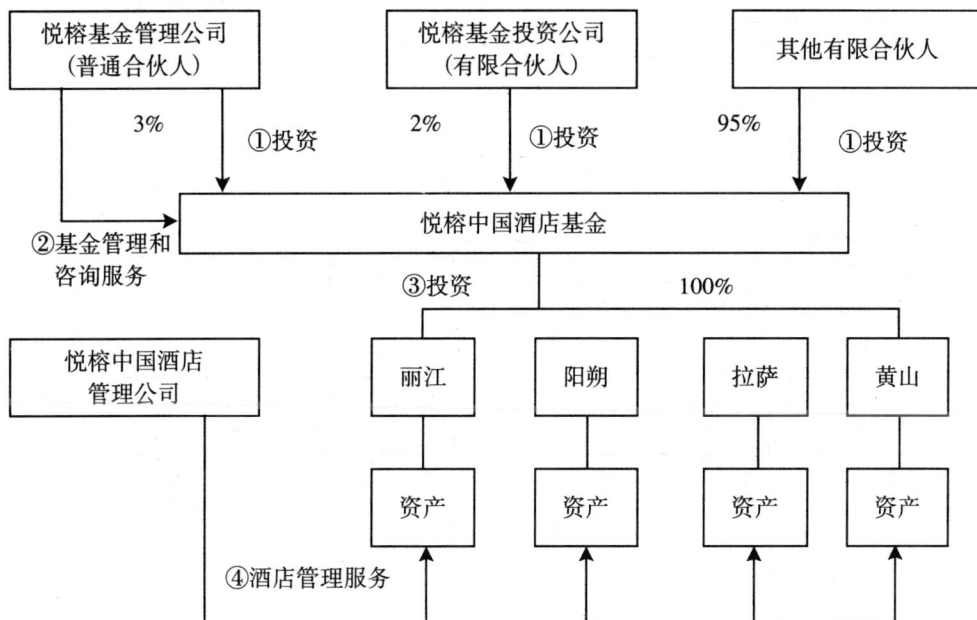

图 4-31　流程

（2）流程图的列示。

表 4–77　流程详解

序号	详细过程
①	悦榕基金管理公司、投资公司及其他有限合伙人共同投资悦榕中国酒店基金
②	悦榕基金管理公司提供基金管理和咨询服务
③	悦榕中国酒店基金投资丽江、阳朔等地方项目
④	悦榕中国酒店管理公司为丽江、阳朔等地方项目提供酒店管理服务

悦榕之所以选择私募基金作为融资渠道，一方面，因为其拥有一支强大的私募基金管理团队，通过私募基金的方式不仅利用了公司在酒店开发管理方面的专长，还可利用公司在基金管理上的经验；另一方面，公司在财务方面是比较保守的。一般情况下，可以尽量避免过度利用贷款。

六、保险子行业类

保险项下产品线案例（保险贷款+股权投资）。

1. 流程

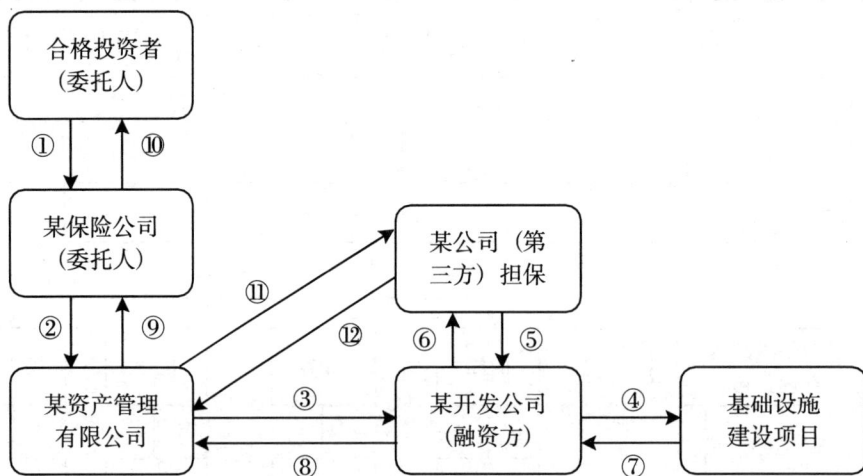

表 4–32　流程

2. 流程图的列示

表 4-78　流程详解

序号	详细过程
①	投保人购买保险产品，将资金存入保险机构
②	委托资产管理公司进行资产管理
③	经过筛选、评估后，购买股权投入资金；经过审核评估后发放贷款
④	融资方将资金用于基础设施建设项目
⑤	第三方提供担保，办妥担保手续
⑥	支付担保费（如有）
⑦	项目收益
⑧、⑨	按照约定分配利益或承担亏损+按约偿还本息
⑩	按照约定履行保险条款
⑪、⑫	追索担保责任及承担担保责任（如有）

七、期货子行业类

（一）国际贸易实战讲解

1. 国际贸易融资的基本概念及解析

表 4-79　相关内容

业务简介	签署合同	该业务凭借循环开立国际贸易远期信用证，结合期货的"基差+点价"的定价规则，以及国际国内期货的套期保值功能，基本上可以规避价格风险，且整个周期有机会两周内完成，操作方只要不断循环的运作，基本可以源源不断地获取年化成本在8%以内的资金（不含特定情况下担保公司做流程监管的费用）
业务种类	国际贸易+期货	操作手法比较多，但是万变不离其宗，最好深入研究离岸金融的流程和规则
业务特点	业务范围广泛	非常广泛，理论上只要能开出信用证，并充分了解国际贸易的游戏规则就可以
	操作形式多样	可以结合各种银行票据、期货仓单、国内信用证以及商票等多种方式操作
	借款人一次授信	循环使用，且可以不断地将授信做大
	还款方式可选择	授信到期后借款人可以自筹资金还款，理论上结合其他方式循环运作，基本上是借新还旧
	法律法规限制	国内沿海地区已经对"融资铜"或者其他的纯粹用于融资的模式有了比较多的限制，但是内陆地区空间还是比较大
	风险程度	较低
业务基本要求	资金用途	就国内现状看，监管比较少
	期限	单笔信用证多数在1年以内，少数可以更长，半年或者3个月的最常见

2. "融资铜"的操作流程

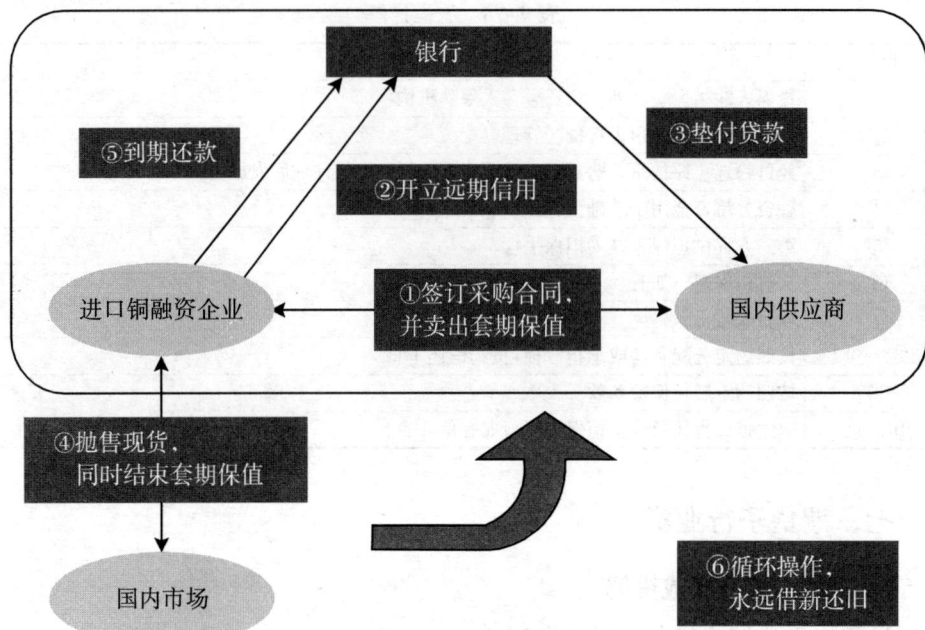

图 4-33　流程

3. "融资铜"的操作流程表格说明

表 4-80　流程详解

"融资铜"的操作流程表	
①签订采购合同,并卖出套期保值	当伦敦和上海两地铜比价出现一定操作空间时,进口铜融资企业在国际市场与国外供应商签订伦敦铜现货的采购合同,为了规避铜价波动的风险,操作方必须同时在上海期货交易所对应的铜期货合约上建立一笔数量相等的卖出头寸,即上海铜期货为伦敦铜现货做了一笔卖出的套期保值
②开立信用证	企业在同外方签订采购合同之后,即可向银行开立信用证,这种信用证一般为90天和180天两种
③垫付货款	银行代替国内进口铜融资企业,垫付相应的货款给国外的供应商
④抛售现货,同时结束套期保值	铜现货到保税库或者在途中,操作方即可以将铜以低于市场价,或者约定的价格(与其他的操作方)抛售将资金套现,同时将之前的期货卖出套期保值头寸进行平仓
⑤到期还款	在信用证到期日来临之前,进口铜融资企业支付相应的本金和利息给融资银行
⑥循环操作,永远借新还旧	由于这部分资金是90天或者180天之后偿还,在此期间,相当于企业获得了一笔短期贷款,如果操作方想长期持续获得资金,只需要将上面的操作重复操作即可,永远的借新还旧

4."融资铜"的成本核算

表4-81是"融资铜"进口内销综合融资成本明细表（摘抄自某期货官网数据）：

表4-81 "融资铜"进口内销综合融资成本明细表

进口环节成本											
到岸铜价	RMB	47628.00	=	LME价格	USD	7500.00	+	升水	USD	60	*	即期汇率(%)	6.30
开证费用	RMB	62.87	=	信用证金额上限	RMB	52390.80	*	手续费		0.12%		
远期承兑费用	RMB	42.87	=	到岸铜价	RMB	47628.00	*	承兑费		0.03%	*	180天远期汇率	6
财务费用	RMB	94.30	=	10%开证保证金	RMB	5239.08	*	资金成本		0.60%	*	6个月计算	6
海关增值税	RMB	8096.76	=	到岸铜价	USD	7560.00	*	税率		17.00%	*	即期汇率	6.3
进口物流费用	RMB	120.00										
进口成本合计	RMB	56044.80										
销售环节费用											
销售亏顺	RMB	856.80	=	进口成本价	RMB	56044.80		销售价格	RMB	55188.00		基于比价	7.30
NDF收益	RMB	189	=	到岸铜价	RMB	7560.00	*	即期汇率		6.30		远期汇率	6.20	年化系数	0.25
费用合计	RMB	667.80										
境外贴现费用											
合计	RMB	476.28	=	销售价格	USD	7560.00	*	贴现成本		4.00%	*	即期汇率	6.30	年化系数	0.25
实际融资利率											
合计		8.29%	=	合计成本		1144.08	/	销售价格	RMB	55188.00	*	年化系数	4

从前文看，整个融资成本基本在 8% 上下，其他方式操作如"基差定价成本+贴现成本"的操作模式整体成本也不会超过 8%。特殊情况下（前提是贸易商做得很大，可以直接要求担保公司介入流程的控制，那么该企业甚至不需要开立信用证的保证金），成本会稍高。从整个流程看，期货扮演最重要的是发挥避险功能，当然本部分没有谈及期货仓单和信用证融资两者结合的操作方法。

虽然目前国内绝大多数银行已经逐步在关闭这种"套利"行为，但在过去10 年中，这种融资方式在国内（特别是沿海地区）大行其道，并且切实地帮助很多企业获取大量低成本的资金。此处主要探讨了期货结合国际贸易信用证融资，希望对企业在实际运作中有一定的帮助。

（二）《大唐玄机图》——国内第一只电影期货

表 4-82　相关内容

参与者	特点
深圳世纪领军影业投资有限公司	为《大唐玄机图》出品方，其董事长李菲第一次试水制作、拍摄中国电影，《大唐玄机图》总投资预算 1 亿元，出品人李菲等投资关联方出资 2500 万~4000 万元
深圳前海金交易所	在首届北京国际电影季上隆重推出了他们的首个电影资产包《大唐玄机图》，并将其以票房为主的未来盈利进行份额发行，从而先期募资。《大唐玄机图》的 6000 万~7500 万元融资额被拆成若干份额权益，通过深圳前海金交所向普通投资者发售，每份初始价格为 1 万元，投资门槛最低 30 份，即 30 万元
认购方	包括深圳世纪领军影业，自然及机构投资方。投资者定向认购后，在项目存续期间内可将权益份额通过深圳前海金交所交易转让。如果投资者不想在二级市场转让自己手里的"电影股票"，可等到影片上映后获取票房收益

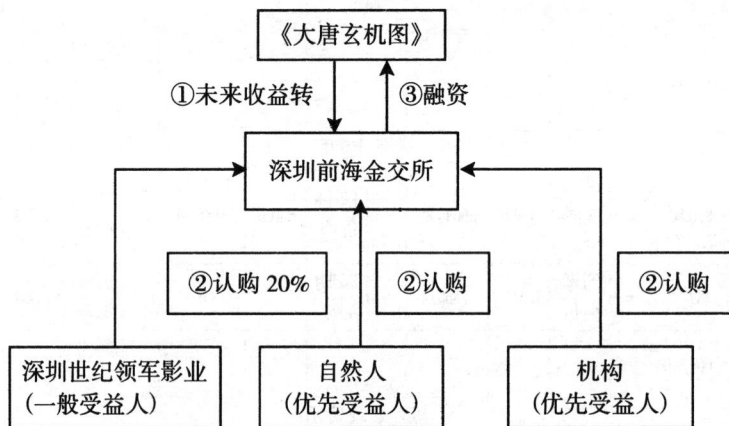

图 4-34　流程

《大唐玄机图》"权益共享"融资模式，此模式不是依靠某一两个大投资商，而是以电影版权所蕴含的未来预期收益为基础保证，由交易所及交易商进行收益权份额的定向转让，从而募集到电影拍摄及制作所需资金，同时为投资者提供了新的投资理财产品。

八、互联网子行业类

(一) 互联网融资产品组合 (众筹+P2P)

凤凰卫视旗下的"凤凰金融"较为突出推行此种模式组合运用，凤凰金融将众筹与 P2P 平台打通，实现项目资源和投资人资源互通。在资产端，在 P2P 融资项目的企业可以优先获得以预售、宣传推广等为目的的众筹服务，它的定位是融资企业的增值服务。而在用户端，投资了特定企业的用户可以享受其所投企业的众筹项目权益，比如以更低的价格购买 P2P 类产品，做到两类平台产品和客户的良性互动促进。

1. 流程

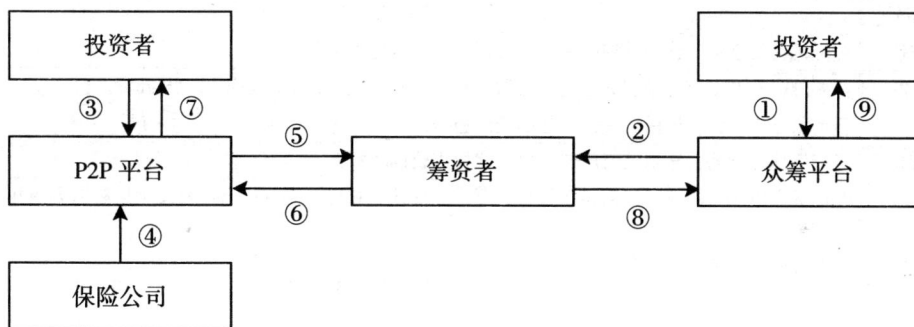

图 4-35 流程

2. 流程图的列示

表 4-83 流程详解

序号	详细过程
①	投资者通过众筹平台选择项目
②	众筹平台将投资项目的资金交给筹资者
③	P2P 投资者通过平台与筹资者确定借款金额、利率、期限等
④	保险公司对发放的 P2P 贷款提供担保
⑤	筹资者通过 P2P 平台办妥手续获得贷款
⑥	P2P 贷款到期筹资者按约还本付息
⑦	P2P 借款人通过平台取得本息
⑧	项目结束筹资者向投资人支付众筹收益
⑨	投资者通过平台取得众筹收益

(二) 与传统金融对接案例（P2P+资产证券化+资产管理计划）

1. 流程

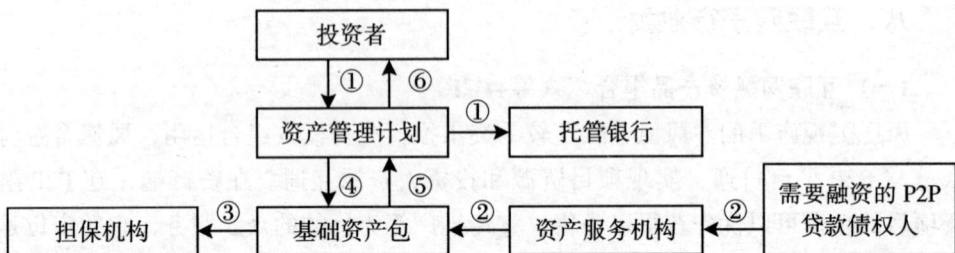

图 4-36 流程

2. 流程图列示

表 4-84 流程详解

序号	流程
①	金融机构设立资产管理计划向投资者募资，由银行托管资金
②	需要融资的 P2P 贷款债权人通过资产服务机构，将债权进行资产证券化为基础资产包
③	资产服务机构引入担保机构为该基础资产包担保
④	资产管理计划购买该基础资产包，出让债权人获得融资款
⑤	基础资产包对应的债权到期还本付息，资产管理计划获得对应收益（债权发生风险时要求担保机构承担责任）
⑥	投资者根据投资优先级获得收益

(三) 互联网融资案例

"P2P+债权转让" 模式

以某金交所现有产品为例

1. 流程

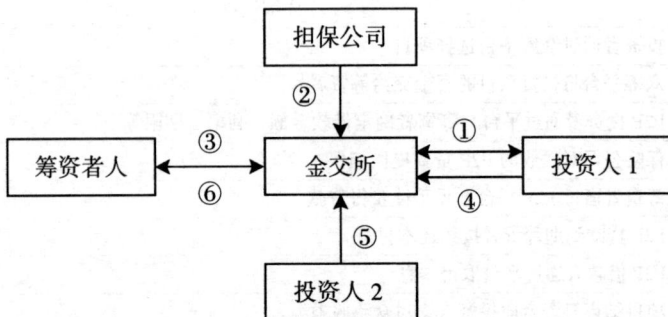

图 4-37 流程

2. 流程图的列示

表 4-85 流程详解

序号	详细过程
①	投资人 1 通过金交所与筹资人者确定借款金额、利率、期限等
②	保险公司对发放的 P2P 贷款提供担保
③	筹资者通过金交所办妥手续获得贷款,投资人 1 获得该笔债权
④	投资人 1 为获得流动性通过金交所转让债权,陆金所收取手续费
⑤	投资人 2 购买债权(投资人 2 可以同投资人 1 一样在债权到期前再转让,也可以持有到期获得本息收益)
⑥	P2P 贷款到期,筹资者按约还本付息,债权最终受让人获得收益(如不能到期还本付息,最终债权人可向担保公司要求支付本息)

九、其他类

(一)定向资产管理计划(银证票据合作)

1. 流程

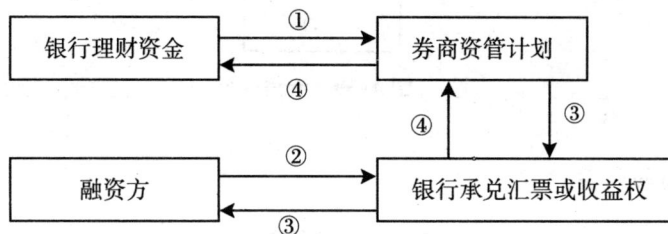

图 4-38 流程

2. 流程图的列示

表 4-86 流程详解

序号	详细过程
①	银行用理财资金购买券商资管计划
②	融资方将信贷资产收益权打包出让
③	券商资管计划购买信贷资产收益权,融资方获得融资款
④	信贷资产到期兑付收益,支付银行理财渠道投资收益

(二) 集合资产管理计划 (股权或债权融资)

1. 流程

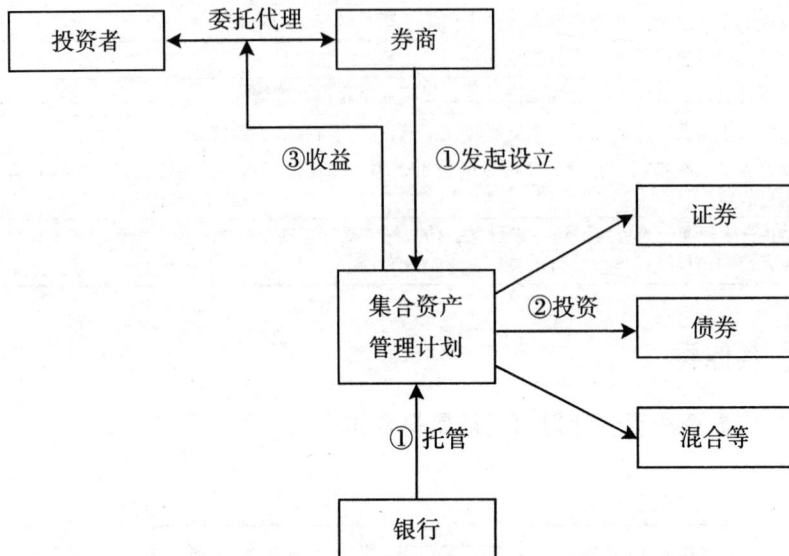

图 4-39 流程

2. 流程图的列示

表 4-87 流程详解

序号	详细过程
①	券商发起设立集合资管计划，投资者购买资管计划，资管计划资金由银行托管
②	集合资管计划投资于各类证券，证券出让者获得相应融资
③	资管计划到期日将投资收益返还给投资者

第二节　金融机构间的融资产品组合

一、银行与其他金融机构间融资组合

（一）银行分别与银行、基金、信托等方融资组合

1. 银行与银行

代理开立银行承兑汇票模式。

案例：中小银行通过招商银行代理开立银行承兑汇票业务。

表 4-88　相关内容

参与者	特点
中小银行	地方性中小银行，与中小企业接触多，在经营地有一定信誉，但在外地认可度不高，客户拿其开具的银行承兑汇票到外地去申请贴现时或银行之间办理转贴现时，往往遭拒收或要支付较高的贴现费用。同时，中小银行受规模限制。中小银行便向大银行申请授信，在存入全额或约定比例的保证金后，由大型银行作为承兑行为企业开具银行承兑汇票
招商银行	非常高的信誉度，贴现容易被接收，规模多，国家鼓励支持小微企业
小微企业	规模小、有较大融资需求，融资难，难以满足大银行要求

（1）流程。

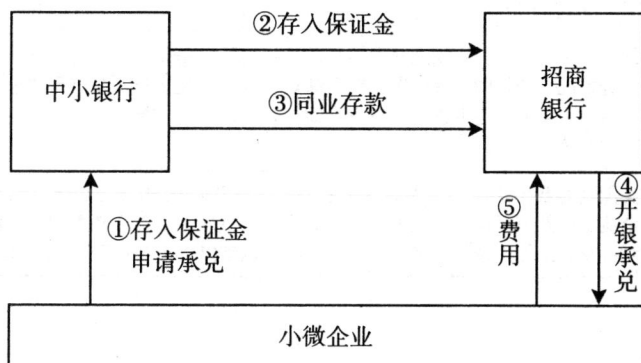

图 4-40　流程

（2）流程图的列示。

表 4-89 流程详解

序号	流 程
①	小微企业向中小银行存入保证金并申请办理承兑
②	中小银行向招商银行存入金额或约定比例的保证金
③	保证金差额部分，中小银行向招商银行存入同业存款
④	招商银行作为承兑行为小微企业开具银行承兑汇票
⑤	小微企业向招商银行缴纳手续费

推广变通：大型银行发放贷款，中小银行负责管理并承担风险。一些中小银行由于规模问题无法满足授信客户信贷需求，可与大型银行签订合作协议，由中小银行负责贷前调查、企业授信评级和贷后管理，并承担贷款风险；大型银行在向中小银行授信的范围内给企业发放贷款（一般金额较大且采取抵押保证）。利息收入在大型、中小银行之间按一定比例分配。

2. 银行与信托类

（1）"银行理财产品+信托贷款"融资模式。在 2009 年，浦发银行金融机构部牵头与长安信托业务部合作，对红星美凯龙发放了期限为 1 年，规模为 10 亿元的信托贷款。

表 4-90 相关内容

参与者	特点
浦发银行	出于维护优质贷款客户的目的，与长安信托合作，对红星美凯龙发放了期限为 1 年，规模为 10 亿元的信托贷款
长安信托	长安信托作为受托人，在受到浦发银行的委托之后，基于受托人的职责，对红星美凯龙的整体财务情况、项目的进展情况、资金缺口以及未来现金流预测进行调查，并上报信托公司项目风险决策委员会审核，经过审批通过之后，再向监管机构进行报备，并与贷款人红星美凯龙签署信托贷款合同
红星美凯龙	红星美凯龙是我国家居业一大品牌企业，中国民营企业 30 强。由于其具有良好的主营业务现金流支持及市场信誉，成为受银行欢迎的贷款对象，然而随着信贷规模的限制，即便银行对红星美凯龙的授信额度未用满，实际上也难以直接对其实施更多的贷款

1）流程。

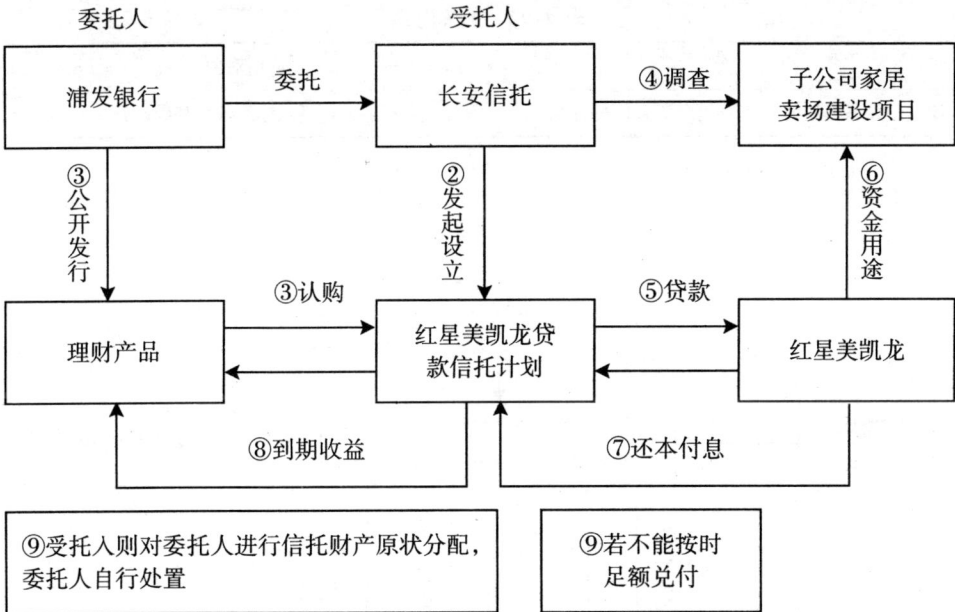

图 4-41　流程

2）流程图的列示。

表 4-91　流程详解

序号	流程
①	浦发银行和长安信托达成委托与受托的关系
②	长安信托受托发起设立红星美凯龙贷款信托计划
③	浦发银行公开发行理财产品募集资金，认购贷款信托计划
④	长安信托基于受托人的职责，对红星美凯龙及其子公司进行调查
⑤	长安信托根据浦发银行的意愿对红星美凯龙发放 10 亿元 1 年期的信托贷款
⑥	信托贷款用于支持红星美凯龙子公司家居卖场建设项目
⑦	贷款到期，红星美凯龙向长安信托还本付息
⑧	长安信托进行信托收益分配，分配收益给浦发银行
⑨	如果信托到期，红星美凯龙无法按时足额支付贷款本息，则长安信托有权将此信托财产项下的所有应收债权对浦发银行进行原状分配，由浦发银行自行处置

以上案例只是银信合作信托业务模式的一种，为银信合作发放新增贷款。银信合作信托业务还有银信合作转移银行存量信贷资产以及银信合作投资银行自身票据、信用证资产收益权模式。

（2）售后回租联合资金信托模式。

表 4–92　相关内容

概念	适用对象
天津铁厂设备售后回租 1 号集合资金信托计划	高端设备行业，包括医疗设备、基础设施

1）流程。

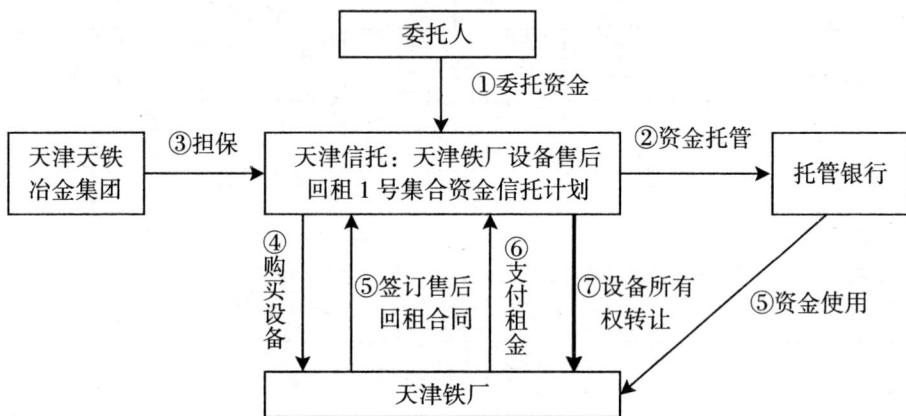

图 4–42　流程

2）流程图的列示。

表 4–93　流程详解

序号	详细过程
①	成立天津信托天津铁厂设备售后回租 1 号集合资金信托计划，委托人投资信托计划
②	信托计划将募集资金保管在银行
③	天津天铁冶金集团有限公司为本信托计划提供保证担保
④	信托计划募集资金规模为 2.7 亿元，信托计划资金由天津信托集合运用，以 2.7 亿元购买天津铁厂的 5.038 亿元的设备
⑤	天津铁厂与天津信托签订《售后回租合同》，取得资金使用
⑥	天津铁厂向天津信托支付租金，天津铁厂以经营收入、提取折旧作为支付租金资金来源
⑦	信托计划到期时，天津信托将设备所有权转回天津铁厂

3. 银行与证券

"变更资金用途成立子公司+银行委托贷款"模式。

案例：通过银行委托贷款，国元证券将募集的资金由子公司"输血"房地产项目。

表4-94 相关内容

参与者	特 点
国元证券	2012年国元证券公司成立子公司国元创新投资公司
银行	银行不承担贷款损失风险，只负责按照委托人所指定的对象或投向、规定的用途和范围、定妥的条件（金额、期限、利率等）代为发放、监督使用并协助收回贷款
房地产企业	有较大融资需求，在国家对房地产行业进行宏观调控下，房地产企业难以在A股市场上实现再融资

（1）流程。

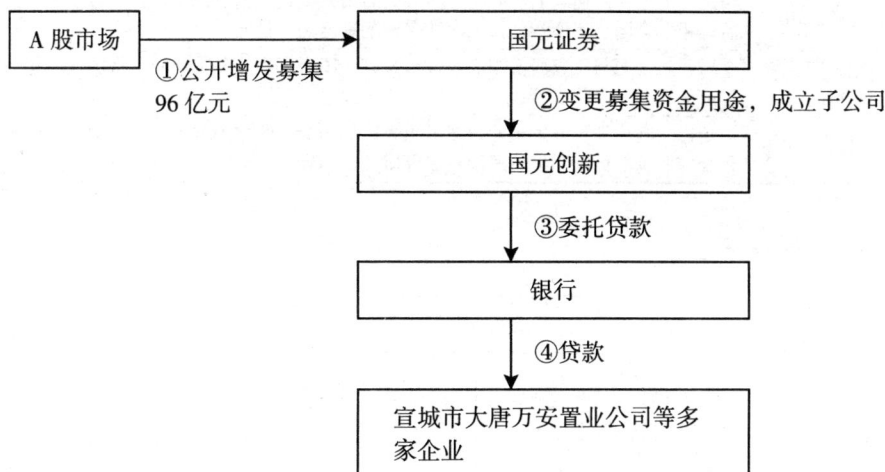

图4-43 流程

（2）流程图的列示。

表4-95 流程详解

序号	详细过程
①	国元证券2009年通过公开增发募集到96亿元
②	国元证券2012年将其中的15亿元"变更募集资金用途"，成立国元创新投资公司
③	国元创新委托银行发放委托贷款
④	银行给宣城市大唐万安置业公司等多家企业发放委托贷款

特点：此种模式下，证券公司使用募集到的资金，成立子公司，并通过银行委托贷款的桥梁作用将自有的闲置资金贷给房地产企业，充分利用了资金。银行在其中可以收取委托贷款的费用。值得注意的是：2015年1月16日，银监会发布《商业银行委托贷款管理办法（征求意见稿）》，规定银行授信资金、筹集的他人资金等五类资金，不得进行委托贷款，规定对这种模式有较大影响。

4. 银行与租赁

（1）"售后返租式融资租赁+保理"融资模式。

案例：在新世纪金融租赁有限责任公司的成功运作下，全国首个房地产"售后返租融资租赁+保理"融资项目正式签约。

表 4-96　相关内容

参与者	特点
房地产公司	房地产公司将其拥有的一海南著名大酒店出售给金融租赁公司，并签订了5年的"售后回租"合同。房地产公司一次性完成融资金额6亿元
新世纪金融租赁有限责任公司	金融租赁公司与一家股份制商业银行签订"国内保理业务"合同，将房地产售后回租形成的租金应收款卖给银行
银行	银行以买断房地产开发企业（即承租人）的租金应收款为基础，为金融租赁公司提供租金应收款的催收和信用风险控制等服务，拓展了银行中介业务——"保理业务"

1）流程。

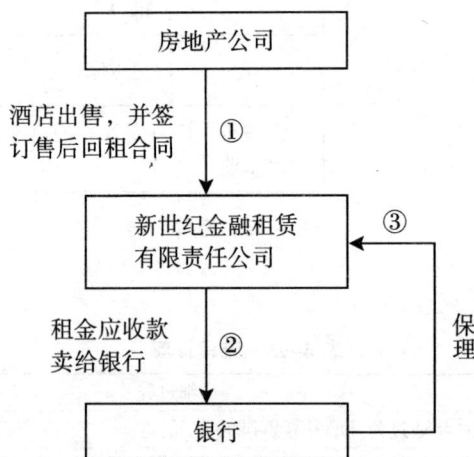

图 4-44　流程

2）流程图的列示。

表 4-97 流程详解

序号	流程
①	房地产公司将其拥有酒店出售给新世纪金融租赁公司，双方签订售后回租合同
②	新世纪金融租赁公司与股份制商业银行签订"国内保理业务"合同，将房地产售后回租形成的租金应收款卖给银行
③	银行为新世纪公司提供保理业务

房地产企业通过金融租赁公司房地产售后回租，一方面，获得自有资金，并将其充抵新开发项目的资本金；另一方面，通过"售后回租"，房地产企业仍可经营原来的房地产项目，形成现金流。租赁公司根据房产项目的质量以及租金应收款的风险程度，可收取融资租赁费用。同时获得保理资金。银行在收取租金应收款的同时，也可收取保理手续费。此为一举多得。

（2）买入返售应收融资租赁贷款模式。

表 4-98 相关内容

概念	适用对象	相关规定	类似产品	思维变通
买入返售应收融资租赁贷款	金融机构、同业	融资租赁应收账款严格意义上属于非标资产，直接计入应收融资租赁，只要风险计提合规，就没问题	应收融资租赁贷款，境外融资	融资租赁成为同业业务对接"非标"资产的新通道。买入返售科目下只能投资债券、央票等

1）流程。

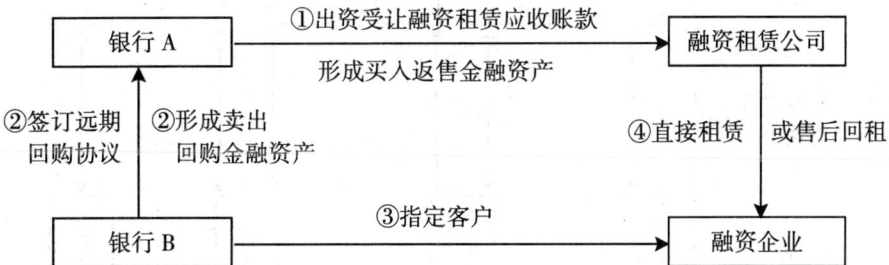

图 4-45 流程

2）流程图的列示。

表 4-99　流程详解

序号	详细过程
①	银行 A 和融资租赁公司出资受让融资租赁应收账款，形成买入返售金融资产
②	银行 A 和银行 B 之间签订远期回购协议，形成卖出回购金融资产
③	银行 B 选择指定的符合条件的融资企业
④	融资企业和融资租赁公司间开展租赁业务或者售后回租

5. 银行与基金

"PE 平台+股权投资+银行贷款" 融资模式。

案例：浦发银行引入私募股权投资基金解决企业融资问题。这是国内银行首个针对私募股权投融资领域的综合金融方案。

表 4-100　相关内容

参与者	特　点
浦发银行	搭建合作共赢的平台，引入入 PE（私募股权投资基金），实现了产业资本与金融资本的无缝对接
私募股权投资基金	提供融（融资支持）、投（投资支持）、管（管理支持）、退（退出支持）、保（托管支持）、智（顾问）等一体化综合金融服务
企业	通过银行和基金公司融资，企业生命周期的每个阶段都有对应方案

（1）流程。

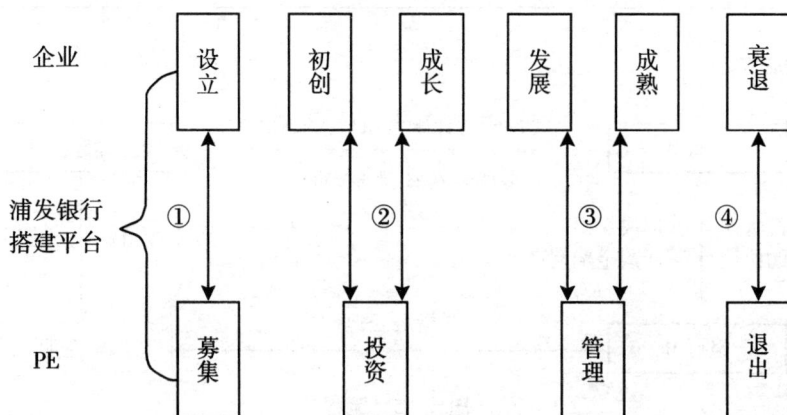

图 4-46　流程

（2）流程图的列示。

表 4-101　流程详解

序号	详细过程
①	浦发银行搭建平台，在企业设立时期，提供 PE 融资支持
②	浦发银行搭建平台，在企业初创、成长时期，提供 PE 投资支持
③	浦发银行搭建平台，在企业发展、成熟时期，提供 PE 管理支持及适当银行贷款
④	浦发银行搭建平台，在企业衰退时期，提供 PE 退出支持

浦发银行 PE 金融服务方案是以"顾问+ 托管"作为基本服务模式，以顾问业务为切入点，然后加入 N 个产品的支持，即"顾问+ 托管+N"的全方位服务模式。这种服务不仅是对 PE 产业链的整合，也是基于企业生命周期特点对投资银行和商业银行工具的一个整合。

6. 银行与保险

"贷款+出口信用保险"模式。

案例：建设银行淄博分行首单出口信贷再融资业务。

表 4-102　相关内容

参与者	特　点
山东博泵科技股份有限公司	一家山东省淄博市博山区有着 80 年水泵业历史的全国重点骨干企业
中国建设银行淄博市分行	运用银行保单合作模式，即为出口企业的应收账款购买保险，并将其对国外进口商的担保额度作为银行发放贷款的重要依据，以此规避被保险人经营出口业务时的国家 (地区) 的政治风险和买家的商业风险
中国出口信用保险公司	我国政策性出口信用保险公司
苏丹财政国民经济部	在我国有购货需求

（1）流程。

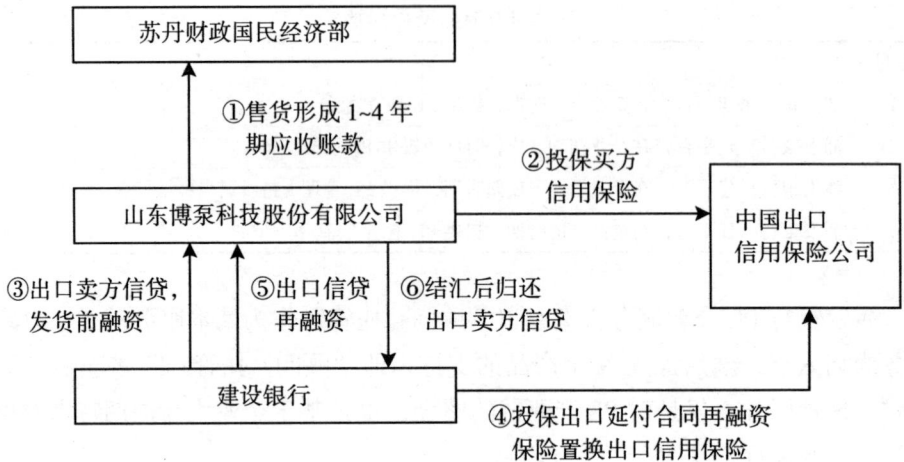

图 4-47　流程

（2）流程图的列示。

表 4-103　流程详解

序号	详细过程
①	山东博泵向苏丹财政国民经济部售货形成 1~4 年期应收账款
②	山东博泵以应收账款向中国进出口保险公司投保买方信用保险
③	建设银行向山东博泵发放出口卖方信贷
④	建设银行投保出口延付合同再融资保险，置换原出口信用保险
⑤	建设银行为山东博泵办理出口信贷再融资
⑥	山东博泵归还建设银行在企业发货前已经发放的出口卖方信贷

　　通过保险公司，实现了出口信贷再融资和信贷产品替换。企业取得出口信贷再融资后用于归还原出口卖方信贷贷款。实现了由银企关系向银保关系转变，便于中国信保利用专业优势实现对海外应收账款的风险监控。

　　7. 银行与期货

　　"银行贷款+期货"融资模式。

　　企业在进行套期保值交易时，需要交付大量保证资金，企业往往自有资金不足，而涉农金融机构虽有资金，但有"惧贷"心理。粮食购销企业通过民间借贷的方式来融资，增加了企业生产经营成本，使期货业务难以实现，最终影响农民和企业的增收。哈尔滨银行海伦支行对黑龙江东海粮油有限公司发放了 1300 万元"期货贷款"。该公司用这笔贷款收购了 1 万吨大豆，增加了期货业务，促进盈利能力增加。同时，农民销售给东海粮油股份有限公司的大豆，参加期货交易，每吨大豆可多增收 200~300 元。

表 4-104　相关内容

参与者	特　点
哈尔滨银行	有资金，但有"惧贷"心理。通过详细的调研，发现有很多粮食收购企业采取在期货市场套期保值方式来规避价格风险
黑龙江东海粮油有限公司	多年经营粮食购销，具有相对稳固的农产品原料基地，他们与种植业合作社及农户锁定了农产品货源，企业同时在期货公司进行套期保值交易，确保了农产品价格相对稳定。企业通过套期保值，采购价格比一般市场价格高 0.10~0.15 元/斤左右。公司拟准备扩大期货业务规模，但苦于缺少资金
期货公司	粮油企业可以在期货公司进行套期保值交易，同时可降低银行放贷风险
农户	农户销售给黑龙江东海粮油有限公司的大豆，参加期货交易，每吨大豆因质量等级的不同，可多增收 200~300 元，且秋后农户不愁粮食的价格下调和滞销的问题，农户无后顾之忧，提高了收益

（1）流程。

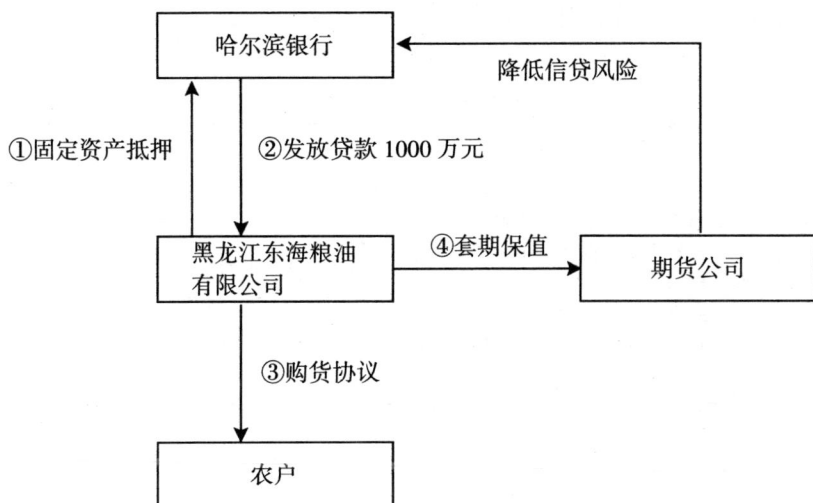

图 4-48　流程

（2）流程图的列示。

表 4–105　流程详解

序号	详细过程
①	黑龙江东海粮油有限公司将固定资产抵押给哈尔滨银行
②	哈尔滨银行给黑龙江东海粮油有限公司发放 1000 万元贷款
③	黑龙江东海粮油有限公司与农户签订购货协议，锁定农产品货源
④	黑龙江东海粮油有限公司在期货公司进行套期保值交易，既确保了农产品价格稳定，又降低了哈尔滨银行的信贷风险

期货贷款的发放，使哈尔滨银行较好地发挥了支农作用，既真正体现了帮助农民增收致富，也架起了原料基地与龙头企业的桥梁，使龙头企业有了稳定的原料来源。在整个流程过程中要切实防范期货操作不当的风险。企业及农户不宜轻易涉足期货操作，否则将产生风险。

8. 银行与其他类

（1）银行与财务公司。

财务公司的产业链金融服务模式。

表 4–106　相关内容

概念	适用对象
财务公司的产业链金融服务是指以成员单位在产业链中核心地位为依托，为整个产业链上的企业提供融资、结算等综合金融服务。为解决供应链核心企业的上下游中小企业融资难问题，银监会于 2014 年在全国选取北汽、上汽、海尔、格力、武钢 5 家集团财务公司试点延伸产业链金融服务。格力财务公司用 250 亿元延伸产业链金融	各类产业链上的核心企业及其财务公司、上下游企业

1）流程。

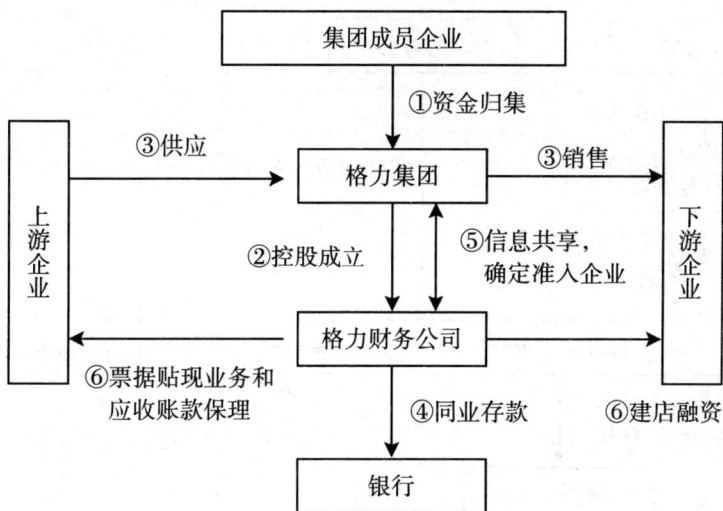

图 4-49 流程

2）流程图的列示。

表 4-107 流程详解

序号	详细过程
①	格力集团归集集团成员企业资金，资金归集率达到80%以上
②	成立格力财务公司，格力集团进行控股，格力集团将资金存入财务公司
③	格力集团与上下游企业发生业务往来，产生物流、资金流等综合信息
④	格力财务公司将资金以同业存款形式存入银行
⑤	财务公司和格力集团联合评价，确定准入的上、下游企业，进行动态管理
⑥	格力财务公司根据综合信息确定放款对象和放款金额，对上游企业做票据贴现和应收账款保理，对下游企业进行建店融资

（2）银行与资产管理公司。

"结构化融资产品有限合伙"模式。

表 4-108 相关内容

概念	适用对象	思维变通
资产管理公司结构化融资产品有限合伙模式，银行理财资金及资产公司买入有限合伙企业份额，给企业提供融资	房地产企业或者地方融资平台项目	本质上是资产管理公司作了一笔债券投资，银行理财来提供杠杆

1）流程。

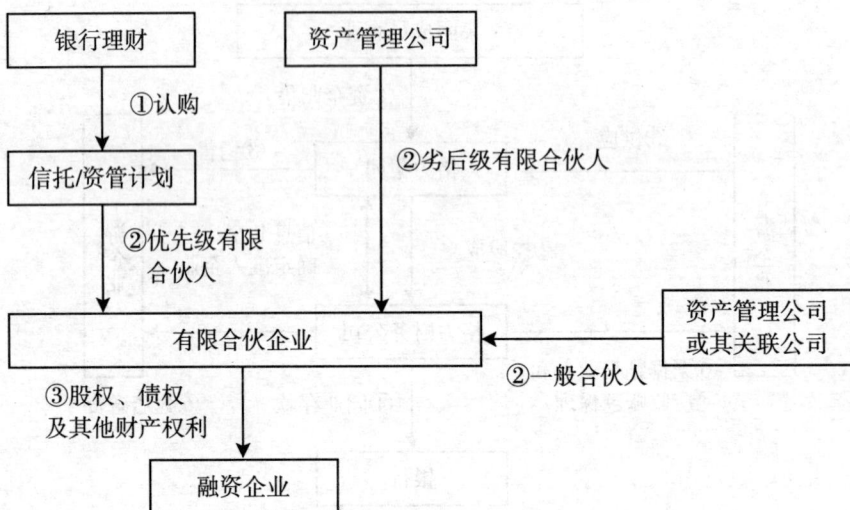

图 4-50 流程

2）流程图的列示。

表 4-109 流程详解

序号	详细过程
①	银行理财资金通过信托或资管计划买入有限合伙企业的优先级份额
②	资产管理公司买入有限合伙企业的劣后级份额；同时，由资产管理公司或其关联公司担任有限合伙企业的一般合伙人
③	有限合伙企业将资金以股权、债权、收益权等形式发放给融资企业

（二）银行与证券、基金等多方融资组合

1. 银行与保险公司、互联网公司三方合作

招财宝票据贷模式。

表 4-110 相关内容

概念	适用对象
票据贷是指票据收款人在票据到期前将票据权利转让给贷款人，而取得现款的一种资金融通方式。方式为将票据质押担保，在招财宝上发布产品，向个人投资者募资，以较低的价格将承兑汇票的收益权转让给投资者，而票据到期后则由平台直接把承兑汇票折现，投资者从而拿回本金和收益。例如，招财宝"中小企业贷 000405 号"的产品	承兑汇票收款企业

（1）流程。

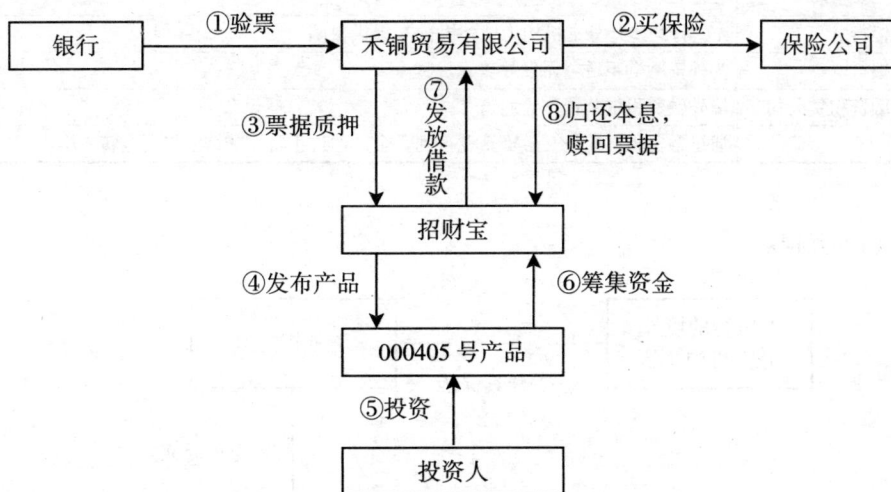

图 4-51　流程

（2）流程图的列示。

表 4-111　流程详解

序号	详细过程
①	由银行检验借款人提供的承兑汇票的真伪，提供银行相关证明文件
②	借款人给承兑汇票上保险，如果承兑出现问题，保险公司进行赔偿
③	借款人以票据作为质押物，向招财宝平台借款
④	招财宝平台发布招财宝"中小企业贷 000405 号"产品
⑤	投资人投资招财宝产品
⑥	招财宝平台通过发布产品，筹集到资金
⑦	招财宝平台给借款人放款
⑧	到期禾铜贸易有限公司归还本息，赎回票据

2. 银行与境外银行、租赁公司三方合作

"保函+境外租赁"模式。

案例：国内银行借助境外银行及融资租赁公司作为通道给企业融资。

表 4-112　相关内容

参与者	特　点
国内银行 A	A 银行的境外分支机构为境外银行 B 提供保函
境外银行 B	为外资融资租赁公司发放美元贷款
外资融资租赁公司	境外融资租赁公司作为通道
企业	通过融资租赁业务，融资企业得到资金，通过正常途径结汇将资金转入境内

（1）流程。

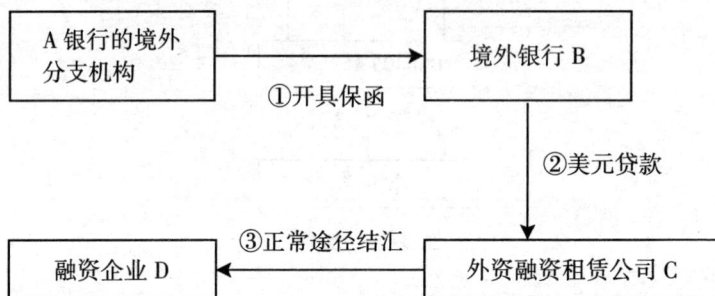

图 4-52　流程

（2）流程图的列示。

表 4-113　流程详解

序号	流　程
①	A 银行的境外分支机构给境外银行 B 开具保函
②	境外银行 B 给外资融资租赁公司 C 发放美元贷款
③	外资融资租赁公司 C 通过正常途径结汇将资金转入境内，通过融资租赁业务将资金发放给融资企业 D

　　境外美元贷款利率成本较低，美元贷款可以通过正常途径结汇入境，从而投放到待融资企业，使得融资链条的各方都获得收益。类似：内保外贷模式。为了控制汇率风险可以做套期保值交易。

　　3. 银行与证券、交易中心、基金四方合作

　　"银行贷款+股权担保+远期股权交易"融资模式。

　　案例："贷款+股权"投资，由银行、OTC、产业基金共同搭建。以广州股交中心"股融通 1 号"为例。

表 4–114 相关内容

参与者	特 点
浦发银行广州开发区支行	给中小企业提供融资服务，符合条件的挂牌企业只需质押股权即可获得贷款，贷款审批快、质押手续办理快和违约处置快
广州股权交易中心	在广州股权交易中心挂牌企业以其股东持有的一定比例股权作为债权担保，可以通过"股融通1号"产品向浦发银行申请贷款
广州产业投资基金	企业贷款所需的增信措施由广州基金提供，企业在获得合作银行专项融资授信的同时，与广州基金签署远期股权转让协议，约定贷款到期时，如挂牌企业还款触发违约条件，由广州基金受让其股权，并代偿贷款

（1）流程。

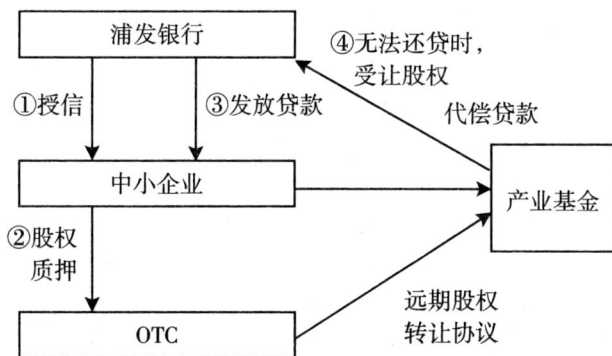

图 4–53 流程

（2）流程图的列示。

表 4–115 流程详解

序号	详细过程
①	浦发银行给中小企业授信。同时，中小企业与广州基金签订远期股权转让协议
②	中小企业将股权质押给 OTC
③	浦发银行给中小企业发放贷款
④	如果中小企业还款触发违约条件，由产业基金通过远期股权转让协议，受让股权，代偿贷款

股权质押的基础上，引进产业基金为担保方，在贷款发生违约时，从银行手中接管股权、偿还贷款。

4. 银行与租赁、租赁、投资公司四方合作

"保理+融资租赁"模式。

案例：上海融联租赁股份有限公司牵头，福建省厦门市的某银行为贷款（保理）人，承租人为浙江 HC 租赁有限公司等的 1630 万元（总额 2.33 亿元，首批 1630 万元）医疗设备的中小企业融资租赁（回租）贷款成功发放。

表 4-116　相关内容

参与者	特 点
上海融联租赁股份有限公司	在本案例中起牵头作用。公司根据市场经济发展的实际情况，汇集国际、国内现代金融业务理念，精心设计、推出一系列全新的金融租赁产品
浙江 HC 租赁有限公司	一家传统的租赁公司，无中小企业融资租赁资质。租赁公司对作为由投资性的分成租赁收益作为还租来源的经营行业一直未敢涉深进入，银行对租赁公司信用心有余悸
上海 HC 投资公司	HC 租赁的大股东，为了盘活该医疗设备的资产，进行新项目的投资，提出了对该设备进行售后回租的设想。选定上海融联作为设备出租方，HC 租赁作为出卖方和承租方
厦门银行	受银行管理机制的约束，只能对辖区内的租赁公司贷款，并且必须用于本辖区的承租人客户。这对租赁公司开展异地业务是一个很大的障碍

（1）流程。

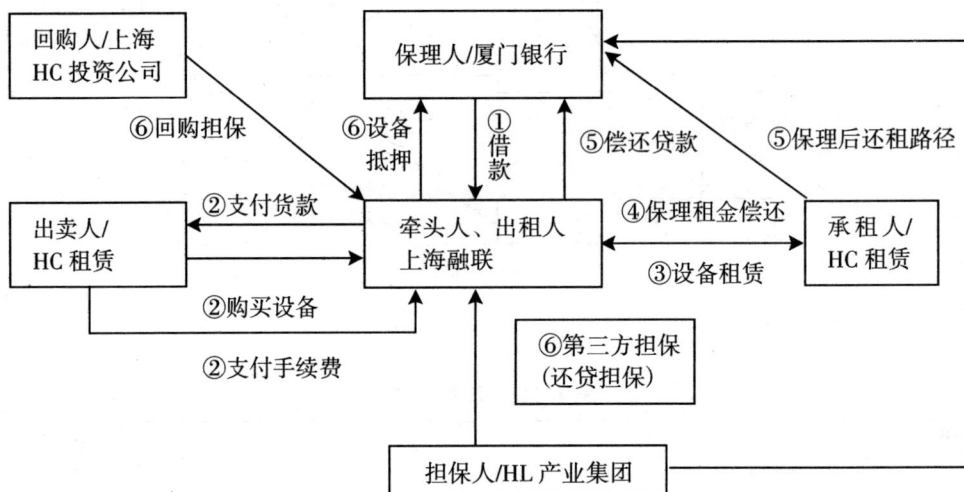

图 4-54　流程

（2）流程图的列示。

表 4-117　流程详解

序号	详细过程
①	厦门银行发放 1630 万元贷款给上海融联
②	上海融联从 HC 租赁公司购买设备，支付货款
③	上海融联再将该设备回租给 HC 租赁公司
④	HC 租赁公司用保理租金偿还给上海融联
⑤	上海融联将获得的保理租金用于归还银行还本付息
⑥	如果还租出现问题，则启动担保（设备抵押、HC 最大股东 HC 投资、HL 产业集团）还款程序

本业务是中国内资中小企业融资租赁界首例两头在外（出租人与承租人均在贷款银行所在地以外的地方），并以投资分成作为还租即还本付息来源的经典案例。

5. 银行与信托、信托、央企财务公司四方合作

"银行+信托+财务公司"金团贷款模式。

案例：2013年5月，银行和信托公司跨界合作，组建银团贷款，帮扶地产融资。

表 4-118　相关内容

参与者	特　点
北京金科纳帕	为上市公司金科地产控股子公司，因其"金科·纳帕庄园"等项目开发需要融资。北京金科纳帕以融资项目的土地使用权为银团贷款事项提供部分抵押担保，金科地产同时为本次银团贷款提供连带责任保证担保
昆仑信托	昆仑信托发起设立金科纳帕庄园房地产开发银团贷款集合资金信托计划，分别由某央企财务公司认购5亿元，兴业信托认购3亿元，预计年化收益率为8.8%
兴业信托	认购昆仑信托发起的设立金科纳帕庄园房地产开发银团贷款集合资金信托计划3亿元。兴业信托认购该信托计划的3亿元资金全数对接自有资金
央企财务公司	认购信托计划5亿元
中信银行	提供贷款

（1）流程。

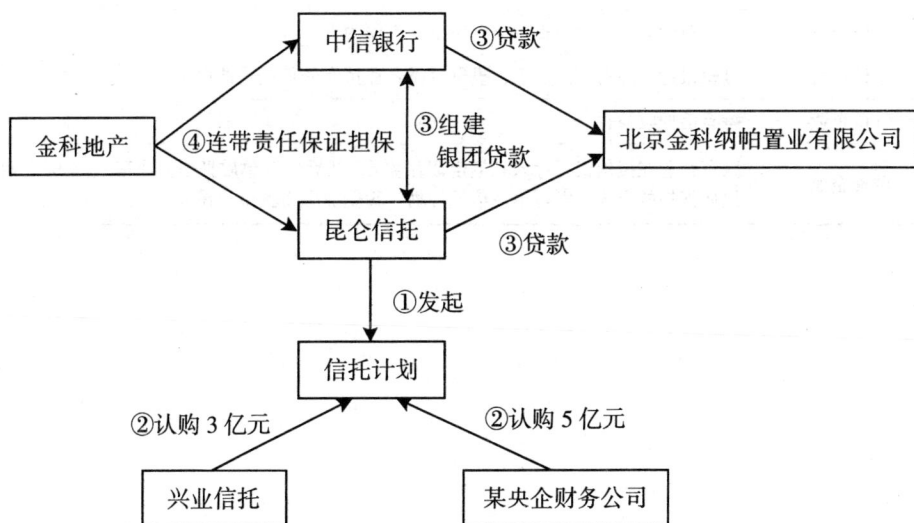

图 4-55　流程

（2）流程图的列示。

表 4-119　流程详解

序号	详细过程
①	昆仑信托发起信托计划
②	兴业信托和央企财务公司认购信托计划，分别认购 3 亿元和 5 亿元
③	中信银行和昆仑信托组建银团贷款，贷款给北京金科纳帕置业有限公司
④	金科地产控股贷款公司，为本次银团贷款提供连带责任保证担保

资金来源特点：大信托公司资金都很充裕，银行与信托的合作也变得越来越多元化，对于好的行业，信托公司的资金并非来自发行 TOT 产品（专门投资信托产品的信托）对接，而是来自自有资金。

6. 银行与银行、信托公司、过桥企业四方合作

"定期存单质押+额外直接授信"模式。

案例：融资企业在授信银行存入定期存款 n，然后以存单质押增信或第三方出质人提供质押物的方式发行单一信托计划，为企业融得资金规模 n。

表 4-120　相关内容

参与者	特点
授信银行	授信银行为融资企业提供额外授信，规模为 n
过桥银行	过桥银行用理财产品资金，投资过桥企业持有的信托受益权
过桥企业	持有信托收益权
融资企业	融资企业在授信银行存入一笔定期存款 n，然后以存单质押增信或第三方出质人提供质押物的方式，发行单一信托计划，为企业融得资金规模 n

（1）流程。

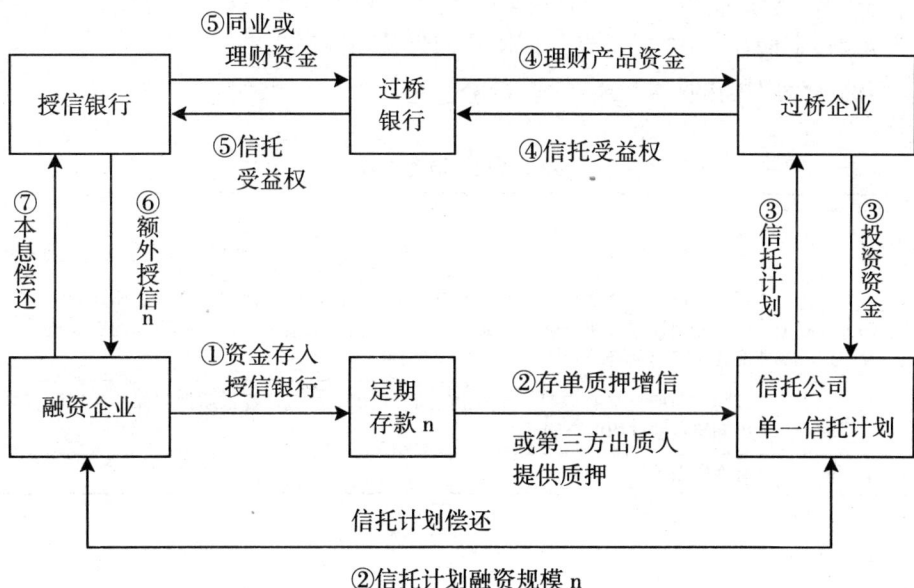

图 4-56　流程

（2）流程图的列示。

表 4-121　流程详解

序号	流　　程
①	融资企业在授信银行存入一笔定期存款 n
②	融资企业以存单质押增信或第三方出质人提供质押物的方式，发行单一信托计划，为企业融得资金规模 n
③	过桥企业购买信托计划
④	过桥银行用理财产品资金，投资过桥企业持有的信托受益权
⑤	授信银行用同业资金或理财资金对接过桥银行持有的信托受益权
⑥	银行为融资企业提供额外授信，规模为 n
⑦	融资企业偿还本息给授信银行

对于融资企业而言，表面上是获得了信托融资和银行授信共 2n 的资金规模，但需事先存入规模为 n 的定期存款，因此企业也只获得了规模为 n 的净现金流，同时付出的融资成本约为"信托产品成本（约 9%）+存贷利差（约 3%）"，即 12%左右。虽然高于普通贷款利率，但是对于融资限制或不满足银行授信评级的

企业而言，这也是企业获得融资的主要渠道之一。

7. 银行、信托、券商、基金四方合作

"理财+定期存款+委托贷款"信用挂钩收益互换模式。

案例：信用挂钩收益互换产品（TRS）。

表4-122　相关内容

参与者	特　点
民生银行	银行发行非保本浮动型理财产品募集资金，募资完成后将资金投资于银行定期存款
券商、信托、基金	银行通过自营资金或者同业资金投资于券商定向资管计划、单一信托计划、基金子公司专项计划等非标资产，通过券商、信托、基金子公司等通道机构以委托贷款的形式为客户融资
理财投资者	理财产品所投资的定期存款为银行所投资的非标资产提供质押担保，而理财客户亦需和银行签订担保合同
融资企业	有融资需求

（1）流程。

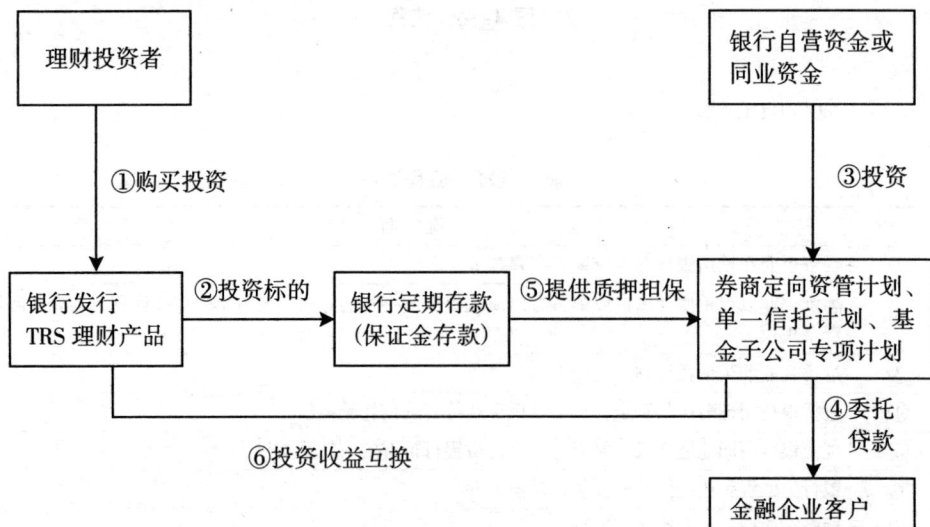

图4-57　流程

（2）流程图的列示。

表4-123　流程详解

序号	流　程
①	银行发行理财产品，理财投资者投资，银行募集到资金
②	银行将募集的资金投资于银行定期存款，资金在理财客户的保证金账户中形成类似于结构性存款的保证金存款
③	银行通过自营资金或者同业资金投资于券商定向资管计划、单一信托计划、基金子公司专项计划等非标资产
④	银行通过券商、信托、基金子公司等通道机构以委托贷款的形式为客户融资
⑤	理财产品所投资的定期存款为银行所投资的非标资产提供质押担保
⑥	资管计划与理财产品通过签订TRS协议，将利息较低的定期存款收益互换为利息较高的资管产品浮动收益

TRS投资的是银行定期存款，并非直接投资非标资产，绕开银监会8号文的监管。对于授信存在瑕疵的企业融资客户来说，尤其是政策限制贷款行业的客户，通过非标渠道成功融资。此为创新做法。

8.银行与银行、信托、证券四方合作

"理财产品+券商资管计划+信托收益权"融资模式。

案例：A银行通过与B银行、券商和信托公司合作曲线满足地矿集团的融资需求。

表4-124　相关内容

参与者	特　点
地矿集团	该企业为省国资委下属的全资子公司，资信、经营及财务状况良好，还款能力和担保能力较强，属于A银行的高端客户，向A银行申请28亿元贷款用于投资和开采煤矿资源
A银行	A银行满足地矿集团资金需求。但A银行对该笔信贷投放存在种种顾虑，一是A银行贷款总量不足300亿元，28亿元的信贷投放将会融及银监会关于最大单一客户贷款比例的监管红线；二是贷款资产的风险权重高，直接发放贷款将大幅降低资本充足率。A银行要稳固客户资源和追求资金收益，就必须绕过上述制约
B银行	B银行根据A银行委托，发行单一机构非保本浮动收益型理财产品，并从A银行募集资金28亿元。理财产品成立后，B银行将理财资金投资于定向资产管理计划
券商	券商与B银行（作为委托人）签订《定向资产管理合同》，券商成立定向资产管理计划C，约定对该计划投资28亿元，根据B银行的投资指令进行投资
信托公司	券商与信托公司签订单一资金信托合同，委托给信托公司28亿元资金。信托合同生效后，信托公司与地质勘查局签订《地矿集团股权收益权转让及回购合同》，以全额信托资金受让其持有的地矿集团100%股权的收益权，期限两年，合同存续期内，信托公司凭其受让的股权收益权参与地矿集团的利润分配

（1）流程。

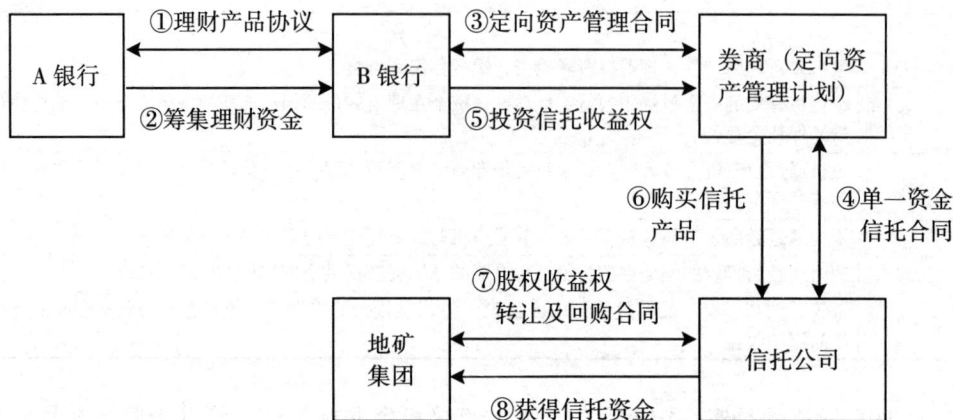

图 4-58　流程

（2）流程图的列示。

表 4-125　流程详解

序号	流　　程
①	A 银行与 B 银行签订理财产品协议
②	B 银行发行理财产品，从 A 银行募集资金 28 亿元
③	B 银行作为委托人，与券商签订定向资产管理合同
④	券商作为资产管理计划的管理人与信托公司签订单一资金信托合同
⑤	B 银行将理财资产投资于资产管理计划
⑥	券商购买信托公司信托产品
⑦	信托公司与地矿集团签订股权收益转让及回购合同
⑧	地矿集团获得信托公司的信托资金

实质：尽管上述交易链条中涉及主体多，交易环节复杂，但交易实质仍是地矿集团以股权质押方式获得 A 银行信贷资金。交易链条的拉长和交易结构的安排掩盖了真实交易目的，导致各交易主体的实际角色错位。

二、非银行金融企业间的融资组合

（一）信托、基金等机构两方合作

1. 信托与证券

"私募资金+母、子信托"融资模式。

案例：平安信托于 2009 年与东海证券合作推出了我国第一款 TOT 证券私募理财产品"盛世一号集合信托理财产品"。

表 4-126　相关内容

参与者	特　点
平安信托	平安信托作为受托人，从不同的私募基金管理人管理的阳光私募子信托中，挑选出符合标准的不同风险偏好的多个子信托，作为母信托的资金投向，同时也在子信托业绩表现不好时，通过母信托资金赎回再认购的方式更换新的子信托
东海证券	作为母信托投资顾问的东海证券，基于其证券投资方面的专业能力，协助受托人确定投向每个子信托的资金比例，通过最优组合配置，获取最大的母信托收益

（1）流程。

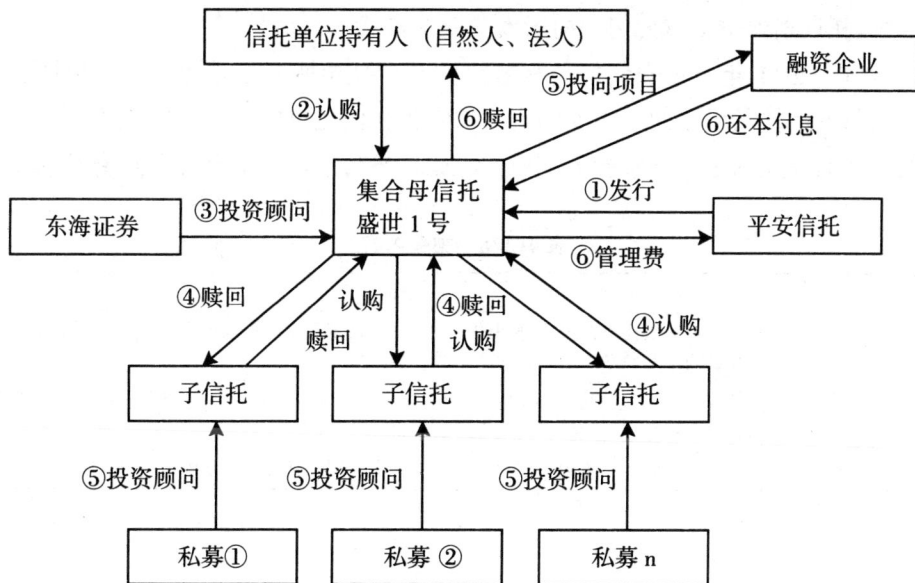

图 4-59　流程

（2）流程图的列示。

表 4-127　流程详解

序号	详细过程
①	平安信托作为受托人发行集合母信托盛世 1 号
②	信托单位持有人认购集合母信托盛世 1 号
③	东海证券为集合母信托盛世 1 号提供投资顾问服务
④	平安信托挑选子信托，并确定投向子信托的比例，通过赎回再认购更换新的子信托
⑤	私募基金管理者管理子信托，子信托投资于股票、债券等证券类资产及融资企业
⑥	集合母信托盛世 1 号向平安信托缴纳管理费，融资企业还本付息，投资人赎回

　　TOT 证券私募信托为"信托中的信托"，信托公司发起设立母信托，由母信托募集资金，选择业绩稳健，职业道德良好的私募基金公司作为投资顾问设立子信托，并由子信托投资于股票、债券等证券类资产，子信托的投资行为接受母信托的约束和监督，通过专业化分工，达到分散风险和追求绝对收益的目标。这是一种创新的组合证券私募投资信托产品。

　　2. 信托与基金

　　"信托计划参与上市公司定向增发"融资模式。

　　案例：2011 年，长安信托与私募投资基金公司博弘数君合作，聘请博弘数君作为长安信托新设立的"长安创富定增宝集合信托投资产品"的投资顾问，借助博弘数君专业的定向增发投资领域的经验，参与国内上市公司定向增发投资。

表 4-128　相关内容

参与者	特　点
长安信托	受托人长安信托根据投资顾问的指令，向发行定向增发股票的上市公司主承销商递交参与认购定向增发股票的意向函，并参加报价
博弘数君	信托成立后由投资顾问确定定向增发投资项目及报价范围，并将调研报告及定价依据，提交信托公司的投资决策委员会审批
投资者	认购信托份额，一般为大型财务公司、证券公司、基金公司及国内大型企业机构

（1）流程。

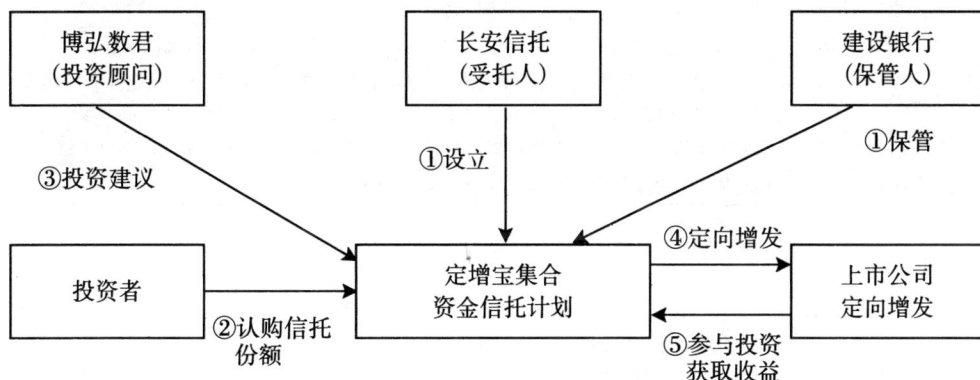

图 4-60　流程

（2）流程图的列示。

表 4-129　流程详解

序号	详细过程
①	长安信托设立定增宝集合资金信托计划，确定保管人
②	投资者投资定增宝集合资金信托计划，认购信托份额
③	博弘数君作为定增宝集合资金信托计划的投资顾问
④	借助博弘数君专业的定向增发投资领域的经验，进行定向增发
⑤	信托计划发行后向投资者回报利益

从业务性质来说，定向增发股权投资信托，属于主动管理型证券私募投资信托产品。从风险角度来看，由于投资风险仍受大盘等外部因素的直接影响，而且投资期有至少一年的锁定期，如果出现大熊市等不可预测的情况，还是有可能会面临巨额亏损的情况，特别是如果投资决策失误，以过高的价格参与了定向增发，风险会比较大。

3. 信托与租赁

"融资租赁+信托委托贷款"融资模式。

表 4-130　相关内容

参与者	特　点
甲企业	实力较强的甲企业有意购买中小型企业乙的具有专利技术的科技含量较高的设备
乙企业	因乙企业实力较弱，需要一定的资金支持才能够顺利生产，因其为中小型企业，在各金融机构融资难度较大，甲企业也不愿加大其预付定金数额，双方签订的合同很难履行
融资租赁公司	甲企业与融资租赁公司合作，通过用其核心资产与租赁公司售后回租的方式取得一定资金
信托公司	乙企业用与甲企业签订的购货合同产生的应收货款质押给信托公司

（1）流程。

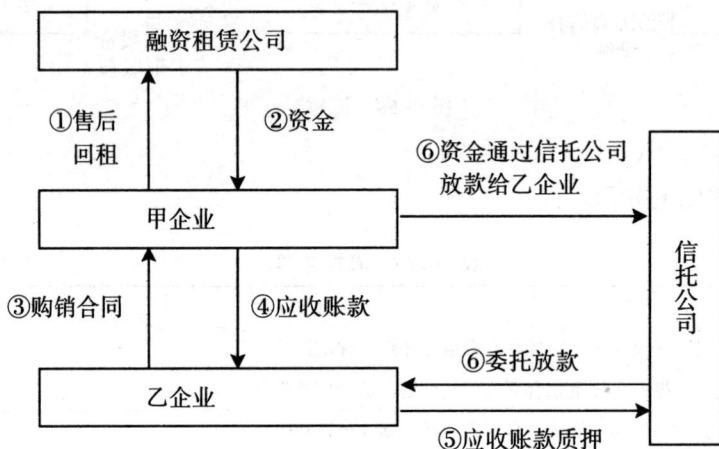

图 4-61　流程

（2）流程图的列示。

表 4-131　流程详解

序号	详细过程
①	甲企业与融资租赁公司合作，通过用其核心资产与租赁公司售后回租的方式取得一定资金
②	融资租赁公司给甲公司提供资金
③	甲企业与乙企业签订购销合同
④	甲企业与乙企业因购销合同形成应收账款
⑤	乙企业用与甲企业签订的购货合同产生的应收货款质押给信托公司
⑥	甲企业将取得的资金通过信托公司放款给乙企业，乙企业用贷款资金进行生产

甲企业通过租赁公司的介入，既可避免大量定金的预付，又可通过盘活自身资产取得一定资金并委托信托公司开展委托放款，在这个过程中，甲企业可取得一定的利差收入（在信托公司放款利率大于租赁公司利率时），乙企业则通过信托资金解决了资金短缺问题。而融资租赁公司、信托公司的租赁业务、信托业

务，因有了甲企业的资产、应付货款作保障，业务风险可以得到很好的控制并能取得较好的回报，是一举四得的办法。

（二）基金、信托、投资、财政等多家机构合作产品

"信托计划+债券基金+股权收购保障"融资模式。

案例：西湖区政府与浙江中新力合担保有限公司合作，推出了全国首只小企业集合信托债权基金——"平湖秋月"。

表 4–132 相关内容

参与者	特　点
西湖区政府	主要为西湖区科技局和财政局，财政局出资 200 万元
信托公司	发行信托产品，由社会和政府资金认购，并提供咨询顾问服务
担保公司	浙江中新力合担保有限公司提供担保，中新力合担保有限公司的大股东之一是美国硅谷银行金融集团。在美国，硅谷银行是一家主要为高科技初创公司提供各种金融与信托服务的商业银行
企业	能享受该债权基金的企业需满足以下条件：注册地在西湖区，并在西湖区纳税；成立两年以上，经营稳定，并且上一个会计年度有盈余；资产负债率低于 85%；上年度销售额大于等于 300 万元；企业实际控制人在杭州有房产，并有 2 年以上从业经验；企业及主要经营者无不良信用记录
投资公司	当企业无法偿还资金，投资公司进行股权收购

（1）流程。

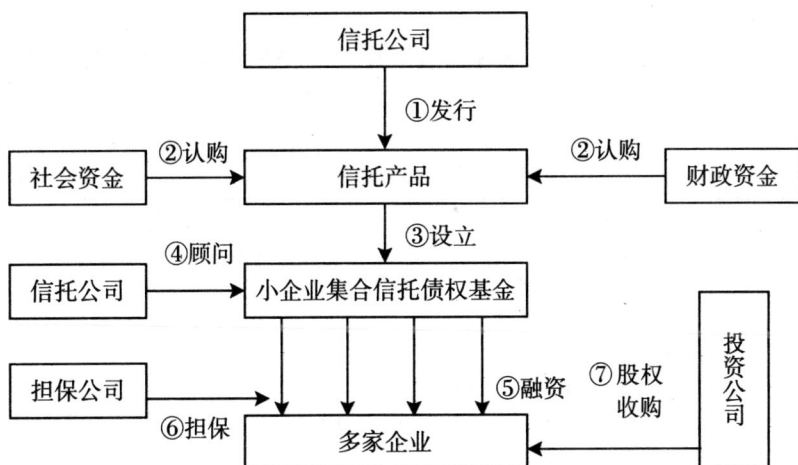

图 4-62 流程

（2）流程图的列示。

表 4-133　流程详解

序号	详细过程
①	信托公司发行信托产品
②	社会和政府资金认购信托产品
③	信托公司设立小企业集合信托债权基金——平湖秋月
④	信托公司提供顾问服务
⑤	通过平湖秋月给多家企业提供融资服务
⑥	融资服务过程中，由担保公司提供担保
⑦	引入投资公司，当企业无法按时偿付银行贷款时，投资公司将以股权收购、资产债权收购等形式进入该企业，为企业带来现金流用以偿付债务，并保持企业的持续经营

西湖区"小企业集合信托债权基金"破解企业融资难最大的特点是：实现政府创新创业引导基金的引导力、科技项目资金的扶持力和风险投资市场的配置力"三力合一"，最大限度地解决企业融资难问题。通过定向发行"小企业集合信托债权基金"，充分调动了社会力量的积极性，使财政 200 万元科技经费作为股本放大 25 倍到 5000 万元；通过担保公司对国有资本的担保，保证了政府财政科技投入的安全性；通过两年后回收重复投资发放给企业，使得更多的科技企业能收益。

（三）其他类

"民间借贷+私募基金+上市+增发新股"模式　蒙牛乳业生命周期过程中多次股权融资案例。

表 4-134　相关内容

发展阶段	企业特点	融资方式
初创期	1999 年企业注册成立，企业规模小，注册 900 万元	①团队自有资金 ②亲戚、朋友的私人借贷 ③租赁和外包缓解资金压力
发展前期	2002 年营业收入 16 亿元，在经营规模迅速扩大和投资活动增加的情况下，自有资金和私人借贷不能满足资金需求。通过引入私募，2003 年营业收入达到 40 亿元，本土排名第三	引入私募基金 6120 万美元。加速海外上市

续表

发展阶段	企业特点	融资方式
发展后期	2004~2007年年复合增长率达到51%。2007年收入达到213亿元,行业第一。企业不再满足本土发展,希望登上世界舞台	IPO融资,给蒙牛带来13.4亿元港币资金支持
成熟期	2007年,蒙牛成为乳制品行业的龙头企业,增长速度不如前期,市场在饱和。2008年全国奶业的"三聚氰胺事件",使企业深受重创,面临被对手收购风险	增发新股,带来30亿元港币资金流入。中粮集团和厚朴基金出资61亿元,成立新公司收购蒙牛老股东1亿股,认购新发行的1亿股
继续经营中	经历成熟期的蜕变,可以使企业再次发展壮大,也有可能进入衰退期	

（1）流程。

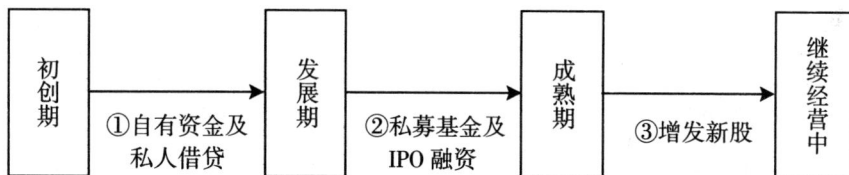

图4-63 流程

（2）流程图的列示。

表4-135 流程详解

序号	详细过程
①	蒙牛成立开始采用自有资金及私人借贷的方式融资
②	蒙牛快速发展期间采用私募基金及IPO融资,融到大量资金
③	到了成熟期,企业面临危机,采用增发新股,引入更多资金

第三节 金融机构与非金融机构间的融资产品组合

一、金融机构与政府机构合作

1. 北京市轨道交通 PPP 模式

表 4-136 相关内容

概念	适用 对象	产品 分类	相关 规定
PPP 模式为基于一个项目的融资，政府部门引入社会资本，由政府部门和私人部门双方进行合作的一种模式。北京地铁 4 号线采用了 PPP 模式。2006 年 4 月，北京地铁 4 号线采取了 PPP 模式。在建设期内，社会投资分担了占总投资的 30%约 46 亿元 PPP 模式的新进展：2015 年 1 月 1 日，安徽省池州市主城区污水处理及市政排水设施购买服务正式运行。这是财政部在 2014 年底推出的 30 个 PPP 项目中的首个签约项目	PPP 模式适用电力、污水、燃气、大桥、区域开发、轨道交通、垃圾处理供水供暖等	包含 BOT（建设—运营—转让）、DBFO（设计—建设—融资—经营）、TOT（移交—经营—移交）、PFI（民间主动融资）等多种方式	2014 年 12 月 4 号国家发改委、国家财政部出台三份 PPP 模式的指导文件

2. 流程

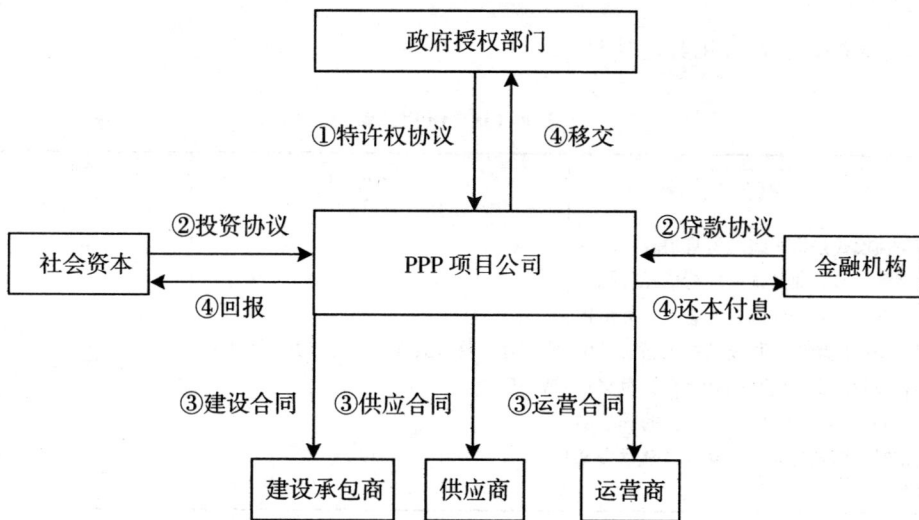

图 4-64 流程

3. 流程图的列示

表 4-137 流程详解

序号	详细过程
①	北京市政府特许选定 PPP 项目公司并授权
②	政府直接投资，并根据需要引入社会资本，多元化融资
③	项目公司利用筹集的资金进行项目综合协调运作
④	项目公司将做成的项目收益回报、移交相关部门，并对金融机构还本付息

二、信托与投资担保公司合作

1. 中小企业信托打包债模式

表4-138　流程详解

概念	适用对象	类似产品
打包债模式是将一些融资规模较小的企业捆绑打包，通过统一发行信托计划募集资金，之后分配到各个企业，并由担保公司提供增信。长安信托天骄2号中小企业发展集合资金信托计划，募集资金5000万元，用于向经审核的鄂尔多斯市时达商贸等4家公司发放流动资金贷款	在行业上具有共性，依托于某一产业链或园区	一对一、债权买断、资金池、类基金、PE基金等模式

2. 流程

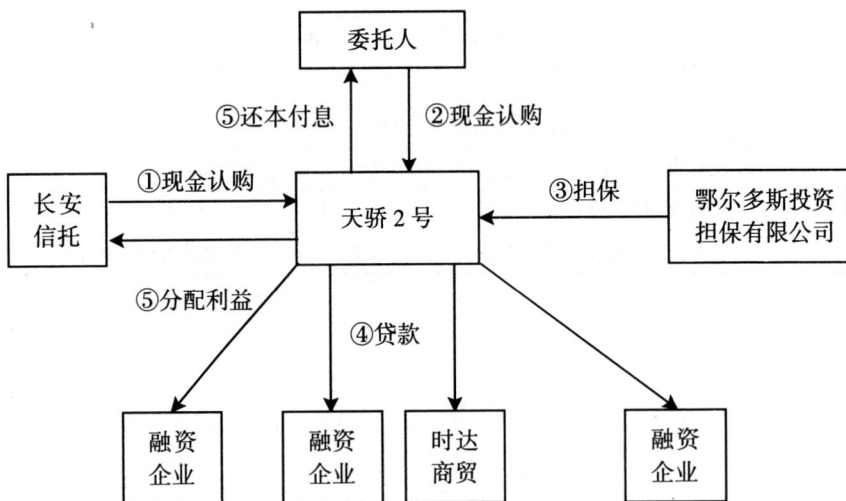

图4-65　流程

3. 流程图的列示

表 4-139　流程详解

序号	详细过程
①	发起天骄 2 号中小企业发展集合资金信托计划，长安信托公司现金认购
②	委托人现金认购 2 号中小企业发展集合资金信托计划
③	鄂尔多斯投资担保有限公司担保，并按照担保本金 10%向信托缴存保证金
④	向时达商贸 4 家中小企业发放贷款，4 家企业以其固定资产提供反担保
⑤	信托公司获得分配的利益，并对委托人还本付息

三、银行与社区合作

1. "互保+互保基金+委托贷款"融资模式

案例：武侯区社区金融项目是全国首个"社区金融小额贷款试点项目"，由四川省成都市武侯区和国家开发银行在武侯区武侯新城工业园区启动。

表 4-140　相关内容

参与者	特点
放贷机构	武侯区社区金融中的放贷机构是国开行
申贷机构	申贷企业是社区金融中的资金需求者。武侯区社区金融中的申贷企业是社区内的中小企业
助贷机构	助贷机构是社区金融中的信贷评审员、信用增级者和资金中转站，包括园区政府、园区全资拥有的融资平台公司、民主评议小组和委贷银行

2. 流程

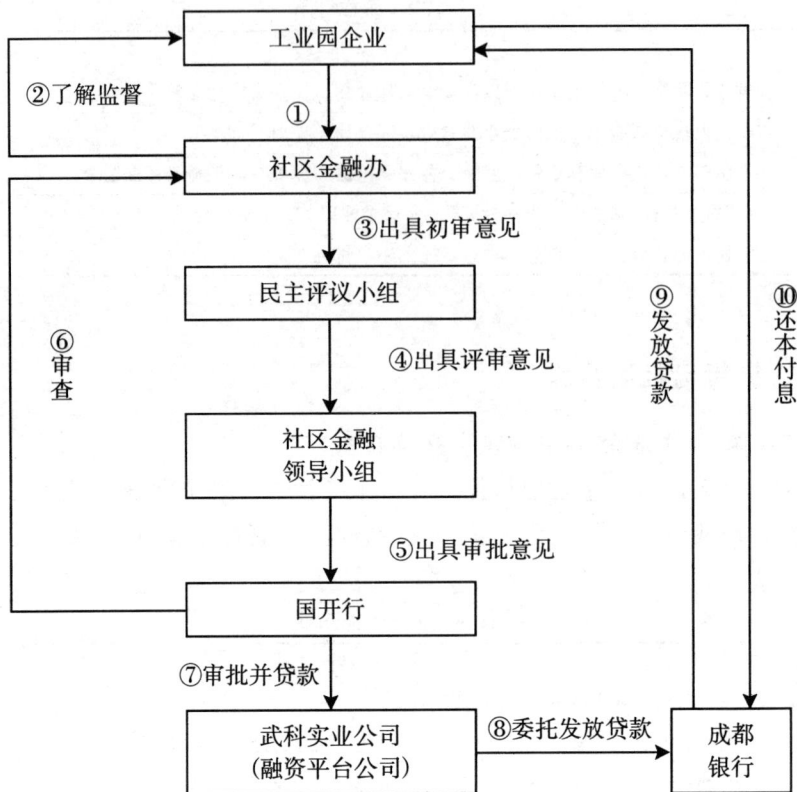

图 4-66　流程

3. 流程图的列示

表 4-141　流程详解

序号	详细过程
①	工业园企业向社区金融办提出融资需求
②	社区金融办深入了解企业，并负责后期对企业的监督
③	社区金融办出具初审意见给民主评议小组
④	民主评议小组出具评审意见给园区管委会及社区金融领导小组
⑤	园区管委会及社区金融领导小组出具审批意见给国开行
⑥	国开行审查社区金融办提供的信息和资料
⑦	国开行审批并贷款给武科实业公司 (融资平台公司)
⑧	武科实业公司委托成都银行发放委贷
⑨	成都银行给企业发放贷款
⑩	工业园企业还本付息给成都银行

武侯区社区金融项目的基本模式是由政府搭建融资平台，申请企业通过联合互保的形式向国开行申请贷款。每批申请贷款企业一般在 4~6 家，每家企业的贷款额不超过 100 万元，贷款期限为 1 年，抵押物要求为贷款额的 35%。此外，申贷企业需要加入联合互保小组，小组内企业提供贷款总额 10%的资金作为联合互保基金，若贷款企业不能按期还款，小组内其他成员将对其贷款承担连带责任。

四、银行与政府、担保公司等多方合作

1. "贷款+财政贴费+担保" 融资模式

案例：政府、银行、企业、担保公司四方联动，浦发硅谷银行人民币贷款曲线落地。浦发硅谷银行向上海闵行区科技企业上海宜瓷龙新材料科技有限公司提供首笔 "3+1" 模式贷款，是浦发硅谷银行第一笔人民币贷款。

表 4-142 相关内容

参与者	特 点
浦发硅谷银行	中国相关法律法规的限制，直到 2015 年 8 月，浦发硅谷银行无法进行人民币贷款
浦发银行	浦发和浦发硅谷业务合作，部分收费转至浦发硅谷下。新模式下浦发银行只向企业收取基准利率下浮 10%的利息
上海市再担保公司	提供的政策性担保覆盖达 85%或 90%，覆盖比例取决于贷款公司是否为科技企业，向上海宜瓷龙收取 1%的保费
闵行区政府	提供全额保费补贴
上海宜瓷龙	闵行区内一家研究、开发和制造陶瓷涂料新材料公司，由于缺少抵押物，科技型企业较难获得贷款，即便能够获得授信，利息一般也要在基准贷款利率上浮 20%，或者多附带期权协议

2. 流程

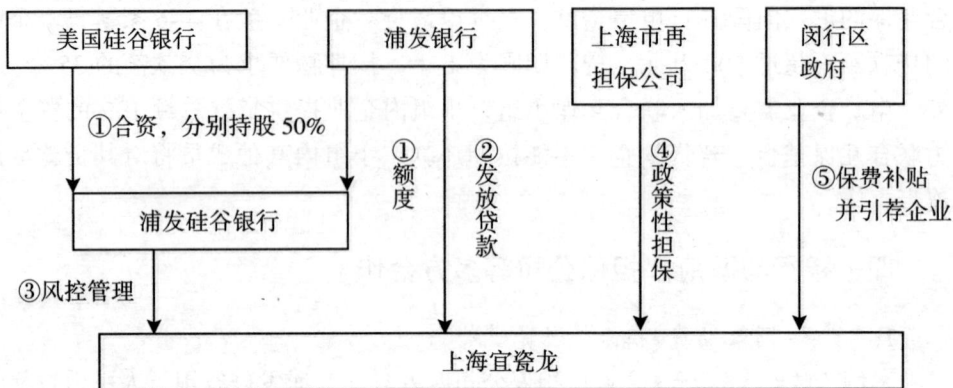

图 4-67　流程

3. 流程图的列示

表 4-143　流程详解

序号	详细过程
①	美国硅谷银行和浦发银行合资成立浦发硅谷银行，浦发银行给合资银行 1 亿额度
②	浦发银行向上海宜瓷龙发放贷款
③	浦发硅谷银行对贷款进行风控管理
④	上海再担保公司对贷款进行政策性担保
⑤	闵行区政府对上海宜瓷龙进行保费补贴，并向浦发硅谷银行推荐企业

浦发银行为了帮助其在中国试行美国的硅谷信贷模式，特意针对"3+1"项目给了合资银行 1 亿元的额度，在 1 亿元的额度内，浦发银行只向客户收取最低的贷款利息。在"3+1"模式下，浦发硅谷银行将负责最核心的风控管理，即贷前审查、贷款结构设计和贷后管理；浦发银行负责人民币贷款；上海市再担保公司为贷款提供政策性担保；闵行区政府将向企业提供保费补贴，并向浦发硅谷银行引荐区内的优质科技创新企业。

五、银行与担保公司、风投三方合作

1. "银行贷款+担保+风投"融资模式

案例：中新力合不但整合了银行、政府等机构的资金（并为其提供担保），搭建融资平台，为企业提供批量债权融资，还联合 VC，让其对在同一个融资平台下的企业进行股权投资。其中，最为知名的当属"桥隧模式"。

表 4-144 相关内容

参与者	特 点
中新力合担保公司	一家新型担保公司,首创"桥隧模式",在经营理念上颠覆传统担保,在经营风险的同时经营价值,使资源得到更有效的整合配置,为客户提供最佳融资方案和最完善的配套服务。此案例中,新力合提供的担保与普通模式下无异,企业支付正常的担保费用,同时将自己的股权质押给中新力合作为反担保
VC	如果企业出现财务危机,致使无法按时偿还贷款时,将和中新力合按事先约定的比例,偿还相应的贷款,同时获得企业相应的股份。并在此基础上,VC 还将继续向企业注资,进一步购买一定比例的股权,使得公司能继续运营
融资企业	有融资需求
银行	给企业提供贷款

2. 流程

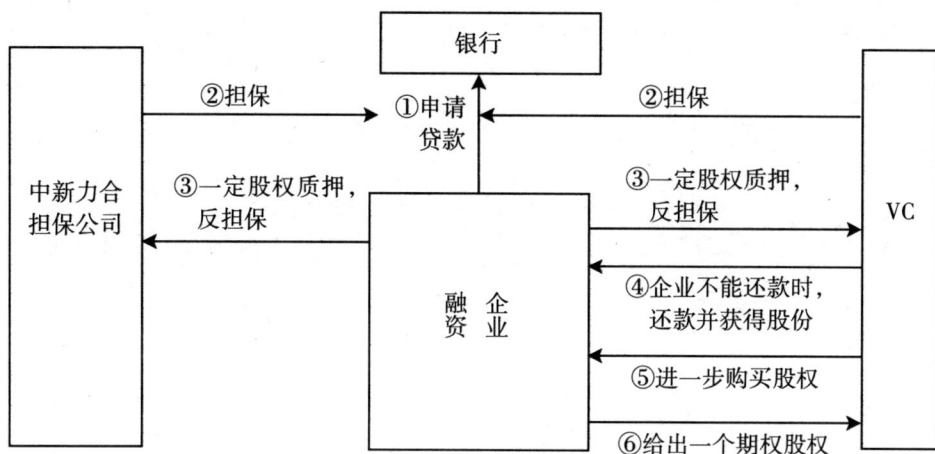

图 4-68 流程

3. 流程图的列示

表 4-145 流程详解

序号	流 程
①	融资企业向银行申请贷款
②	中新力合担保公司和 VC 为此次贷款提供担保
③	企业支付正常的担保费用,同时将自己一定比例的股权分别质押给中新力合和 VC 作为反担保
④	企业不能正常还款时,VC 和中新力合按事先约定的比例,偿还相应的贷款,同时获得企业相应的股份
⑤	VC 继续向企业注资,进一步购买一定比例的股权,使得公司能继续运营
⑥	如果公司能按时偿还贷款,质押给 VC 及担保公司的股权自动解除。由于 VC 承担了潜在的风险,公司仍给 VC 一个期权股权

　　"桥隧模式"建立在风投与贷款企业达成协议基础上，为一对一模式，无法批量做。经过改进，有了"路衢模式"。担保公司根据各行业的实际情况，选出一些行业和一些企业。再由担保公司为这些企业进行评级、信用评定，提供部分担保，并将其打包。之后，通过信托公司设置一个"集合信托"，引入政府、银行、VC 等多方，共同购买这批企业的债权。

读书笔记

第五章　多维度项下的金融产业链融资组合

内容提要：

产品融资特显能，促销控险唱佳声。链条活用均得益，究探魔方大组盟。

第一节　周期理论下的金融产业链融资组合

一、经济周期理论下的金融产业链融资组合

表 5-1　经济周期理论下的金融产业链融资组合

阶段		经济周期特征				融资			
		产量	GDP 增长率	通胀率	盈利	投资	产品组合	金额	成本	期限
上升阶段	复苏期	增加	加速	下降	大幅上升	增加	风险投资、银行贷款、信托融资、租赁融资、债券融资	需求增大	敏感	短、中期
	繁荣期	增速减慢	增长	增加	稳定增长	顶峰	同上，资产证券化、上市融资	需求旺盛	不敏感	短、中期
下降阶段	衰退期	下滑	下降	下落	减少	减少	风险投资 银行贷款 资管计划融资 租赁融资 债券融资	需求下降	敏感	中、长期
	萧条期	低谷	下降	下落	微利或亏损	停止	风投 银行贷款 资管计划融资 租赁融资 债券融资	需求迅速下降	特别敏感	中、长期

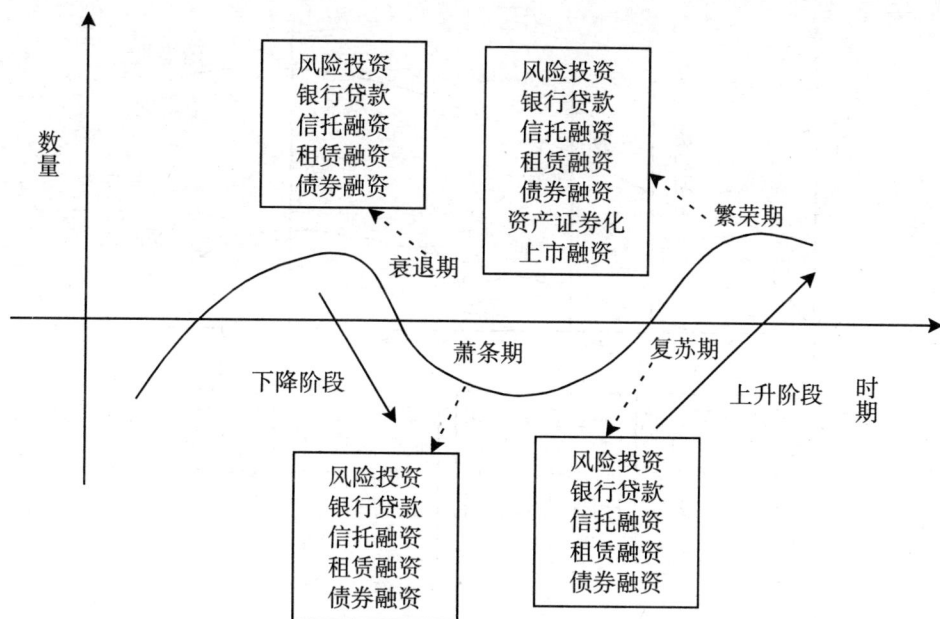

图 5-1　组合历程

二、企业生命周期理论下的金融产业链融资组合

表 5-2　企业生命周期理论下的金融产业链融资组合

阶段	经营特征				融资			
	产品	经营风险	盈利	资金流动	产品组合	金额	成本	期限
初创时期	产品初创，销售刚起步	非常高	亏损或微利	资金流入低、资金流出多、净资金流量负	天使投资、政府投资、风险投资、股东投资、民间投资、典当融资	满足基本生产	高	长期
成长时期	产品基本定型，市场需求增加	中等	利润增长	资金流入高、资金流出高、净资金流量平（零）	风险投资、租赁融资、供应链融资、信用担保贷款、信托融资	满足正常生产	次高	长、短期
成熟时期	产品定型，销售稳定	低	利润稳定	资金流入高、资金流出低、净资金流量正	银行贷款、债券融资、上市融资、租赁融资	充分满足正常生产	中等	以短期为主、长期兼顾
衰退时期	销售下降	中偏高	利润下滑	资金流入低、资金流出低、净资金流量平（零）	银行贷款、债券融资、租赁融资	满足基本生产	中等	以长期为主、短期兼顾

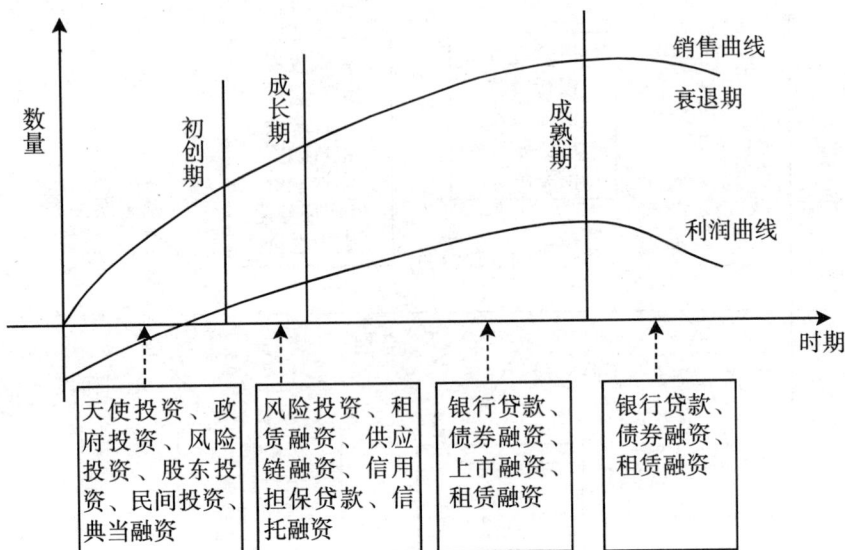

数量

初创期
成长期
成熟期
衰退期
销售曲线
利润曲线

时期

| 天使投资、政府投资、风险投资、股东投资、民间投资、典当融资 | 风险投资、租赁融资、供应链融资、信用担保贷款、信托融资 | 银行贷款、债券融资、上市融资、租赁融资 | 银行贷款、债券融资、租赁融资 |

图 5-2　组合历程

第二节　经济规模项下的金融产业链融资组合

一、大型企业金融产业链融资组合

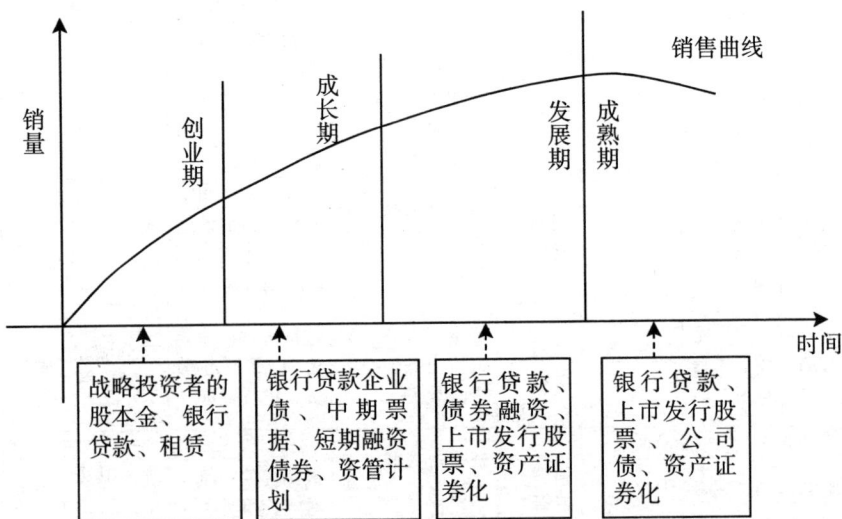

销量

创业期
成长期
发展期
成熟期
销售曲线

时间

| 战略投资者的股本金、银行贷款、租赁 | 银行贷款企业债、中期票据、短期融资债券、资管计划 | 银行贷款、债券融资、上市发行股票、资产证券化 | 银行贷款、上市发行股票、公司债、资产证券化 |

图 5-3　组合历程

二、中小企业金融产业链融资组合

表 5-3　中小企业金融产业链融资组合

阶段	特点	融资产品
种子期	企业刚刚成立，产品刚投入市场，资产规模较小，流动资金有限，风险大	①内源融资：内部员工集资，设立股份公司筹资、亲朋好友借款、企业留存盈余融资 ②民间借贷：向互助金、合作社等民间借款机构融资 ③政策扶持资金：经信委有技改资金、中小企业资金；科技厅有科技三项资金；农委有农业产业化资金 ④天使投资（VC）：企业初创期的一种风险投资 ⑤典当融资：指企业将动产、财产权利作为质押或抵押给典当行，是有偿有期有息的借贷融资方式
创业期	企业已度过初创期，产品有一些销路，资产规模在增加，在逐步得到社会认可，但是资产有限，订单不多。这时，可由内部融资向社会融资迈进，风险较大	在种子期的产品均可用到成长期，增加品种： ①融资租赁 ②小额贷款公司贷款：小额贷款公司向借款人发放的流动资金贷款 ③担保公司担保的银行贷款：借款人向银行申请贷款、得到批准后，由担保公司承担担保职责的贷款 ④引进新股东（增资扩股）：为了增加资金，进行股权融资，一是引进新的股东。二是对老股东发行新股份 ⑤风险投资（PE）
成长期	产品得到社会认可、销路畅通、资金周转正常、实力增强，具有一定抗风险能力，风险适中	种子期和创业期产品可用。另外还有： ①债务融资，包括中小企业私募债、公司债、企业债、中票、短融、非金融企业非公开定向债务融资工具（PPN）、创业板私募债 ②信托计划
成熟期	产量扩大，销量大增，经济实力较强，处于发展的高峰，风险小	除了第二阶段、第三阶段可用产品外，增加品种： ①上市融资 ②资产证券化

销量

销售曲线

种子期

创业期

成长期

成熟期

时间

内源融资、民间借贷、政策扶持资金、天使投资（VC）、典当融资

内源融资、民间借贷、政策扶资金、天使投资（VC）、典当融资、融资租赁、小额贷款公司贷款、担保公司担保的银行贷款、引进新股东（增资扩股）、风险投资（PE）

内源融资、民间借贷、政策扶持资金、天使投资（VC）、典当融资、融资租赁、小额贷款公司贷款、担保公司担保的银行贷款、引进新股东（增资扩股）、风险投资（PE）债务融资、信托计划

内源融资、民间借贷、政策扶持资金、天使投资（VC）、典当融资、融资租赁、小额贷款公司贷款、担保公司担保的银行贷款、引进新股东（增资扩股）、风险投资（PE）债务融资、信托计划、上市融资、资产证券化

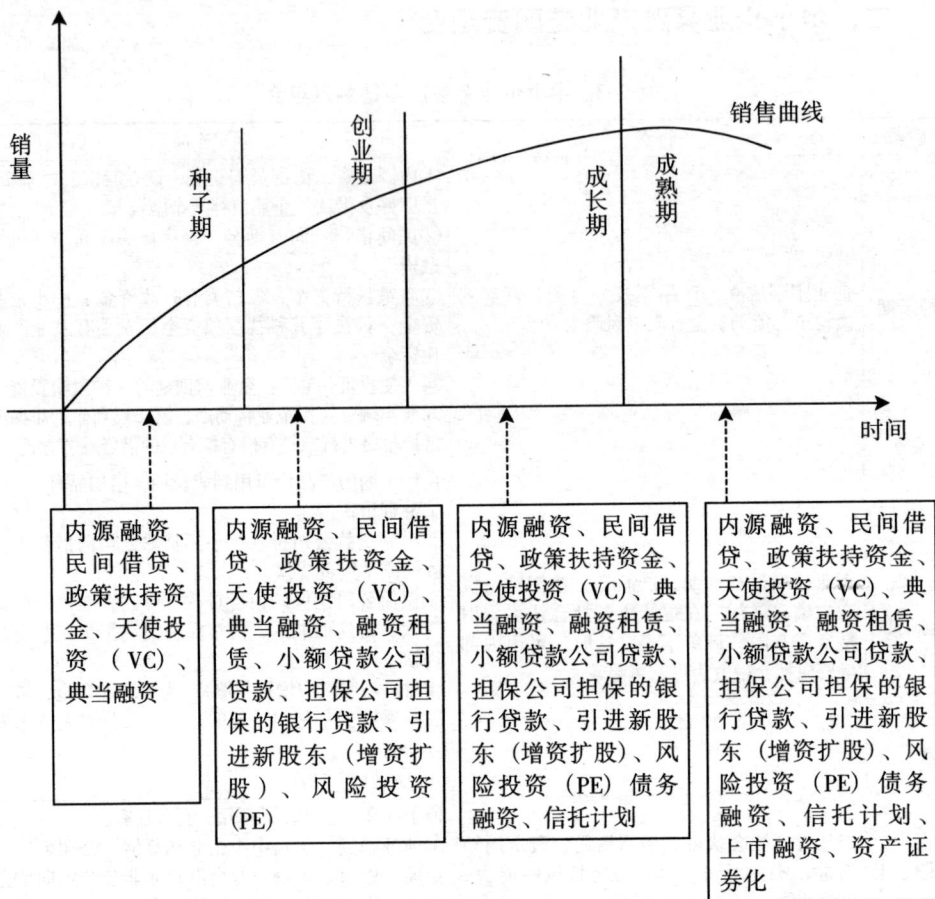

图 5-4　组合历程

第三节 行业项下的金融产业链融资组合

一、房地产开发项下的金融产业链融资组合

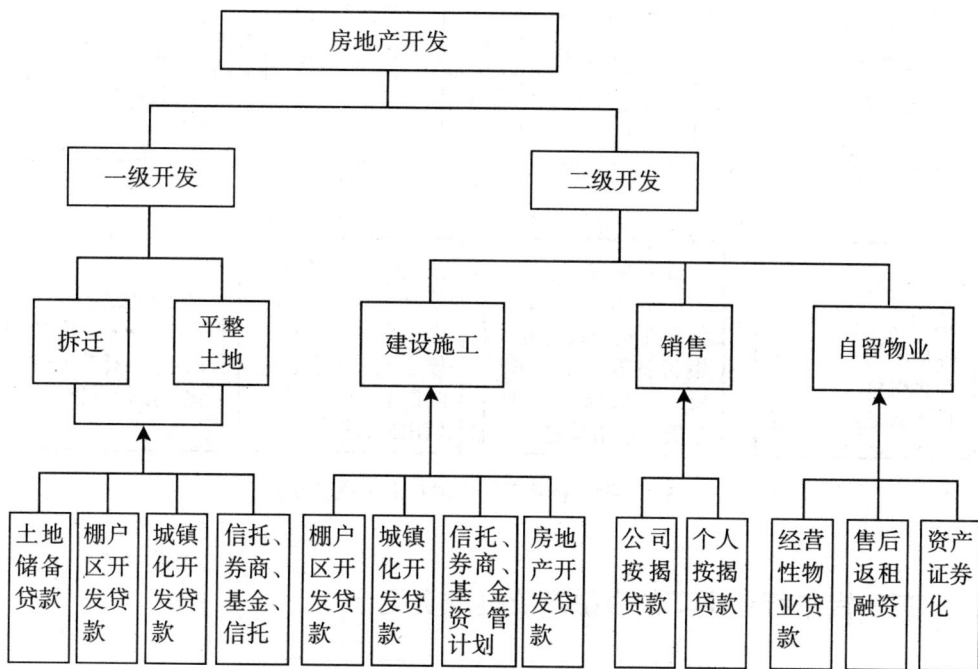

图 5-5 房地产开发项下的金融产链融资组合

二、钢铁行业项下的金融产业链融资组合

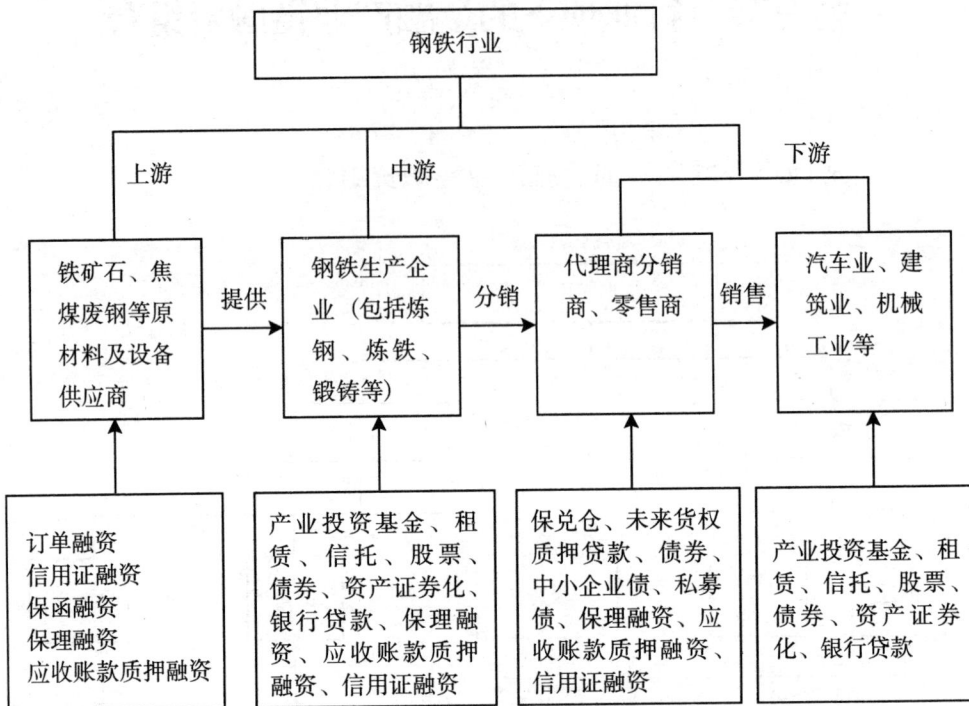

```
                          钢铁行业
    ┌──────────────┬──────────────┬──────────────┐
   上游            中游                        下游
    │              │          ┌───────────┬──────────┐
┌────────┐    ┌────────┐  ┌────────┐  ┌────────┐
│铁矿石、焦│    │钢铁生产企│  │代理商分销│  │汽车业、建│
│煤废钢等原│提供│业（包括炼│分销│商、零售商│销售│筑业、机械│
│材料及设备│───→│钢、炼铁、│───→│        │───→│工业等    │
│供应商    │    │锻铸等）  │  │        │  │        │
└────────┘    └────────┘  └────────┘  └────────┘
    ↑              ↑            ↑            ↑
┌────────┐    ┌────────┐  ┌────────┐  ┌────────┐
│订单融资  │    │产业投资基│  │保兑仓、未│  │产业投资基│
│信用证融资│    │金、租赁、│  │来货权质押│  │金、租赁、│
│保函融资  │    │信托、股票│  │贷款、债券│  │信托、股票│
│保理融资  │    │、债券、资│  │、中小企业│  │、债券、资│
│应收账款质│    │产证券化、│  │债、私募债│  │产证券化、│
│押融资    │    │银行贷款、│  │、保理融资│  │银行贷款  │
│          │    │保理融资、│  │、应收账款│  │        │
│          │    │应收账款质│  │质押融资、│  │        │
│          │    │押融资、信│  │信用证融资│  │        │
│          │    │用证融资  │  │        │  │        │
└────────┘    └────────┘  └────────┘  └────────┘
```

图 5-6　钢铁行业下的金融产业链融资组合

三、汽车行业项下的金融产业链融资组合

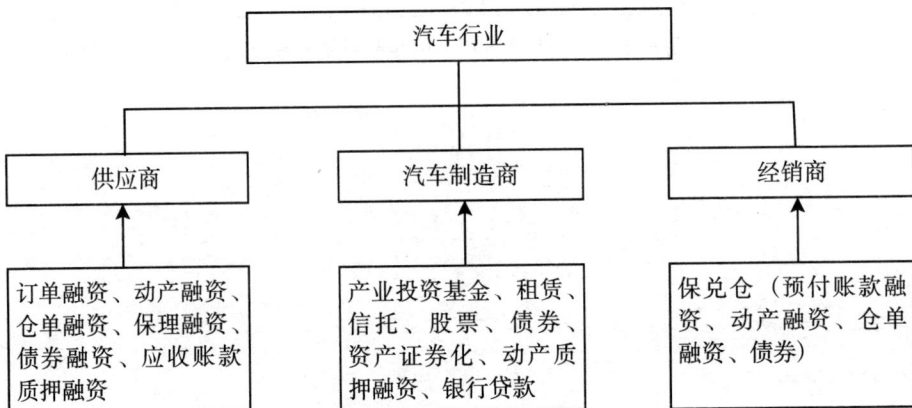

```
                        汽车行业
    ┌──────────────┬──────────────┬──────────────┐
  供应商          汽车制造商                    经销商
    ↑              ↑                            ↑
┌────────┐    ┌────────┐              ┌────────┐
│订单融资、动│    │产业投资基金│              │保兑仓（预付│
│产融资、仓单│    │、租赁、信托│              │账款融资、动│
│融资、保理融│    │、股票、债券│              │产融资、仓单│
│资、债券融资│    │、资产证券化│              │融资、债券）│
│、应收账款质│    │、动产质押融│              │        │
│押融资      │    │资、银行贷款│              │        │
└────────┘    └────────┘              └────────┘
```

图 5-7　汽车行业项下的金融产业链融资

第四节　财务运筹项下的金融产业链融资组合

一、降低资产负债率项下的金融产业链融资组合

表5-4　相关内容

降低资产负债率的目的	融资产品	
①美化报表 ②便于融资 ③提高企业信用度	外延式	发行股票、永续债
	内涵式	信用证、买断式保理、租赁融资、资产证券化、股权类信托、债转股

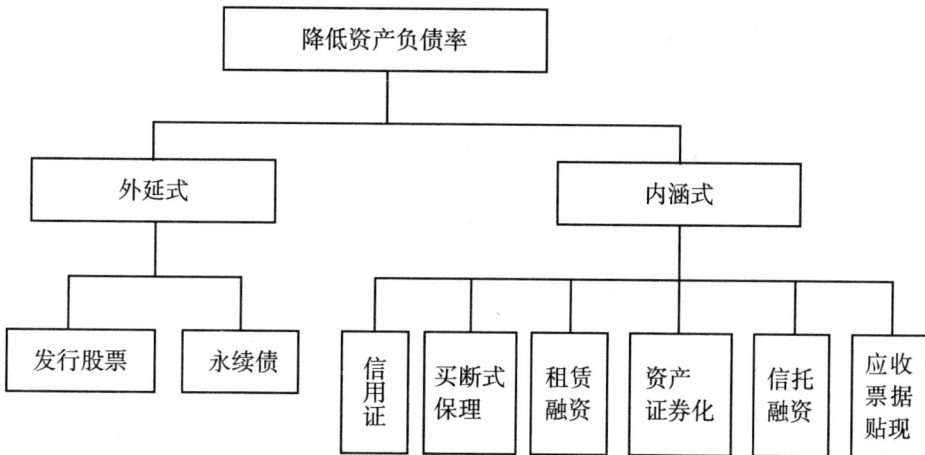

图5-8　降低资产负债率项下的金融产业链融资组合

注：内涵式为用表外融资产品去替代表内融资产品负债类的应付票据、应收账款融资、银行贷款等。

二、降低融资成本项下的金融产业链融资组合

表 5-5　相关内容

降低融资成本的目的	融资产品
减少支出、增加效益	保函、商业承兑汇票及贴现、银行承兑汇票及贴现、短融、中票、公司债、企业债、资产证券化、永续债、"股权收益权+溢价回购"、信托贷款、"资产收益权+溢价回购"

注：参照物为银行贷款利率。

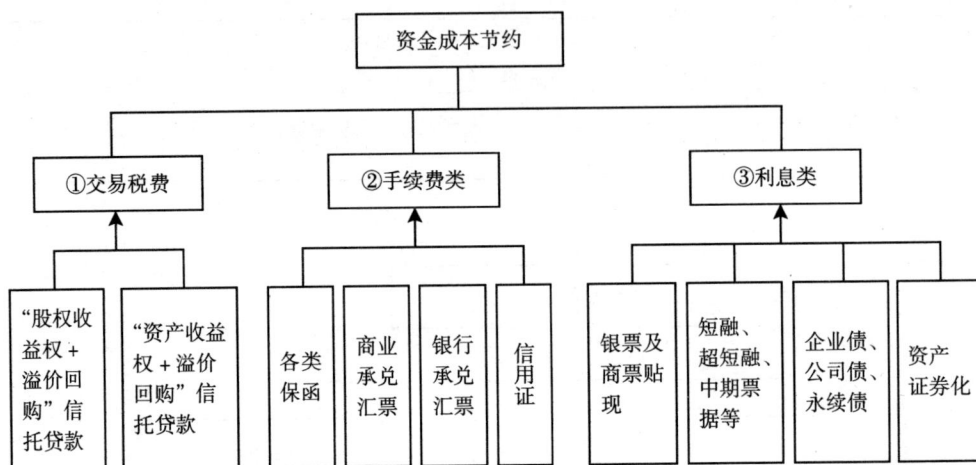

图 5-9　降低融资成本项下的金融产业链融资组合

注：①资金成本节约是对"股权、资产"办理过户的交易税费。
　　②、③资金成本节约参照物为银行贷款。

三、资产负债表项下的金融产业链融资组合

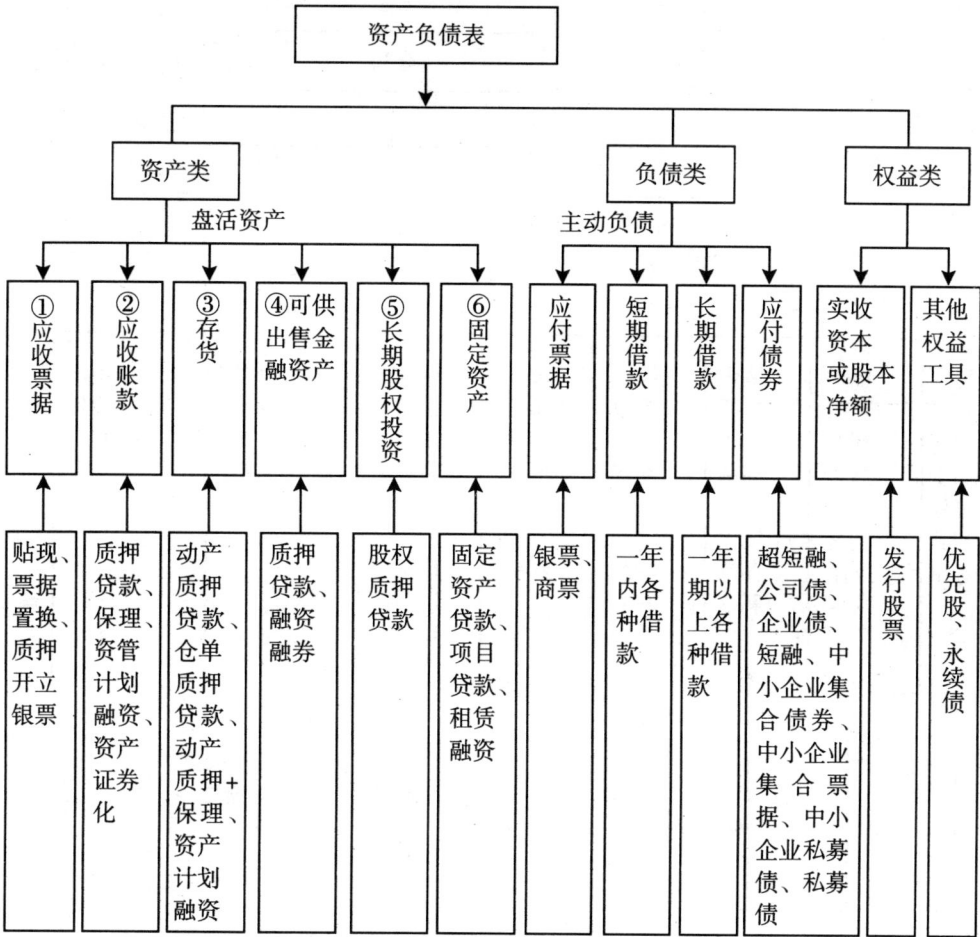

图 5-10　资产负债表项下的金融产业链融资组合

注：资产类①~⑤的资产均可质押融资，③部分资产可抵押融资，⑥资产只可抵押融资。

四、套利项下的金融产业链融资产品

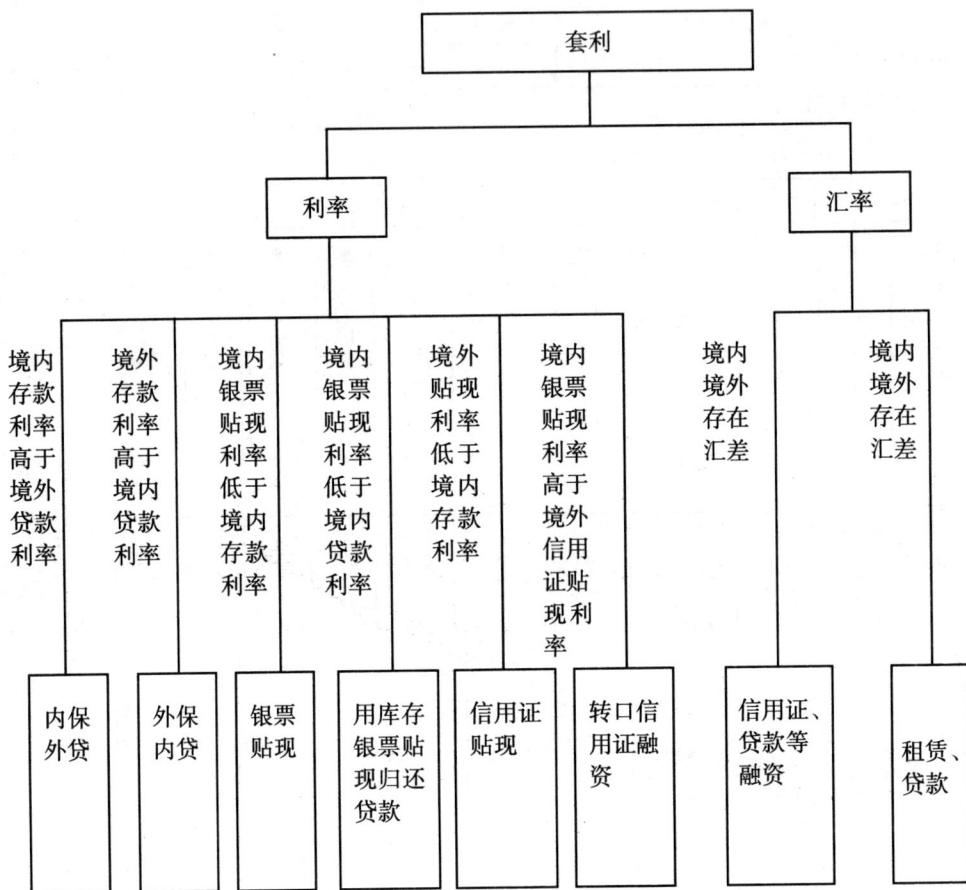

图 5-11　套利项下的金融产业链融资产品

五、风险控制项下的金融产业链融资组合

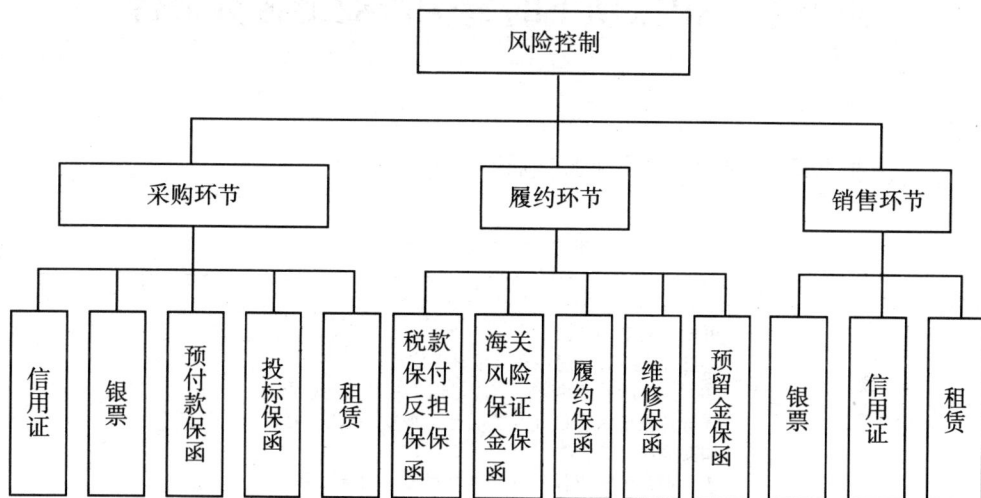

图 5-12　风险控制项下的金融产业链融资组合

六、促进产品销售项下的金融产业链融资组合

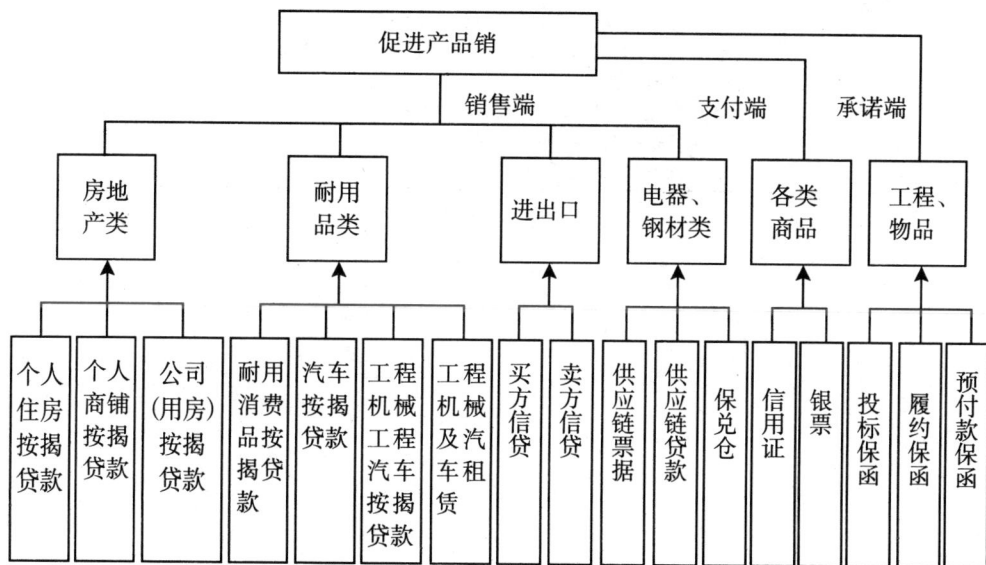

图 5-13　促进产品销售项下的金融产业链融资组合

第五节　担保项下的金融产业链融资组合

一、抵押项下的金融产业链融资组合

表5-6　相关内容

抵押的概念	可抵押物品	融资产品
抵押，是指债务人或者第三人不转移对可抵押不动产的占有，将该财产作为债权的担保。债务人不履行债务时，债权人有权依照规定以该财产折价或者以拍卖、变卖该财产的价款优先受偿	可抵押的不动产： ①抵押人所有的房屋和其他地上定着物 ②抵押人所有的机器、交通运输工具和其他财产 ③抵押人依法有权处分的国有土地使用权、房屋和其他地上定着物 ④抵押人依法有权处分的国有机器、交通运输工具和其他财产 ⑤抵押人依法承包并经发包方同意抵押的荒山、荒沟、荒丘、荒滩等荒地的土地使用权 ⑥依法可以抵押的其他财产 　不可抵押的不动产有： ①土地所有权. ②耕地、宅基地、自留地、自留山等集体所有的土地使用权 ③学校、幼儿园、医院等以公益为目的的事业单位、社会团体的教育设施、医疗卫生设施和其他社会公益设施 ④所有权、使用权不明或者有争议的财产 ⑤依法被查封、扣押、监管的财产 ⑥依法不得抵押的其他财产	保函，银行承兑汇票，保证贴现商业承兑汇票，信用证，银行流动资金贷款，信托、券商、保险、期货、基金、资产管理计划、资产证券化、银行固定资产贷款

二、质押项下的金融产业链融资组合

表5-7 相关内容

质押概念	可质押物	融资产品
质押，是指债务人或第三人将其动产或者权力移交债权人占有，债务人不履行债务时，债权人有权依法以该动产或者权利折价、拍卖、变卖的价款优先受偿。质押分为动产质押和权利质押。质押担保的范围包括主债权及利息、违约金、损害赔偿金、质物保管费用和实现质权的费用	按照质押标的分为：动产质押和权利质押。动产质押指以有形动产作为质押标的物，如存货、保证金；权利质押指以债权、股权和知识产权中的财产权利等为质押标的物，如存单、有价证券、仓单、提单、应收账款、理财产品收益权等	保函、银行承兑汇票，保证贴现商业承兑汇票，信用证，银行流动资金贷款，信托、券商、保险、期货、基金、资产管理计划，资产证券化等均可引入质押方式

三、保证项下的金融产业链融资组合

表5-8 相关内容

保证的概念	可担保的单位及物品	融资产品
保证，是指保证人和债权人约定，当债务人不履行债务时，保证人按照约定履行债务或者承担责任的行为	担保单位必须具备条件：经济实力强、企业信用高、企业经营好	保函，银行承兑汇票，保证贴现商业承兑汇票，信用证，银行流动资金贷款，信托、券商、保险、期货、基金、资产管理计划，资产证券化，银行固定资产贷款

四、担保项下的金融产业链融资组合

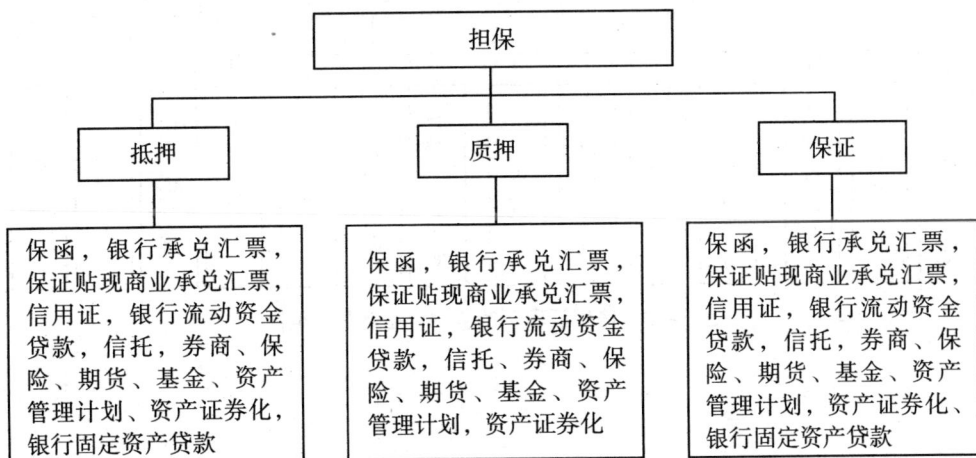

图5-14 担保项下的金融产业链融资组合

第六节　支付功能项下的金融产业链融资组合

一、信用证项下的金融产业链融资组合

表 5-9　相关内容

信用证概念	信用证分类	融资方式（产品）
指开证银行应申请人的要求，按申请人指示向第三方开立的载有一定金额，在一定期限内凭符合规定的单据付款的书面保证文件	按照适用的贸易形式分：国际信用证，适用于国际贸易融资；国内信用证，适用于国内贸易融资	按照融资方企业类型区分：适用于进口型企业（买方）产品，如减免保证金开证、假远期信用证、进口押汇等；适用于出口型企业（卖方）产品，如打包贷款、出口票据贴现、出口押汇、福费廷等

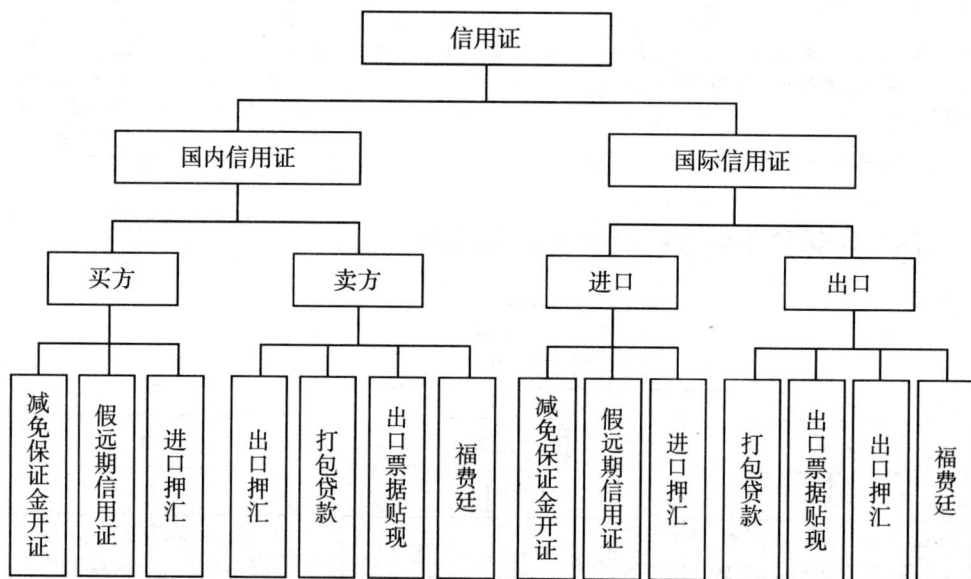

图 5-15　信用证项下的金融产业链融资组合

二、商业汇票项下的金融产业链融资组合

表 5–10　相关内容

商业汇票概念	分类	融资方式（产品）
商业汇票是出票人签发的，委托付款人在指定日期无条件支付确定的金额给收款人或者持票人的票据	商业承兑汇票、银行承兑汇票	减免保证金开票、未来货权质押开票、商票贴现、银票贴票、商票保贴、商票代理贴现

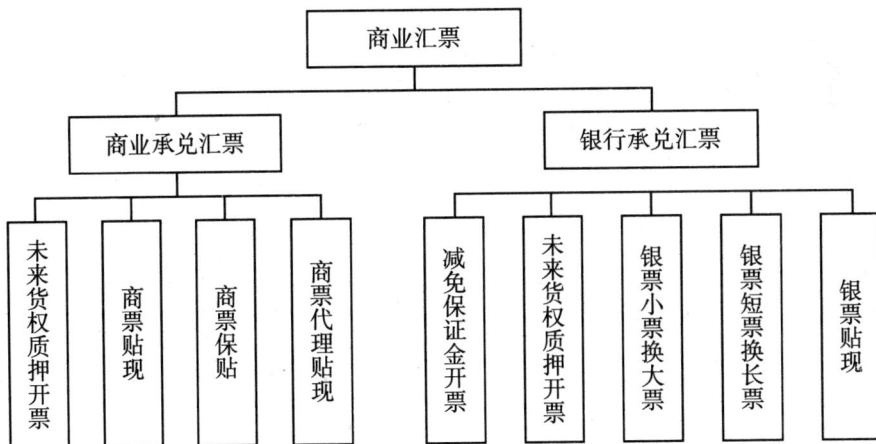

图 5–16　商业汇票项下的金融产业链融资组合

第七节　供应链项下的金融产业链融资组合

一、国内贸易供应链项下融资组合（以 TCL 为例）

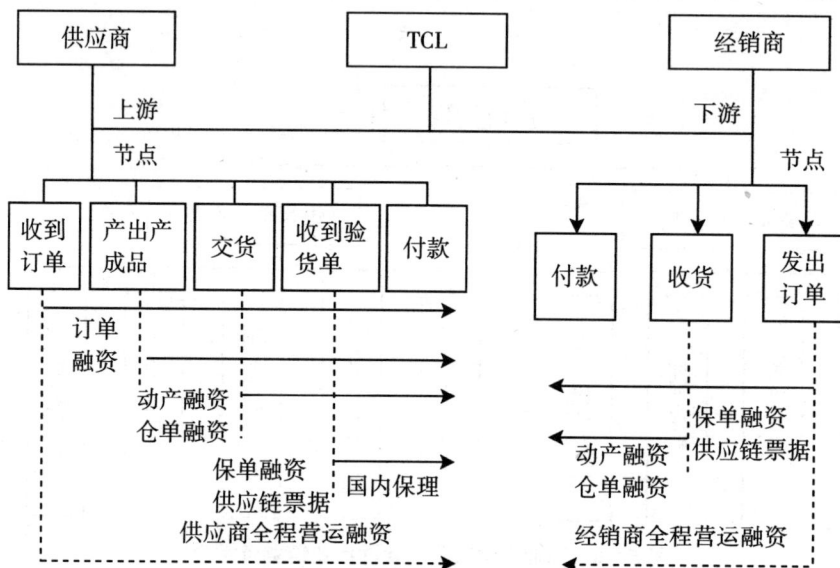

图 5-17　国内贸易供应链项下融资组合

二、出口贸易链项下融资组合

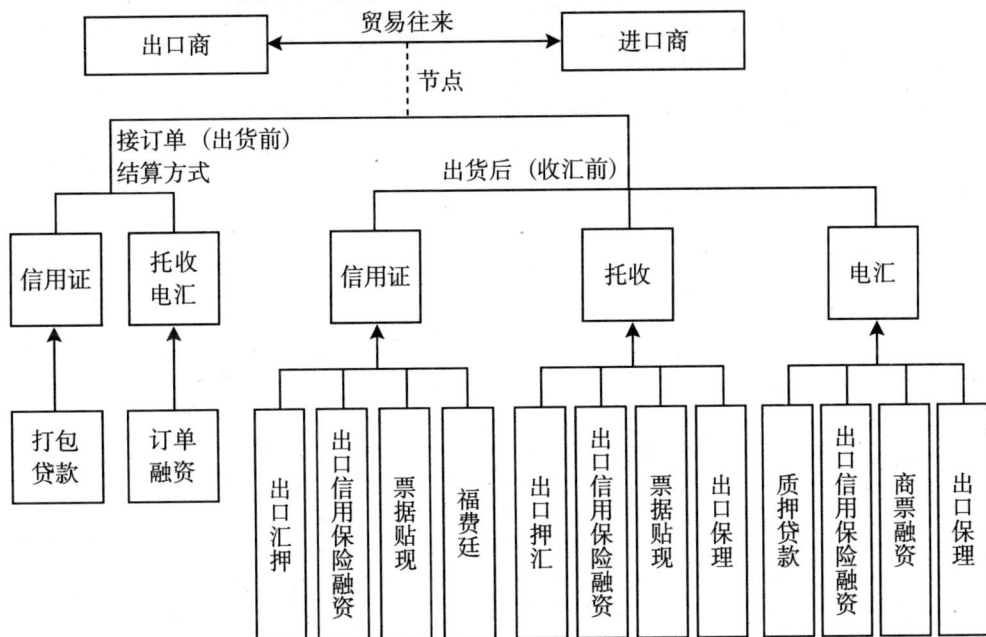

图 5-18 出口贸易链项下融资组合

三、进口贸易链项下融资组合

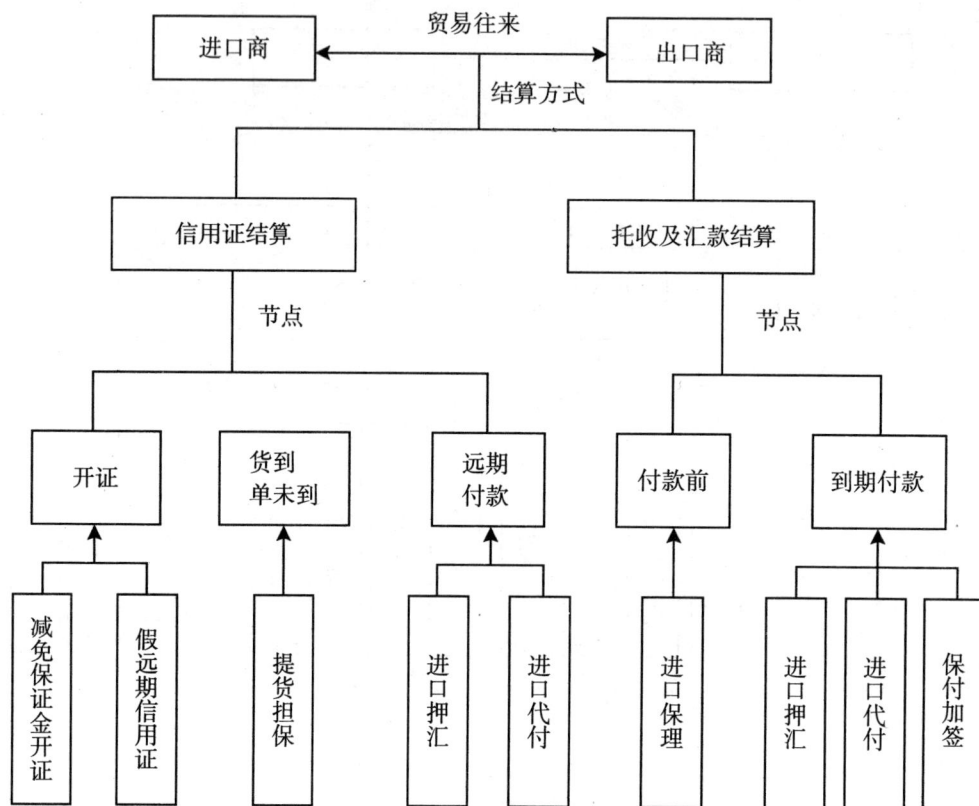

图 5-19 进口贸易链项下融资组合

读书笔记

参考文献

[1]［英］亚当·斯密:《国富论》,高格译,中国华侨出版社,2013 年版。

[2]［美］熊彼特:《经济发展理论》,邹建平译,中国画报出版社,2012 年版。

[3]［美］迈克尔·波特:《竞争优势》,陈丽芳译,中信出版社,2014 年版。

[4]巴曙松:《中国资产管理行业发展报告》,中国人民大学出版社,2014 年版。

[5]田庭峰:《一张图读懂法律》,法律出版社,2013 年版。

[6]钱志新:《产业金融》,江苏人民出版社,2010 年版。

[7]叶永刚:《产业金融工程》,人民出版社,2012 年版。

[8]房西苑:《资本的游戏》,机械工业出版社,2012 年版。

[9]余国杰:《财务金融学》,武汉大学出版社,2014 年版。

[10] 葛培健:《企业资产证券化操作实务》,复旦大学出版社,2011 年版。

[11] 时文朝:《非金融企业债务融资工具实用手册》,中国金融出版社,2012 年版。

[12] 龙丽、申文波:《债务资本市场融资工具手册》,法律出版社,2013 年版。

[13] 立信银行培训中心:《商业银行对公授信培训》,中国金融出版社,2011 年版。

[14] 立信银行培训中心:《中小企业授信方案培训》,中国金融出版社,2011 年版。

[15] 陈其人:《亚当·斯密经济理论研究》,上海人民出版社,2012 年版。

[16] 中国证券监督管理委员会:《证券发行上市审核工作手册》(2010),中国财政经济出版社,2011 年版。

[17] 中国人民银行［2000］第 4 号令:《金融租赁公司管理办法》,2000 年 6 月 30 日。

[18] 招商银行:公司业务,招商银行网站。

[19] 民生银行：公司业务，民生银行网站。

[20] 交通银行：公司业务，交通银行网站。

[21] 中国工商银行：公司业务，中国工商银行网站。

[22] 中国农业银行：公司业务，中国农业银行网站。

[23] 中国建设银行：公司业务，中国建设银行网站。

[24] 中国银行：公司业务，中国银行网站。

[25] 中金资产投行部：部分债务融资工具简介。

[26] 华创证券有限公司：新三板，新机遇。

[27] 国信证券场外市场部：新三板业务介绍。

[28] 山东省发改委财政金融处：企业债发行。

[29] 最高人民法院：融资租赁司法解释 法释 [2014] 3 号。

[30] 招商证券：从资产结构大挪移看同业新玩法：TRS 等四种模式，2014 年。

[31] 徐加吉：《贯穿项目全过程的金融产品保函》，道客巴巴在线文档分享平台，2007 年 11 月。

[32] 黄斌：《间接降低中小企业融资成本，供应链票据破冰银行间市场》，《21 世纪经济报道》，2014 年 11 月 12 日。

[33] 曾颂：《并购信托业务深度报告：三大经典业务模式详解》，《21 世纪经济报道》，2013 年 9 月 26 日。

[34] 胡小忠、陶阳：《对中小银行与大型银行合作发展的调查与思考》，《金融与经济》，2013 年第 6 期。

[35] 李茜：《信托投资介入钢铁领域》，《上海金融报》，2011 年 11 月 29 日。

[36] 姚伟：《国元证券"委贷炼金术"：子公司 4.6 亿元输血地产项目》，《21 世纪经济报道》，2013 年 4 月 2 日。

[37] 熊海钧、张潇博：《沪上金融租赁公司"牵手"房地产开发企业和股份制商业银行，国内首个房地产"售后回租+保理"融资项目运作成功——一次性完成融资 6 个亿》，《文汇报》，2004 年 7 月 22 日。

[38] 钟辉：《融资租赁接棒信托、资管，同业对接"非标"隐形新通道》，《21 世纪经济报道》，2014 年 11 月 7 日。

[39] 谢启金：《金融产业链：商业银行业务综合化经营之道》，《金融管理与研究》，2013 年第 3 期。

[40] 刘洁、张池云：《信贷联结出口信用保险：博泵融资案例》，《金融发展研究》，2009 年第 6 期。

[41] 卢勇智、任民忠：《创新"期货贷款" 促进农民增收》，《黑龙江金融》，2013 年第 4 期。

[42] 李玉敏：《董明珠的"授信"生意：格力财务公司 250 亿延伸产业链金融样本》，《21 世纪经济报道》，2015 年 2 月 3 日。

[43] 曾颂：《两种结构直投次级份额，四大资产公司"担保费"模式升级》，《21 世纪经济报道》，2014 年 10 月 10 日。

[44] 包慧：《拆解阿里招财宝"票据贷"生意链》，《21 世纪经济报道》，2014 年 7 月 22 日。

[45] 常仙鹤：《广州股权交易中心推出纯股权质押融资服务》，中国证券报·中证网，2013 年 10 月 30 日。

[46] 杨博钦：《银行贷款保理支持异地融资租赁业务的经典案例》，租赁案例介绍，豆丁网。

[47] 添一：《银团贷款跨界合作，信托帮扶地产融资》，《上海证券报》，2014 年 6 月 5 日。

[48] 吕崇明：《银、证、信共同合作的"信托受益权转让"融资案例解析》，百度文库。

[49] 梁英：《西湖区财政资金引导企业融资创新》，《杭州财税》，2010 年 4 月 29 日。

[50] 钱峰国：《基于生命周期的多次股权融资案例分析》，《时代金融》，2013 年第 10 期。

[51] 冀欣：《中小企业信托六大操作模式详解》，《21 世纪经济报道》，2014 年 7 月 8 日。

[52] 罗剑：《大型银行的金融创新实践——成都武侯区社区金融案例分析》，《西南金融》，2011 年第 10 期。

[53] 乔加伟：《政府、银行、企业、担保公司四方联动，浦发硅谷银行人民币贷款曲线落地》，21 世纪网，数字报，2013 年 11 月 11 日。

[54] 卢斐：《实业资本玩家 9 大手法》，《经理人》，2011 年第 9 期。

[55] 沙泉：《"金融租赁"与"融资租赁"在中国的内在差别》，现代租赁网，2012 年 9 月 16 日。

[56] 张雷：《股权信托及其应用》，《经济问题探索》，2003 年第 10 期。

[57] 裘企阳：《解析售后回租及转租赁》，2010 年。

[58] 王琪：《资产管理计划牵一发而动全身》，《建设银行报》，2014 年。

[59] 谢方园：《FOT产品（信托中的基金）投资要点解读与问题解析》，新桥财富管理中心，2013年5月。

[60] 高俊：《国内外融资融券文献综述》，《大众商务》，2009年7月总第103期。

[61] PE法务小助：券商产品比较——集合资产管理、专项资产管理、定向资产管理计划，PE法务小助的博客，2012-12-19，http://blog.sina.com.cn/s/blog_b35f1ce70101a9bi.html。

[62] 国际金融报：银行理财脱"影子银行"帽子资产管理计划试点开闸，新民网，2013-10-25，http://news.xinhuanet.com/fortune/2013-10/25/c_125598424.htm.

[63] 百度文库：《股权投资的风险与控制——以中国平安收购富通银行为例》1006-7833（2009）、《信托公司参与股权投资（VC/PE）的模式及问题》（2012）、《融资租赁分类及案例分析》（2011）、《联合租赁业务合作规范》（2010）、《财务公司业务知识培训》（2008）《主板、中小板、创业板的异同》、《各高新技术产业园区新三板优惠政策汇总整理》、《项目收益票据简介》、《固定资产贷款》《资产支持票据（ABN）介绍及要点分析》，腊俊伟。《主板、中小板、创业板、新三板之比较》。

[64] 百度百科：《杠杆租赁、资产管理公司、金融资产管理公司、财务公司》。

[65] 智库文档：《我国房地产基金的典型案例分析》。

[66] 傅亚平：《基于案例剖析的中国信托业务模式研究》，上海交通大学学位硕士论文，2012年。

[67] 窦静：《融资租赁与金融产品创新分析》，山东大学硕士学位论文，2013年。

[68] 马聪：《基于PPP融资的北京轨道交通投融资模式研究》，北京交通大学硕士学位论文，2012年。

[69] 虞震：《上海航运产业与金融产业联动发展研究》，上海社会科学院硕士学位论文，2011年。

[70] 王咏：《中小企业集合信托债权基金研究——以宝石流霞为例》，广西大学硕士学位论文，2013年5月。

[71] 白杰：《我国互联网金融的演进及问题研究》，河北大学硕士学位论文，2014年6月。

[72] 高策：《基于需求视角的互联网金融模式研究》，山东财经大学硕士学位论文，2014年。

[73] 兴业银行。国际业务，兴业银行网站

[74] 中国投融资担保有限公司。《民生银行国内首推外汇票据买断业务》，国资专栏，中国投融资担保有限公司网站

[75] 深发展贸易供应链金融。《未来货权质押开证》，贸易融资专题，深发展贸易供应链金融网站，

[76] 王烨。《交银租赁资产证券化破冰，信托计划为载体资产未出表》，《21世纪经济报道》，2014 年 9 月 11 日。

[77] 崔文苑。《2015 年将成 PPP 项目元年，走好公益与效益平衡木》，《经济日报》，2015 年 1 月 7 日

后　记

本书的诞生恰逢变革的新时代，新理念、新政策、新做法、新操作、新产品层出不穷，为本书创造了良好的外部环境。

本书的起意，源于银行培训、动于企业讲座、定于社会交流、成于朋友鼓励。2000年初，张玮斌在国有大型商业银行工作时就在思考分业监管与混业经营的问题，2002年发表6000多字论文《论分业监管下的商业银行混业经营》，并一直思索不止，为本书的面世，奠定了基础。2012年，张玮斌发起了湖北省金融产业链融资沙龙，汇集银行、证券、期货、信托、资产管理等金融人才，开展研讨、实践。《凤凰网》、《长江日报》报道了金融产业链沙龙服务企业融资的活动情况。

本书由具有金融机构、企业等工作经验,拥有研究生学历的业内人士编著。张玮斌负责策划、设计，编写第二章、第五章，及资产证券化部分；张玮斌、吴桂峰、刘刚负责总纂；吴桂峰编写第三章、第四章的主要部分，叶菁编写第一章及信托、保险部分，石凤娟编写证券、债券部分，刘刚编写互联网融资及证券、债券中的部分。赵良华编写期货部分及信托中的部分篇章。

本书编写中力争做到"三气"。采天气，谈金融市场、产业链及金融产业链，让读者在宏观上对这些内容有一定的了解；接地气，讲案例，图文并茂，近80个案例,让读者在微观上对实际操作有一定程度的掌握；聚人气，写出书，有50名领导、朋友的支持与帮助，让作者感到朋友的友情。

在此感谢:

感谢湖北省委常委、宜昌市委书记黄楚平，中国农业银行营销总监易映森，湖北省国资委主任、党委书记文振富在融资沙龙活动及编写书籍之中给予的帮助和鼓励。

感谢我的领导、老师、朋友湖北省政协副主席张柏青，中南工程咨询设计集团公司党委书记、总经理张云，华中科技大学教授梁木生，阿里巴巴集团副总裁涂子沛，英国华人金融家协会秘书长易聪为本书撰写推荐语。

感谢中南财经政法大学教授、湖北省委决策顾问赵曼老师，武汉大学博士后杨海文副教授的指点。

感谢易聪、王进、李阳三位金融学博士，农业银行的李恩、张顺华，华泰证券张明，国信证券严静，江西信托江斌，德恒律师事务所王亚军等朋友亲自修改文稿或提供极好建议。

感谢光大租赁、金融会客厅微信群主周翔组织的书稿讨论会以及参加该活动的银行、证券、期货、保险、投资公司、政府、企业、互联网、股权中心的黄金平、龚波、刘晓琴、黄圣淇、王长松、孙晋、芮丽华、徐大权、杨青、曹晓东等为书稿提出中肯意见。

感谢经济管理出版社杨国强编辑等人的悉心打造，精心料理，热心帮扶。

感谢顾荔、龚海文、蒋雪为部分书稿打印及提供的资料。

感谢程斐斌、杨静、汪君、李瀚、李宏、杜衡、吴忠民、吴玮等在书稿初稿时的支持与帮助。

此书集大家的智慧和友情于一体，没有大家的支持与帮助，此书不可能面世，在此送上深深的谢意。

本书是对金融产业链进行了探讨，目前实践先与理论，由于理论探讨的文献极少，加之收集有限，导致对金融产业链的阐述还显幼稚，内容还尚空缺，观点还需探讨。出于多年的爱好与琢磨，对金融产业链进行了一些归纳与总结，作为自我学习与提高的内容。笔者把一些想法及探讨拿出来与大家分享，是想得到各位朋友的赐教，不断丰富中国金融产业链的理论与实践内容。对于融资产品组合，由于作者才疏学浅，加之采集有限，挂一漏万，还有无穷尽的方式与方法，仅供参考。金融产品创新快，金融政策变化也较快，少数融资产品已成历史，但仍不乏可作为好的融资产品思路，进行借鉴。不妥之处，敬请各位朋友批评指正。

为促进中国金融产业链发展和理论研讨，我们愿与各位朋友交流金融产业链，也可为企业或朋友提供融资解决思路及方案。

联系邮箱：zwb6198@126.com

张玮斌于武汉

2015 年 5 月 30 日

图书在版编目（CIP）数据

融资魔方——图表诗说金融产业链融资/张玮斌等著. —北京：经济管理出版社，2015.5
ISBN 978-7-5096-3720-3

Ⅰ.①融…　Ⅱ.①张…　Ⅲ.①融资—图角　Ⅳ.①F830.45-64

中国版本图书馆 CIP 数据核字（2013）第 080742 号

组稿编辑：杨国强
责任编辑：杨国强　张瑞军
责任印制：黄章平
责任校对：车立佳

出版发行：经济管理出版社
　　　　　（北京市海淀区北蜂窝 8 号中雅大厦 A 座 11 层　100038）
网　　址：www. E-mp. com. cn
电　　话：(010) 51915602
印　　刷：三河市延风印装厂
经　　销：新华书店
开　　本：720mm × 1000mm/16
印　　张：14.75
字　　数：264 千字
版　　次：2015 年 7 月第 1 版　2015 年 7 月第 1 次印刷
书　　号：ISBN 978-7-5096-3720-3
定　　价：38.00 元

·版权所有　翻印必究·
凡购本社图书，如有印装错误，由本社读者服务部负责调换。
联系地址：北京阜外月坛北小街 2 号
电话：(010) 68022974　邮编：100836